NOUVEAU
COMMENTAIRE
SUR
L'ORDONNANCE
CIVILE

Du mois d'Avril 1667.

Nouvelle Edition, augmentée de l'Idée de la Juſtice Civile.

Par M. JOUSSE, Conſeiller au Préſidial d'Orléans.

TOME SECOND.

A PARIS,

Chez DEBURE, pere, Quai des Auguſtins, à l'Image S. Paul.

M. D. CC. LXVII.

Avec Approbation, & Privilege du Roi.

COMMENTAIRE
SUR
L'ORDONNANCE
CIVILE

Du mois d'Avril 1667.

TITRE XX.

Des faits qui gissent en preuve vocale ou littérale.

ARTICLE I.

VOULONS que les faits qui gissent en preuve (1), soient succinctement articulez, & les réponses sommaires, sans alléguer aucune raison de Droit, interdisant toutes repliques & additions;

Tome II.   A

& défendons d'y avoir égard, & de les mettre en taxe, ni les comprendre dans les mémoires des frais, & falaires des Procureurs; le tout à peine de répéti-tion du quadruple.

1. *Voulons que les frais qui giffent en preuve.*] Littéral ou teftimoniale, c'eft-à dire. qui font dans le cas d'être prouvés, foit par Titres, foit par Témoins.

On n'admet point indiftinctement à la preu-ve de toutes fortes de faits. Ainfi.

1°. La preuve par Témoins n'eft point admi-fe, quand il s'agit de l'interprétation d'une cou-tume ou d'un ufage, pour lefquels on faifoit au-trefois des enquêtes par turbes; (*Suprà*, tit. 13, art. 1, pag. 188,) mais on a recours en ce cas aux actes de notoriété.

2°. On ne l'admet point non plus, à moins qu'il n'y ait une Inftance liée; & les examens à futur ont été abrogés par l'art. 1 du tît. 13 de la préfente Ordonnance. (Voyez cet article, page 188.)

3°. Il faut que les faits dont on demande la preuve foient pertinents, c'eft-à dire qu'ils puffent opérer la décifion de la Caufe : *nam fruf-trà probatur, quod probatum non relevat (L. ad probationem, Cod. de probation.*)

4°. Il faut que les faits foient de nature à être prouvés. Ainfi fi on demandoit à faire la preuve d'une négative pure & fimple, cette preuve ne devroit point être admife.

La négative pure & fimple eft celle qui ne renferme en foi rien de pofitif ; comme fi l'on offroit de prouver que Pierre n'a jamais été à Rome.

Mais fi la négative n'eft point une négative

pure & simple, & qu'elle contienne en foi une
affirmation implicite, comme fi elle eft reftreinte
par le tems & par le lieu, alors on peut en faire
la preuve ; *v. g.* fi pour prouver qu'un Huiffier
n'a pas fait un tel acte un tel jour à Orléans
je prouve que cet Huiffier étoit ce jour-là à
Lyon.

Il en eft de même des faits négatifs de qualités,
comme fi je demande à prouver qu'un tel héritage n'eft point féodal, qu'un tel homme n'eft
pas fain d'efprit, &c. Dans ces cas, comme la
preuve renferme en foi quelque chofe de pofitif, elle doit être admife.

5°. Enfin il y a des cas où l'on ne doit point
admettre à la preuve d'un fait : par exemple,
quand on voit que cette demande n'eft faite que
pour prolonger la Caufe, & qu'il eft évident que
cette partie n'y eft pas fondée ; ou du moins le
Juge doit obliger la Partie qui demande cette
preuve, à nommer fur le champ fes Témoins, à
l'exemple de ce qui s'obferve pour la preuve des
faits juftificatifs. (Voyez l'art. 4, du tit. 28 de
l'Ordonnance de 1670. Voyez auffi l'art. 8, au
titre des Récufations, du Procès-verbal de l'Ordonnance, pag. 337.)

Il faut auffi obferver que quand un Procès
peut être expédié par un point de Droit, ou par
une fin de non-recevoir qui paroît évidente, on
ne doit jamais admettre les Parties en fait contraire. (Ordonnance de 1535, chap. 12, art. 11.
Voyez auffi Theveneau fur les Ordonnances,
liv. 3, tit., 17, art. 4.)

On prétend que lorfqu'il y a appel d'un Jugement qui ordonne une preuve teftimoniale, cet
appel fufpend l'exécution du Jugement, & que
la preuve ne peut être faite au préjudice de
cet appel, ainfi qu'il a été jugé par Arrêt du
Parlement du 12 Mai 1699. Voyez la fuite des

A ij

Arrêts de Boniface, édition de 1750, liv. 2, chap. 4, §. 7. Tel eſt le ſentiment de Rebuffe ſur les Ordonnances, *tit. de ſentent executor.* art. 10, gloſ. 1, n. 7 & l'art. 9 ; du tit. 22 de la préſente Ordonnance n'eſt point contraire à cette maxime. Voyez néanmoins ce qui eſt dit ci-après en la note 5, ſur l'art. 2 du tit. 22, qui peut ſervir à éclaircir cette queſtion.

ARTICLE II.

Seront paſſez actes pardevant Notaires, ou ſous ſignature privée, *de toutes choſes* (1) *excédant la ſomme ou valeur de cent livres* (2), *meſme pour dépoſts volontaires* (3), & ne ſera receu aucune preuve par Témoins, *contre & outre le contenu aux actes* (4), ni ſur ce qui ſeroit allégué avoir eſté dit avant, lors, ou depuis les actes, encore qu'il s'agiſt d'une ſomme ou valeur moindre de cent livres ; ſans toutefois rien innover pour ce regard, en ce qui s'obſerve *en la Juſtice des Juge & Conſuls des Marchands* (5).

1. *De toutes choſes.*] Ainſi il ne s'agit pas ſeulement de conventions faites entre deux Parties, comme il étoit porté par l'article 54 de l'Ordonnance de Moulins, mais en général *de toutes choſes* qu'on a pu rédiger par écrit ; comme ſi j'offrois de prouver par Témoins que j'ai payé de l'argent à Pierre, &c. Dans ce cas la preuve ne ſeroit point admiſe, & ainſi des autres. Cependant la regle établie dans cet article n'eſt pas ſi générale, qu'elle ne ſouffre pluſieurs excep-

tions. (Voyez les notes fur l'article 4 ci après
page 295.)

2. *Excédant la fomme ou valeur de cent livres.*]
Quand même la partie feroit préfumée avoir
confenti à cette preuve par Témoins, au-deffus
de cent livres, *v. g.* en faifant fon Enquête contraire, elle feroit néanmoins toujours recevable
à appeller. (Ainfi jugé par Arrêt du mois de Décembre 1573, rapporté par Théveneau fur les
Ordonnances, liv. 3, tit. 9, art. 5, & par un
autre Arrêt du 28 Juin 1599, rendu au rapport de M. Louet. Voyez Carondas, liv. 2,
Rép. 91, & le Prêtre, Centurie 4, ch. 22, n. 9,
& 10.)

Il paroît cependant que fi la Partie qui a intérêt d'empêcher la preuve, avoit confenti en termes exprès à cette preuve par Témoins, quoiqu'au-deffus de cent livres, cette Partie ne feroit
plus enfuite recevable à en interjetter appel.

Lorfque la Partie s'eft reftrainte à la fomme
de cent livres, la reftriction doit fe faire à *limi-
ne litis.* (Arrêt du 31 Mai 1630, R. par Bardet, tom. 1, liv. 3, ch. 109.)

3. *Même pour dépôts volontaires.*] *Ergò à
fortiori*, pour argent prêté.

Ce terme de dépôt comprend auffi la remife
des titres ou pieces, qu'on auroit confiés à un
Huiffier ou à un Procureur pour faire des pourfuites : car la preuve par Témoins ne doit point
être alors admife, faute d'en avoir pris un récépiffé. (Ainfi jugé par Arrêt du 30 Décembre
1602, rapporté par Péleus, l. 4 de fes Actions
Forenfes, article 22.)

On doit auffi comprendre dans cette regle du
dépôt volontaire les effets donnés à un Voiturier pour les porter ou voiturer d'un lieu à un
autre ; & quoique ce ne foit pas ici un dépôt,
à proprement parler, puifque la nature du dé-

pôt eſt d'être gratuit, néanmoins on doit appliquer ici les mêmes regles. Ainſi ſi j'offrois de prouver par Témoins que j'ai remis des effets à un Voiturier pour les conduire à Paris, je ne pourrois être admis à faire cette preuve aux termes de l'Ordonnance, parcequ'il ne dépend que de moi de prendre une reconnoiſſance du Voiturier, du moins par Notaires, s'il ne ſait pas écrire. Néanmoins comme c'eſt un uſage conſtant de ne point prendre de reconnoiſſance par écrit des choſes qu'on fait voiturer, il ſemble que dans ce cas la preuve par Témoins peut être admiſe; & c'eſt le ſentiment de Danty en ſon Commentaire ſur le Traité de la Preuve par Témoins de Boiceau, partie 1, chapitre 3, aux additions, n 33.

Je crois auſſi qu'on peut admettre la preuve par Témoins quand il s'agit d'étoffe donnée à un Tailleur pour en faire un habit; de linge donné à blanchir à une Blanchiſſeuſe; d'une montre donnée à raccommoder à un Horloger, &c. parceque c'eſt un uſage général de ne point prendre alors de reconnoiſſance par écrit de ces ſortes d'ouvriers ou artiſans.

A l'égard des Voituriers publics, tels que ſont les Maîtres des Carroſſes & de Meſſageries, comme ils ſont obligés d'avoir des livres, ſuivant l'Edit du mois de Mai 1635, & les Ordonnances antérieures, on doit avoir ſoin, quand on leur donne quelque choſe à voiturer, d'en faire charger leur livre. Si l'on ne prend pas cette précaution, & que le livre ne ſe trouve point chargé des effets qu'on leur a donnés à conduire, & qu'ils nient les avoir reçus, on ne pourroit demander à faire preuve par Témoins que ces effets leur ont été remis; mais ſi leurs livres en ſont chargés, & que ces effets ſe trouvent perdus, non par une force majeure qui mette ces

Voituriers dans l'impuissance de les rapporter, alors on doit condamner les Messagers à en payer le prix à celui à qui ils appartiennent & ce dernier en est cru à son serment pour la quantité des effets donnés à voiturer, les particuliers n'étant point obligés de charger les Registres des Messageries de tous les effets en détail.

4. Contre & outre le contenu aux actes] Comme si j'offrois de prouver par Témoins que j'ai fait un paiement au-dessous de cent livres à compte sur une somme que je dois par contrat ou obligation sous signature privée. On rapporte cependant quelques Arrêts qui ont jugé le contraire, & entre autres un du 10 Décembre 1640, rapporté par Boniface, tom. 1, liv. 8, tit. 27, chap. 4, & un autre du mois d'Août 1682, de la Cour des Aides, rapporté au Journal du Palais, tom. 2, de l'édition *in-folio*. Boiceau en son traité de la Preuve par Témoins, part. 2, chap. 11, paroît aussi être du sentiment que la preuve de la libération contre un contrat doit être reçue par Témoins en plusieurs cas qu'il expose ; mais il paroît que ce seroit aller directement contre le texte de l'Ordonnance, que d'admettre ces sortes de preuves.

Quand on allegue le fait d'usure ou du jeu contre une promesse, on admet quelquefois la preuve par Témoins ; ce qui dépend des différentes circonstances, & lorsque la présomption est violente (Voyez le Procès-verbal de l'Ordonnance, page 221 & 222.)

On peut aussi admettre à la preuve par Témoins contre des Registres de Baptême, lorsqu'il y a des adminicules de preuves contraires, v. g par Contrat de mariage, ou lorsqu'un enfant auroit été gardé avant le Baptême, ce qui

arrive affez fouvent. (Voyez le Procès-verbal
de l'Ordonnance , page 224.)

5. *En la Juflice des Juge & Confuls des Marchands.*] C'eft-à-dire , dans les affaires Confulaires qui fe font de Marchand à Marchand
pour fait de marchandifes ; ce qui eft fondé fur
ce que les Livres des Marchands où ces marchés font infcrits , font une efpece de commencement de preuve par écrit. Mais il faut dire
plutôt que cette exception eft fondée fur la
faveur du Commerce ; & il a même été jugé
par Arrêt du 8 Décembre 1659 , rapporté au
Journal des Audiences , que le Livre d'un Marchand étoit fuffifant pour juftifier fa demande
contre un autre Marchand au fujet d'une livrai-
fon par lui fournie. (Voyez fur cette queftion
Boiceau en fon Traité de la Preuve par Témoins ,
partie 2 , chap. 8 , où il regarde la preuve tirée
des Livres des Marchands comme une femi-
preuve.)

Au refte il ne faut pas conclure de la difpofition de cet article , qu'on doive admettre indiftinctement dans toutes fortes de cas la preuve
par Témoins dans les Jurifdictions Confulaires ;
cette preuve n'y doit être admife , que lorfqu'elle eft aidée de quelques adminicules , &
felon la qualité des affaires & des perfonnes.
(Voyez le Procès-verbal de l'Ordonnance , pag.
217.)

ARTICLE III.

N'entendons exclure la preuve par
Témoins pour dépoft néceffaire en cas
d'incendie , ruine , tumulte , ou naufrage , *ni en cas d'accidents imprévus* (1) ,
où on ne pourroit avoir fait des actes ,

& auſſi lorſqu'il y aura un commencement de preuve par écrit.

1. *Ni en cas d'accidents imprévus ,* &c.] Comme en cas de guerre , de peſte , de ſédition , émotion populaire , &c parcequ'alors la néceſſité preſſante où l'on ſe trouve ne permet pas de retirer du Dépoſitaire une reconnoiſſance par écrit.

2. *Et auſſi lorſqu'il y aura un commencement de preuve par écrit.*] On appelle *commencement de preuve par écrit ,* tout acte d'où il réſulte quelque preuve , quoique non ſuffiſante ; *v. g.* une Lettre par laquelle une perſonne me demanderoit à emprunter une ſomme.

De même les Journaux des Marchands & Artiſans pour raiſon de leurs fournitures peuvent être regardés comme des commencements de preuve par écrit ; ce qui dépend des circonſtances & de la prudence des Juges.

Mais hors ce cas , il faut que ce commencement de preuve par écrit ſoit de la Partie contre laquelle on demande à faire preuve , & non d'autres perſonnes ; autrement il ſeroit facile d'éluder l'ordonnance : car pour ſe ménager une preuve en pareil cas , il ſuffiroit de faire faire un écrit par un tiers , où il ſeroit fait mention de la convention qu'on veut prouver ; ce qui ſeroit d'une conſéquence dangereuſe.

Aʀᴛɪᴄʟᴇ IV.

N'entendons pareillement exclure la preuve par Témoins *pour dépoſts faits en logeant* (1) dans une Hoſtellerie, *entre les mains de l'Hoſte ou de l'Hoteſſe* (2),

A v

qui pourra estre ordonnée par le Juge, suivant la qualité des personnes, & *les circonstances du fait.*

1. *Pour dépôts faits en logeant, &c.*] Ainsi le dépôt fait par un domicilié dans une auberge n'est pas compris dans cette exception : car ce dépôt ne peut être regardé comme nécessaire, ainsi qu'on doit le regarder à l'égard d'un voyageur qui loge dans une auberge en passant, & qui par conséquent est obligé de se fier à l'hôtelier.

2. *Entre les mains de l'Hôte ou de l'Hôtesse.*] Il faut observer que pour qu'un aubergiste soit responsable des effets volés dans sa maison, il n'est pas nécessaire que ces effets ayent été déposés entre ses mains, ou qu'il soit complice du vol : il en est responsable aussi-tôt qu'ils ont été portés chez lui, & il est civilement garant à cet égard du fait de ses domestiques. (Voyez les Arrêts de Montholon, chap. 15, le Journal des Audiences, tom. 2, liv. 8, chap. 2, Mainard, liv. 3, chap. 82 & 83, & M. le Prêtre, Centurie 1, ch. 19,) ce qui est conforme à ce qui s'observoit en Droit. Voyez la Loi 1, §. 8, ff. *nautæ, caupones, stabularii.*

3. *Et les circonstances du fait.*] c'est-à-dire, lorsqu'il y a des commmencements de preuve, ou des circonstances qui doivent la faire admettre.

Outre les exceptions portées dans cet article & le précédent, il y a encore un grand nombre de faits dont la preuve peut se faire par Témoins, quoique la demande monte à plus de cent livres. Tels sont tous les faits que les Parties n'ont pu rédiger par écrit.

Ainsi, 1°. je puis prouver par Témoins qu'un Locataire qui a joui de ma maison pendant un certain nombre d'années, en a effectivement joui, parce qu'indépendamment du Contrat de louage, la jouissance de cette personne est un fait public qui me produit une action; & en cela je ne demande point à prouver une convention directement ni indirectement, & par conséquent je ne contreviens point à l'Ordonnance.

2°. Quand il s'agit d'une vente faite en marché ou en foire, il semble que la preuve par Témoins peut être admise; (Voyez Boiceau en son Traité de la Preuve par Témoins, partie 1, chap. 9,) parce qu'alors il est difficile d'avoir un Notaire tout prêt pour rédiger la convention par écrit.

3°. On permet aussi souvent de prouver par Témoins, que des Actes authentiques qui ont été perdus, soit dans un incendie ou autrement, ou soustraits par lacération, ou péris par quelqu'autre accident, ont été vûs & lus, & suivis de possession. (*Ità* Boiceau en son Traité de la Preuve par Témoins, partie 1, chap. 15, sur l'article 53 de l'Ordonnance de Moulins. Voyez la Coutume de Normandie, art. 528, qui en a une disposition précise. Voyez aussi *infrà*, art. 14.)

4°. En matiere de quasi-Contrats, on admet aussi à la preuve par Témoins; comme si quelqu'un a géré les affaires d'un autre en son absence, & que ce premier demande à faire preuve de cette gestion pour être remboursé des avances par lui faites, ou autrement : dans ce cas il doit y être admis, parce que ce n'est point ici une affaire ordinaire, dont il ait pu passer un acte avec celui qui refuse de lui tenir compte de ces avances, cela s'étant fait pendant son absence.

Il en est de même si quelqu'un s'immisçoit

A vj

en la jouiſſance des biens d'un Mineur ou d'un abſent, ſans vouloir lui en tenir compte : car ce Mineur ou cet abſent ſeroit bien fondé à demander à prouver par Témoins la jouiſſance de celui qui nie, ou qui refuſe de rendre les fruits qu'il a perçus illégitimement.

5°. Quand il s'agit de délits, la preuve s'en fait auſſi par Témoins ; car il ne dépend pas des Parties d'établir ce fait par des actes ; *v. g.* ſi je ſuis dépouillé de la poſſeſſion de mon héritage, &c. C'eſt auſſi la diſpoſition de l'Ordonnance. (*Suprà*, tit. 18, art. 3, pag. 272.)

La preuve des faits de dol & de fraude peut auſſi ſe faire par Témoins, ainſi que des faits de force & de violence que l'on prétend avoir eu lieu dans un Contrat, ou autre acte, parce que le plus ſouvent il eſt impoſſible de faire ces ſortes de preuves autrement. Voyez Carondas en ſes réponſes, liv. 7, chap. 187. Mornac ſur la *L. dolum*, 6 *Cod. de dolo malo* ; & d'Argentré ſur l'article 169 de la Coutume de Bretagne, au mot *Fraude.*)

6°. Les mauvais traitements de mari à femme ſe prouvent auſſi par Témoins. Il en eſt de même des recélés & détournements des effets d'une ſucceſſion ou d'une Communauté.

7°. La preuve par Témoins ſe reçoit auſſi quand il s'agit de quaſi-délits ; *v. g.* ſi un Voiturier en paſſant m'a cauſé quelque dommage avec ſa charette, ou ſi quelqu'un a laiſſé tomber quelque choſe d'une fenêtre qui m'ait bleſſé, &c. dans tous ces cas la preuve par Témoins ſe reçoit, à quelque ſomme que monte le dommage.

8°. Enfin on peut prouver par Témoins dans certains cas l'état des perſonnes. (Voyez *infrà*, art. 14.)

ARTICLE V.

Si dans une mesme Instance la Partie fait plusieurs demandes, dont il n'y ait point de preuve, ou commencement de preuve par écrit, *& que jointes ensemble elles soyent au-dessus de cent livres* (1), elles ne pourront estre vérifiées par Témoins, encore que ce soit diverses sommes qui viennent *de différentes causes* (2) & en différents tems, si ce n'estoit que les droits procédassent par succession, donation, *ou autrement de personnes différentes.*

1. *Et que jointes ensemble elles soient au-dessus de cent livres.*] Lorsqu'on veut faire en Justice la preuve par Témoins d'une somme au-dessus de cent livres, on peut se restreindre ; *v. g.* s'il s'agit de faire la preuve d'un Bail verbal de six ou de neuf ans, à raison de quatre-vingt livres par an, on peut se restreindre à en demander une année, & dans ce cas la preuve par Témoins est admissible. (*Ita*, Boiceau & Danty Traité de la preuve par Témoins, part. 1, chap. 18, page 437 & 441.)

Mais quand on a une fois formé la demande au dessus de cent livres, on ne peut plus ensuite se restreindre pour être admis à la preuve. (Voyez Mornac sur la Loi 29, *ff. de Legibus*, où il cite un Arrêt du 22 Septembre 1583, qui l'a ainsi jugé. Voyez aussi Bardet, tom 2, liv. 7, chap. 46, où il cite un Arrêt du 17 Décembre 1638, qui a jugé la même chose.)

2. *De différentes cauſes.*] Ce qui eſt contre la diſpoſition de Droit. (Voyez la Loi 11 , *ff. de Juriſdict.*)

3. *Ou autrement de perſonnes différentes.*] Parcequ'alors chacune de ces perſonnes n'étant créanciere que d'une ſomme de cent livres ou au-deſſous , étoit dans le cas de pouvoit faire preuve par Témoins de ſa dette , & par conſéquent le changement qui s'eſt fait du Créancier par ſucceſſion , donation ou legs , ne doit rien changer à cet ordre.

ARTICLE VI.

Toutes les demandes , à quelque titre que ce ſoit , qui ne ſeront entierement juſtifiées par écrit , *ſeront formées par un meſme exploit* (1) , après lequel les autres demandes dont il n'y aura point de preuve par écrit , *ne ſeront receues* (2).

1. *Seront formées par un même exploit , &c.*] Il ſeroit bien à ſouhaiter que cette diſpoſition qui eſt très ſage , fût obſervée plus exactement qu'elle ne l'eſt , cela contribueroit beaucoup à abréger la déciſion des Procès. Au reſte cette diſpoſition n'a pas lieu dans le cas où la cauſe de la demande eſt ſurvenue depuis l'inſtance.

2. *Ne ſeront reçues.*] *Quid ?* Si le Défendeur ne veut point uſer de ce droit , & n'oppoſe point la fin de non-recevoir , il ſemble que le Juge peut la ſuppléer d'office , afin que les Procès ne ſoient pas tirés en longueur ; ce qui réſulte de ces mots , *ne ſeront reçues.*

ARTICLE VII.

Les preuves de l'âge, du mariage & du tems du déceds, feront receues par des regiftres en bonne forme, *qui feront foi & preuve en juftice* (1).

1. *Qui feront foi & preuve en juftice.*] Il faut voir fur cet article & les fuivants, jufqu'à la fin du titre, la Déclaration du Roi du 9 Avril 1716, qui contient fur cette matiere des difpofitions beaucoup plus étendues. Nous allons rapporter ces difpofitions fur chacun des articles de ce titre où elles ont rapport.

ARTICLE VIII.

Seront faits par chacun an deux regiftres (1) pour écrire les Baptefmes, Mariages & Sépultures en chacune Paroiffe, dont les feuillets feront paraphez & cottez par premier & dernier, par le Juge Royal du lieu où l'Eglife eft fituée : l'un defquels fervira de minute & demeurera ès mains du Curé ou du Vicaire, & l'autre fera porté au Greffe du Juge Royal, pour fervir de groffe : lefquels deux regiftres feront fournis annuellement aux frais de la Fabrique avant le dernier Décembre de chacune année, pour commencer d'y enregiftrer par le Curé ou Vicaire les Baptefmes, Mariages, &

Sépultures, depuis le premier Janvier enſuivant, juſques au dernier Décembre incluſivement.

1. *Seront faits par chacun an deux regiſtres,* &c.] L'article 1 de la Déclaration du 9 Avril 1736, porte : » que dans chaque Paroiſſe du » Royaume il y aura deux Regiſtres qui ſeront » réputés tous deux authentiques, & feront éga- » lement foi en Juſtice, pour y inſcrire les Bap- » têmes, Mariages & Sépultures qui ſe feront » dans le cours de chaque année, l'un deſquels » continuera d'être tenu ſur le papier timbré » dans le pays où l'uſage en eſt preſcrit, & l'au- » tre ſera en papier commun, & que leſdits deux » Regiſtres ſeront fournis aux dépens de la Fa- » brique, un mois avant le commencement de » chaque année.

L'article 2 de la même Déclaration porte : » que leſdits deux Regiſtres ſeront cottés par » premier & dernier, & paraphés ſur chaque » feuillet, le tout ſans frais, par le Lieutenant- » Général, ou autre premier Officier du Bail- » liage, Sénéchauſſée, ou Siege Royal, reſ- » ſortiſſant nûement ès Cours de Parlement, » qui aura la connoiſſance des cas Royaux dans » le lieu où l'Egliſe ſera ſituée. Veut Sa Ma- » jeſté, que lorſqu'il y aura des Paroiſſes trop » éloignées dans l'étendue dudit Siege, les Cu- » rés puiſſent s'adreſſer pour faire cotter & para- » pher leſdits Regiſtres, au Juge Royal qui ſera » commis à cet effet au commencement de cha- » que année pour leſdits lieux par ledit Lieute- » nant-Général, ou autre premier Officier du- » dit Siege, ſur la réquiſition du Procureur du » Roi, & ſans frais.

L'article 3 porte : » que tous les actes de » Baptêmes, Mariages & Sépultures ſeront inſ-

» crits fur chacun defdits deux Regiftres de
» fuite, & fans aucun blanc, & que lefdits actes
» feront fignés fur les deux Regiftres par ceux
» qui les doivent figner, le tout en même tems
» qu'ils feront faits. »

Article IX.

Dans l'article des Baptefmes (1) fera
fait mention du jour de la naiffance, &
feront nommez l'enfant, le pere & la
mere, le parain & la maraine : *& aux
Mariages* (2), feront mis les noms &
furnoms, âges, qualitez & demeures de
ceux qui fe marient, s'ils font enfants
de familles en tutelle, curatelle, ou en
puiffance d'autrui, & y affifteront quatre Témoins qui déclareront fur le Regiftre s'ils font parents, de quel cofté &
en quel degré : *& dans les articles de Sépultures* (3) fera fait mention du jour
du déceds.

1. *Dans l'article des Baptêmes.*] L'article 4 de
la Déclaration du 9 Avril 1739, porte : » que
» dans les actes de Baptême il fera fait men-
» tion du jour de la naiffance, du nom qui fera
» donné à l'enfant, de celui de fes pere & mere,
» parain & maraine, & que l'acte fera figné fur
» les deux Regiftres, tant par celui qui aura
» adminiftré le Baptême, que par le pere, (s'il
» eft préfent) le parain & la maraine ; & qu'à
» l'égard de ceux qui ne pourront figner, il
» fera fait mention de la déclaration qu'ils en
» feront.

L'article 5 porte : » que lorfqu'un enfant
» aura été ondoyé en cas de néceffité , ou par
» permiffion de l'Evêque , & que l'ondoiement
» aura été fait par le Curé, Vicaire ou Deffervant,
» ils feront tenus d'en infcrire l'acte incontinent
» fur lefdits deux Regiftres ; & que fi l'enfant a
» été ondoyé par la fage-femme ou autre , celui
» ou celle qui l'aura ondoyé , feront tenus , à
» peine de dix livres d'amende , qui ne pourra
» être remife ni modérée , & de plus grande
» peine en cas de récidive , d'en avertir fur le
» champ lefdits Curé , Vicaire ou Deffervant ,
» à l'effet d'infcrire l'acte fur lefdits Regiftres ,
» dans lequel acte fera fait mention du jour de
» la naiffance de l'enfant , du nom des pere &
» mere , & de la perfonne qui aura fait l'on-
» doiement , & que ledit acte fera figné fur lef-
» dits deux Regiftres , tant par le Curé , Vicaire
» ou Deffervant , que par le pere , s'il eft pré-
» fent , & par celui ou celle qui aura fait l'on-
» doiement ; & qu'à l'égard de ceux qui ne pour-
» ront ou ne fauront figner , il fera fait men-
» tion de la déclaration qu'ils en feront.

L'article 6 porte : » que lorfque les cérémonies
» du Baptême feront fuppléées , l'acte en fera
» dreffé , ainfi qu'il a été prefcrit ci-deffus pour
» les Baptêmes , & qu'il y fera en outre fait men-
» tion du jour de l'acte d'ondoiement.

2. *Et aux Mariages.*] L'article 7 de la Déclaration du 9 Avril 1736 porte : » que dans
» les actes de célébration de mariage feront
» infcrits les noms , furnoms , âge , qualité &
» demeure des Contractants , & qu'il y fera mar-
» qué s'ils font enfants de famille , en Tutele
» ou Curatele , ou en la puiffance d'autrui , &
» que les confentements de leurs peres & meres ,
» Tuteurs ou Curateurs , y feront pareillement
» énoncés ; que quatre Témoins dignes de foi

» aſſiſteront auſſi auſdits actes, ſachant ſigner,
» s'il peut aiſément s'en trouver dans le lieu
» qui ſachent ſigner, que leurs noms, qualités
» & domiciles ſeront pareillement mentionnés
» dans leſdits actes, & que lorſqu'ils ſeront pa-
» rents ou alliés des Contractants, ils déclare-
» ront de quel côté & en quel degré, & que
» l'acte ſera ſigné ſur les deux Regiſtres, tant
» par celui qui célébrera le Mariage, que par
» les Contractants, enſemble par leſdits quatre
» Témoins au moins ; & qu'à l'égard de ceux
» des Contractants ou des Témoins qui ne pour-
» ront ou ne ſauront ſigner, il ſera fait
» mention de la déclaration qu'ils en feront.
» Veut au ſurplus S. M. que tout ce qui a été
» preſcrit par les Ordonnances, Edits, Décla-
» rations & Réglements ſur les formalités qui
» doivent être obſervées dans la célébration des
» Mariages, & dans les actes qui en ſeront ré-
» digés, ſoit exécuté ſelon ſa forme & teneur,
» ſous les peines y portées.

L'article 8, porte : » que leſdits actes de cé-
» lébration ſeront inſcrits ſur les Regiſtres de
» l'Egliſe Paroiſſiale du lieu où le Mariage ſera
» célébré ; & qu'en cas que pour des cauſes juſtes
» & légitimes il ait été permis de le célébrer
» dans une autre Egliſe ou Chapelle, les regiſ-
» tres de la Paroiſſe dans l'étendue de laquelle
» ladite Egliſe ou Chapelle ſont ſituées, ſe-
» ront apportés lors de la célébration du Ma-
» riage, pour y être l'acte de ladite célébration
» inſcrit.

Et l'article 9 veut : » Qu'en aucun cas leſdits
» actes de célébration ne puiſſent être écrits &
» ſignés ſur des feuilles volantes ; ce qui ſera exé-
» cuté, à peine d'être procédé extraordinaire-
» ment contre le Curé, ou autre Prêtre qui au-
» roit fait leſdits actes, leſquels ſeront condam-

» nés en telle amende , ou autre plus grande
» peine qu'il appartiendra , fuivant l'exigence
» des cas , & à peine contre les Contractants de
» déchéance de tous les avantages & conventions
» portées par le Contrat de mariage , ou autres
» Actes , même de privations d'effets civils , s'il
» y échet.

3. *Et dans les articles de Sépultures.*] L'Article 10 , de la Déclaration du 9 Avril 1736 ,
porte : » Que dans les actes de Sépulture il fera
» fait mention du jour du décès, du nom & qua-
» lité de la perfonne décédée ; ce qui fera ob-
» fervé même à l'égard des enfants de quelqu'âge
» que ce foit ; & que l'acte fera figné fur les
» deux regiftres , tant par celui qui aura fait la
» Sépulture , que par deux des plus proches pa-
» rents ou amis qui y auront affifté , s'il y en a
» qui fachent ou qui puiffent figner , finon qu'il
» fera fait mention de la déclaration qu'ils en
» feront.

L'article 11 , porte : » Que s'il y a tranfport
» hors de la Paroiffe , il en fera fait un acte en
» la forme marquée par l'article précédent fur
» les deux Regiftres de la Paroiffe d'où le corps
» fera tranfporté ; & qu'il fera fait mention du-
» dit tranfport dans l'acte de Sépulture , qui fera
» mis pareillement fur les deux Regiftres de
» l'Eglife où fe fera ladite Sépulture.

L'Article 12 porte : » Que les corps de ceux
» qui auront été trouvés morts avec des fignes
» ou indices de mort violente , ou autres circonf-
» tances qui donnent lieu de le foupçonner , ne
» pourront être inhumés qu'en conféquence d'une
» ordonnance du Lieutenant-Criminel , ou au-
» tre premier Officier au Criminel , rendue fur
» les conclufions du procureur de Sa Majefté ,
» ou de ceux des Hauts-Jufticiers , après avoir
» fait les procédures , & pris les inftructions qu'il

» appartiendra à ce sujet ; & que toutes les cir-
» conſtances ou obſervations qui pourront ſer-
» vir à indiquer ou à déſigner l'état de ceux qui
» ſeront ainſi décédés , & celui où leurs corps
» morts auront été trouvés , ſeront inſérées dans
» les Procès-verbaux , qui en ſeront dreſſés , deſ-
» quels Procès-verbaux , enſemble de l'ordon-
» nance dont ils auront été ſuivis , la minute ſera
» dépoſée au Greffe , & ladite ordonnance ſera
» datée dans l'acte de Sépulture , qui ſera écrit
» ſur les deux Regiſtres de la Paroiſſe , ainſi qu'il
» eſt preſcrit ci-deſſus , à l'effet d'y avoir re-
» cours quand beſoin ſera.

L'Article 13 porte : » Que ne ſeront pareil-
» lement inhumés ceux auxquels la Sépulture
» Eccléſiaſtique ne ſera pas accordée qu'en vertu
» d'une ordonnance du Juge de Police des lieux ,
» rendue ſur les concluſions du Procureur du
» Roi , ou de celui des Hauts-Juſticiers , dans
» laquelle ordonnance ſera fait mention du jour
» du décès , & du nom & qualité de la perſonne
» décédée , & qu'il ſera fait au Greffe un regiſ-
» tre des ordonnances qui ſeront données audit
» cas , ſur lequel il ſera délivré des extraits aux
» Parties intéreſſées , en payant au Greffier le
» ſalaire porté par l'art. 19 ci-après.

L'article 14 , porte : » Que toutes les diſpo-
» ſitions des articles précédents ſeront obſervées
» dans les Egliſes ſuccurſales qui ſont actuelle-
» ment en poſſeſſion d'avoir des Regiſtres de
» Baptêmes , Mariages & Sépultures , ou d'au-
» cun deſdits genres d'actes , ſans qu'on puiſſe
» en ce cas ſe diſpenſer de les inſérer dans leſ-
» dits Regiſtres des Egliſes ſuccurſales , ſous
» prétexte qu'ils auroient été inſcrits ſur les Re-
» giſtres des Egliſes matrices.

L'article 15 porte : » Que tous les diſpoſi-
» tions deſdits articles ſeront pareillement exé-

» cutées dans les Chapitres, Communautés Sé-
» culieres ou Régulieres, Hôpitaux, ou autres
» Egliſes qui ſeroient en poſſeſſion bien & dûe-
» ment établie d'adminiſtrer les Baptêmes, ou de
» célébrer les Mariages, ou de faire des Inhuma-
» tions, à l'effet de quoi ils ſeront tenus d'avoir
» deux Regiſtres cottés & paraphés par le Juge,
» ainſi qu'il a été ci-deſſus preſcrit ; n'entend
» néanmoins Sa Majeſté rien innover à l'uſage
» obſervé dans les Hôpitaux de la ville de Paris,
» de faire cotter & parapher leurs Regiſtres ſeu-
» lement par deux Adminiſtrateurs, & que les
» deux Regiſtres deſdits Hôpitaux, tant de la-
» dite Ville qu'autres, ſeront tenus en papier
» commun.

Et l'article 16, » Que dans les Paroiſſes ou
» autres Egliſes, où il eſt d'uſage de mettre les
» actes de Baptêmes, ceux de Mariage, & ceux
» de Sépulture ſur des Regiſtres ſéparés, ledit
» uſage continuera d'être obſervé, à la charge
» néanmoins qu'il y aura deux originaux de
» chacun deſdits Regiſtres ſéparés, & que les
» actes ſeront inſcrits & ſignés en même tems
» ſur l'un & ſur l'autre, ainſi qu'il a été preſ-
» crit ci-deſſus.

ARTICLE X.

Les Bapteſmes, Mariages & Sépultures, *ſeront en un meſme Regiſtre* (1),
ſelon l'ordre des jours, *ſans laiſſer aucun blanc* (2) ; & auſſi-toſt qu'ils auront
eſté faits, ils ſeront écrits & ſignez ;
ſçavoir les Bapteſmes (3) par le pere,
s'il eſt préſent, & par les parains & ma-
raines ; *& les actes de Mariages* (4), par

les perfonnes mariées, & par quatre de
ceux qui y auront affifté ; *les fépultures*
par deux des plus proches parents (5) ou
amis qui auront affifté au convoi ; & fi
aucun d'eux ne fçavent figner, ils le déclareront, & feront de ce interpellez
par le Curé ou Vicaire, dont il fera fait
mention.

1. *Seront en un même Regiftre.*] Voyez ci-
deffus, pag. 16, l'art. 3 de la Déclaration du
9 Avril 1736.

2. *Sans laiffer aucun blanc.*] Afin qu'on n'y
puiffe rien ajouter après coup.

3. *Sçavoir les Baptêmes.*] Voyez ci-deffus,
pag. 17, l'art. 4 de la même Déclaration de
1736.

4. *Et les Actes de Mariage.*] Voyez pag. 18,
l'art. 7, de la même Déclaration.

5. *Les Sépultures par deux, &c.*] Voyez ci-
deffus pag. 20, l'article 10, de la Déclaration
de 1736.

ARTICLE XI.

Seront tenus les Curez ou Vicaires (1)
fix femaines après chacune année expirée, de porter ou d'envoyer feurement
la groffe & la minute du Regiftre figné
d'eux & certifié véritable, au Greffe du
Juge Royal qui l'aura cotté & paraphé ;
& fera tenu le Greffier de le revoir, &
y faire mention du jour qu'il aura efté ap-
porté, & en donnera la décharge, après

néantmoins que la groſſe aura eſté col-
lationnée à la minute qui demeurera au
Curé ou Vicaire , & que le Greffier aura
barré en l'une & en l'autre tous les
blancs & feuillets qui reſteront, le tout
ſans frais : laquelle groſſe de regiſtre
ſera gardée par le Greffier pour y avoir
recours.

　1. *Seront tenus les Curés ou Vicaires*, &c.]
L'article 17, de la Déclaration du 9 Avril 1736,
porte : » Que dans ſix ſemaines au plus tard
» après l'expiration de chaque année , les Cu-
» rés , Vicaires , deſſervants , Chapitres , Su-
» périeurs de Communautés , ou Adminiſtra-
» teurs des Hôpitaux , ſeront tenus de porter ou
» envoyer ſûrement un deſdits deux Regiſtres
» au Greffe du Bailliage, Sénéchauſſée , ou
» Siége Royal reſſortiſſant nuement ès Cours ,
» qui auront la connoiſſance des cas Royaux
» dans le lieu où l'Egliſe eſt ſituée.

　L'article 18 porte : » Que lors de l'apport du
» Regiſtre au Greffe , s'il y a des feuillets qui
» ſoient vuides, ou s'il s'y trouve d'autres blancs,
» ils ſeront barrés par le Juge , & ſera fait men-
» tion par le Greffier ſur ledit Regiſtre du jour
» de l'apport , lequel Greffier en donnera ou en-
» voyera une décharge en papier commun aux
» Curés , Vicaires , Deſſervants , Chapitres , Su-
» périeurs ou Adminiſtrateurs , pour raiſon de
» quoi ſera donné pour tous droits cinq ſols au
» Juge , & la moitié au Greffier , ſans qu'ils
» puiſſent en exiger ni recevoir davantage , à
» peine de concuſſion , & que ledit honoraire
» ſera payé aux dépens de la Fabrique , ou des
　　　　　　　　　　　　　　　　　　　» Egliſes

» Eglises ou Hôpitaux qui sont en possession
» d'avoir des Registres.

L'article 20, porte : » Qu'en cas de change-
» ment de Curé ou Desservant, l'ancien Curé
» ou Desservant sera tenu de remettre à celui
» qui lui succédera les Registres qui sont en sa
» possession, dont il lui sera donné une déchar-
» ge en papier commun, contenant le nombre
» & les années desdits Registres.

L'article 21, porte : » Que lors du décès des
» Curés ou Desservants, le Juge du lieu, sur la
» requisition du Procureur du Roi, ou de celui
» des Hauts-Justiciers, dressera procès-verbal du
» nombre & des années des Registres qui étoient
» en la possession du défunt, de l'état où il les
» aura trouvés, ou des défauts qui pourroient
» s'y rencontrer, chacun desquels Registres il
» paraphera au commencement & à la fin.

L'article 22, porte : » Qu'il ne pourra être
» pris plus d'une seule vacation pour ledit Pro-
» cès-verbal, & ce suivant la taxe portée par
» les Réglements qui s'observent dans le ressort
» de chacune des Cours de Parlement ; & que
» ladite taxe sera payée sur les deniers ou effets
» de la succession du défunt, & en cas d'insol-
» vabilité, sur les revenus de la Fabrique de la
» Paroisse, sans qu'il puisse être taxé aucuns
» droits pour le voyage & transport du Juge,
» si ce n'est à l'égard des Paroisses éloignées de
» plus de deux lieues du chef-lieu de la Justice
» dont elles dépendent, auquel cas il sera taxé une
» vacation de plus pour les frais dudit trans-
» port.

L'article 23 porte : » Qu'en cas qu'il ait été ap-
» posé un scellé sur les effets des Curés, Vicai-
» res ou Desservants décédés, lesdits Registres
» ne pourront être laissés sous ce scellé, mais
» seront les anciens Registres enfermés au Pres-

» bytere ou autre lieu ſûr, dans un coffre ou
» armoire fermant à clef, laquelle ſera dépoſée
» au Greffe ; & que les Regiſtres doubles de l'an-
» née courante ſeront remis entre les mains de
» l'Archidiacre ou du Doyen rural, ſuivant
» les uſages des lieux, lequel remettra enſuite
» leſdits Regiſtres doubles au Curé ſucceſſeur,
» ou à celui qui ſera nommé Deſſervant, des
» mains duquel ledit Curé ſucceſſeur les retirera
» lors de ſa priſe de poſſeſſion, auquel tems lui
» ſera pareillement remiſe la clef du coffre ou de
» l'Armoire, où les anciens Regiſtres auront
» été enfermés, enſemble leſdits anciens Regiſ-
» tres, & ce ſans aucuns frais.

L'article 24 veut néanmoins : » Qu'en cas
» que l'Archidiacre ou le Doyen rural, ſui-
» vant les uſages des lieux, offrent de ſe char-
» ger de la clef du coffre ou de l'armoire dans
» lequel les anciens Regiſtres auront été renfer-
» més, il ſoit ordonné par le Juge que ladite
» clef ſera remiſe audit Archidiacre ou Doyen
» rural, lequel en donnera décharge au Gref-
» fier, & remettra enſuite ladite clef au Curé
» ſucceſſeur, ainſi que ledit Greffier ſeroit tenu
» de le faire, ſuivant ce qui eſt porté par l'ar-
» 23.

ARTICLE XII.

Après la remiſe du Regiſtre au Greffe,
il ſera au choix des parties (1) d'y lever
les extraits, dont ils auront beſoin,
ſignez & expédiez par le Greffier, ou
de le compulſer ès mains des Curez ou
Vicaires, & y ſera fait mention du jour
de l'expédition & délivrance, à peine

de nullité. Pour chacun desquels extraits ou certificats, pourront tant les Curez ou Vicaires que les Greffiers prendre dix sols, ès Villes esquelles il y a parlement, Evesché ou Siége Présidial, & cinq sols ès autres lieux, sans qu'ils puissent exiger ou recevoir plus grande somme, sous quelque prétexte que ce soit, à peine d'exaction.

1. *Il sera aux choix des Parties.*] Voyez *infrà*, art. 18 & la note.

L'article 19 de la Déclaration du 9 Avril 1736, porte : » Qu'il sera aux choix *des Parties* » *intéressées* de lever des extraits des actes de » Baptême, Mariage ou Sépulture, soit sur le » Registre qui sera au Greffe, soit sur celui qui » restera entre les mains des Curés, Vicaires, » Desservants, Chapitres, Supérieurs ou Admi- » nistrateurs, pour lesquels extraits il ne pourra » être pris par lesdits Greffiers, ou par lesdits » Curés, ou autres ci-dessus nommés, que dix » sols pour les extraits des Registres des Paroisses » établies dans les Villes où il y aura Parlement, » Evêché ou Siege Présidial ; huit sols pour les » extraits des Paroisses des autres Villes, & cinq » sols pour les Extraits des Registres des Bourgs » & Villages, le tout y compris le papier timbré. » Défend S. M. d'exiger, ni de recevoir plus » grande somme, à peine de concussion.

Article XIII.

Enjoignons à tous Curez ou Vicaires (1), Marguilliers, Custodes & au-

tres Directeurs des Œuvres & Fabriques, aux Maiſtres & Adminiſtrateurs,
Recteurs, & Supérieurs Eccléſiaſtiques
des Hoſpitaux, & tous autres, pour les
lieux où il y aura eu Bapteſmes, Mariages, & Sépultures, chacun à ſon égard,
de ſatisfaire à tout ce que deſſus ; à peine
d'y eſtre contraints, les eccléſiaſtiques
par ſaiſie de leur temporel, & à peine
de vingt livres d'amende contre les
Marguilliers ou autres perſonnes laïques
en leur nom.

1. *Enjoignons à tous Curés ou Vicaires, &c.*]
L'article 39 de la Déclaration du 9 Avril 1736,
veut : » qu'en cas de contravention aux diſpo-
» ſitions de ladite Déclaration, qui concernent
» la forme des Regiſtres, & celle des actes qui
» y ſeront contenus, la remiſe deſdits Regiſ-
» tres à ceux qui en doivent être chargés, &
» l'apport qui en doit être fait aux Greffes des
» Juriſdictions Royales, les Laïcs ſoient con-
» damnés en dix livres d'amende, & les Curés
» ou autres perſonnes Eccléſiaſtiques en dix li-
» vre d'aumône applicable à telle œuvre pie
» que les Juges eſtimeront à propos, & les uns
» & les autres en tels dépens, dommages &
» intérêts qu'il appartiendra ; au paiement deſ-
» quels, enſemble de ladite aumône, leſdites
» perſonnes Eccléſiaſtiques pourront être con-
» traintes par ſaiſie de leur temporel, & les
» Laïcs par toutes voies dües & raiſonnables,
» même les uns & les autres au paiement des
» débourſés des Procureurs du Roi, ou de ceux
» des Hauts-Juſticiers, en cas de pourſuites de

» leur part , laissant à la prudence des Juges
» de prononcer de plus grandes peines selon
» l'exigence des cas , notamment en cas de
» récidive.

L'article 40 » enjoint au Procureurs-Géné-
» raux & à leurs Substituts aux Jurisdictions
» ci-dessus mentionnées , de faire toutes les
» poursuites & diligences nécessaires pour l'exé-
» cution des Présentes , sans que lesdites pour-
» suites , procès-verbaux , Sentences & Arrêts
» intervenus sur icelles , puissent être sujettes
» aux droits de Contrôle des Exploits ou de
» Sceau , ni autres droits de quelque nature
» qu'ils soient.

Aʀᴛɪᴄʟᴇ XIV.

Si les Regiſtres ſont perdus , ou qu'il
n'y en ait jamais eu , *la preuve en ſera
reçeue , tant par titres* (1) *que par Témoins ;* (2) & en l'un & en l'autre cas,
les Bapteſmes , Mariages , & Sépultures pourront être juſtifiés , tant par les
Regiſtres ou papiers domeſtiques *des peres & meres décédez* (3) , que par Témoins, ſauf à la partie de vérifier le contraire, meſme à nos Procureurs Généraux , & à nos Procureurs ſur les lieux
quand il s'agira de capacitez de Bénéficiers , réceptions , ſerments , & inſtalla-
tion aux Charges & Offices.

1. *La preuve en ſera reçue , tant par titres ,
&c.*] Cette diſpoſition eſt très ſage : car quand
des Regiſtres ſont perdus , on ne peut rien im-

B iij

puter aux Contractants. S'il n'avoit point en tout
été tenu de Regiſtres, la preuve ſeroit plus difficile. Au reſte tous les actes qui précedent le
Mariage, comme la publication des bancs, les
fiançailles, &c. ne ſont point ſuffiſants pour
établir le Mariage, ſi cela n'eſt ſoutenu par des
actes poſtérieurs à la prétendue célébration, ou
par la dépoſition des Témoins. Il faut auſſi obſerver que pour pouvoir être admis à la preuve
d'un état, il faut avoir un commencement de
preuve par écrit, ou une poſſeſſion reconnue de
l'état qu'on reclame, & qu'il ne s'agiſſe plus
que de fortifier cette preuve.

Dans le cas où un Curé ou bien un Vicaire auroient été aſſez négligents pour ne pas écrire ſur le
Regiſtre un Baptême ou un Mariage qu'ils auroient faits, il ſemble que ſi le Curé ou le Vicaire
étoient encore vivans, il doit y avoir en faveur des Parties intéreſſées la voie de la plainte
& de l'information, ou celle de l'Enquête,
pour faire l'omiſſion du Regiſtre, & qu'on ne
peut alors leur refuſer la preuve par Témoins.

2. *Que par Témoins.*] Deux Témoins ſuffi-
ſent pour cela. (Voyez Boiceau en ſon Traité
de la preuve par Témoins, partie 1, chap. 15,
n. 6.)

3. *Des peres & meres décédés.*] Et par conſéquent s'ils ſont encore vivans, leurs papiers
domeſtiques ne ſont point de preuve. Autrement il pourroit arriver tous les jours qu'un
pere pourroit préjudicier à un enfant pour en
avantager un autre qu'il aimeroit par préférence, en mettant ſur ſon Regiſtre ce que bon lui
ſembleroit. (Voyez le Procès-verbal de l'Ordonnance, page 229.)

ARTICLE XV.

Sera tenu Registres des Tonsures (1) des Ordres Mineurs & Sacrez, Vestures, Noviciats & Professions de vœux ; sçavoir aux Archevefchez & Evefchez pour les Tonsures, Ordres Mineurs & Sacrez ; & aux Communautez Régulieres pour les Vestures, noviciats & Professions. Lesquels Registres seront en bonne forme, reliez, & les feuillets paraphés par premier & dernier par l'Archevefque ou Evefque, ou par le Supérieur ou la Supérieure des Maisons Religieuses, chacun à son égard ; & seront approuvez par un acte capitulaire inséré au commencement du Registre.

1. *Sera tenu Registre des Tonsures, &c.*] L'article 32 de la Déclaration du 9 Avril 1736, porte : » Qu'il sera tenu aux Archevêchés & » Evêchés des Registres pour les Tonsures & » Ordres Mineurs & Sacrés, lesquels seront » cottés par premier & dernier, & paraphés sur » chaque feuillet par l'Archevêque ou Evê- « que.

L'article 25 de la même Déclaration porte : » Que dans les Maisons Religieuses il y aura » deux Registres en papier commun, pour ins- » crire les actes de Vêture, Noviciat, & Pro- « fession, lesquels Registres seront cottés par » premier & dernier, & paraphés sur chaque » feuillet par le Supérieur ou la Supérieure, » à quoi faire ils seront autorisés par un acte

B iv

» capitulaire qui ſera inſéré au commencement
» de chacun deſdits Regiſtres.

ARTICLE XVI.

Chacun acte de Veſture, Noviciat &
Profeſſion (1) ſera écrit de ſuite ſans aucun blanc, & ſigné tant par le Supérieur & Supérieure, que par celui qui
aura pris l'habit, ou fait profeſſion, &
par deux des plus proches parents ou amis
qui y auront aſſiſté; dont le Supérieur
ou la Supérieure feront tenus de délivrer
extrait vingt-quatre heures après qu'ils
en auront eſté requis.

1. *Chacun acte de Vêture, &c.*] L'article 26 de
la Déclaration de 1736 porte : Que tous les actes
» de Vêture, Noviciat & Profeſſion, feront
» inſcrits en François ſur chacun deſdits deux
» Regiſtres, de ſuite & ſans aucun blanc, & que
« leſdits actes feront ſignés ſur leſdits deux Re-
» giſtres par ceux qui les doivent ſigner, le tout
» en même tems qu'ils feront faits, & qu'en au-
» cun cas leſdits actes ne pourront être inſcrits
» ſur des feuilles volantes.

L'article 27 porte : » Que dans chacun deſ-
» dits actes il ſera fait mention du nom & ſur-
» nom, & de l'âge de celui ou de celle qui pren-
» dra l'habit ou qui fera profeſſion, des noms,
» qualités, & domiciles de ſes pere & mere,
» du lieu de ſon origine, & du jour de l'acte,
» lequel ſera ſigné ſur leſdits deux Regiſtres,
» tant par le Supérieur ou la Supérieure, que
» par celui ou celle qui prendra l'habit ou ſera

» Profession, ensemble par l'Evêque, ou autre
» personne Ecclésiastique qui aura fait la céré-
» monie, & par deux des plus proches parents ou
» amis qui y auront assisté.

　　L'article 28 porte : » Que lesdits Registres ser-
» viront pendant cinq années consécutives, &
» que l'apport au Greffe s'en fera, savoir pour
» les Registres qui seront faits en exécution de
» la présente Déclaration, dans six semaines
» après la fin de l'année 1741, ensuite de cinq
» ans en cinq ans. Qu'au surplus sera observé
» tout le contenu aux articles 17 & 18 (ci-des-
» sus, pag. 24,) sur l'apport des Registres,
» la décharge qui en sera donnée au Supérieur
» ou à la Supérieure.

　　L'article 29 porte : » Qu'il sera au choix des
» Parties intéressées de lever des Extraits des-
» dits actes sur le Registre qui sera au Greffe,
» en payant au Greffier le salaire porté par l'arti-
» cle 19 (ci-dessus, pag. 27,) ou sur le Re-
» gistre qui restera entre les mains du Supérieur
» ou Supérieure, qui seront tenus de délivrer
» lesdits Extraits vingt-quatre heures après qu'ils
» en seront requis, sans aucun salaire ni frais,
» à la réserve du papier timbré seulement.

ARTICLE XVII.

*Les Grands-Prieurs de l'Ordre de Saint
Jean de Jérusalem* (1) seront tenus dans
l'an & jour de la profession faite par
nos Sujets dans l'Ordre, de faire regis-
trer l'acte de Profession ; & à cette fin
enjoignons au Secrétaire de chacun
grand Prieuré, d'avoir un Registre re-
lié dont les feuilles seront pareillement

B v

paraphez par premiere & derniere par
les Grands-Prieurs, pour y eſtre écrit la
copie des actes de profeſſion, & le jour
auquel elles auront eſté faites, & l'acte
d'enregiſtrement ſigné par le Grand-
Prieur pour eſtre délivré à ceux qui le
requerront; le tout à peine de ſaiſie du
temporel.

1. *Les Grands-Prieurs de l'Ordre de Saint-
Jean, &c.*] L'article 31, de la Déclaration du
9 Avril 1736, porte : » Que les Grands-Prieurs
» de l'Ordre de Saint-Jean de Jéruſalem ſeront
» tenus dans l'an & jour de la Profeſſion faite
» par nos Sujets dans ledit Ordre, de faire re-
» giſtrer l'acte de Profeſſion ; & à cette fin en-
» joint au Secrétaire de chaque Grand-Prieuré,
» d'avoir un Regiſtre dont les feuillets ſeront
» cottés par premier & dernier, & paraphés ſur
» chaque feuillet par le Grand-Prieur, ou par
» celui qui en remplira les fonctions, en cas
» d'abſence, ou autre empêchement légitime,
» pour y être écrit la copie des actes de Proſeſ-
» ſion, & leur date, & l'acte d'enregiſtrement
» ſigné par le Grand-Prieur, ou par celui qui en
» exercera les fonctions, pour être délivrés à
» ceux qui le requerront ; le tout à peine de
» ſaiſie du temporel.

ARTICLE XVIII.

Permettons à toutes perſonnes (1) qui
auront beſoin des actes de Bapteſmes,
Mariages, Sépultures, Tonſures, Ordres, Veſtures, Noviciats ou Profeſſions,

de faire compulfer tous les Regiftres entre les mains des Dépofitaires, lefquels
feront tenus de les repréfenter, pour en
eftre pris des extraits, & à ce faire contraints, nonobftant tous Privileges &
Ufages contraires; à peine de faifie du
temporel, & de privation de leurs
Droits, Exemptions & Privileges à eux
accordez par Nous & nos Prédécefleurs.

1. *Permettons à toutes perfonnes.*] L'article
33, de la Déclaration de 1736, » permet à tou-
» tes perfonnes qui *auront droit de lever* des
» actes, foit de Baptêmes, Mariages, ou Sé-
» pultures, foit de Vêture, Noviciat, Profef-
» fion, ou enregiftrement des Profeffions dans
» l'Ordre de Saint-Jean de Jérufalem, foit de
» Tonfure & Ordres Mineurs ou Sacrés, de
» faire compulfer les Regiftres entre les mains
» des dépofitaires d'iceux, lefquels feront tenus
» de les repréfenter pour en être pris des Ex-
» traits, & à ce faire contraints nonobftant tous
» Privileges & ufages contraires, à peine de
» faifie du temporel, & de privation des droits,
» exemptions & priviléges à eux accordés par
» S. M. ou par fes Prédécefleurs.

Il faut obferver que cet article 33 permet
feulement à ceux *qui auront droit* de lever des
actes, foit de Baptêmes, Mariages ou Sépultures, &c. de faire compulfer les Regiftres; au
lieu que l'art. 18 de la préfente Ordonnance le
permet indiftinctement à toutes perfonnes qui
font dans le cas d'avoir befoin defdits actes.

Nous allons rapporter en finiffant la difpofition des autres articles de la Déclaration du

B vj

9 Avril 1736 , qui n'ont pu être rapportés ſur les articles précédents du préſent titre.

» L'article 41 » déclare exempts des droits de » Contrôle & tous autres, tant les Regiſtres » mentionnés en la preſente Déclaration , que » les extraits des actes y contenus , & les dé-» charges qui ſeront données dans les cas ci-» deſſus marqués.

» L'article 30 porte : » Qu'en cas que par les » Cours , ou par les autres Juges compétents , il » ſoit ordonné quelque réforme ſur les actes qui » ſe trouveront dans les Regiſtres des Baptêmes, » Mariages & Sépultures , Vêtures , Noviciats » ou Profeſſions , ladite réforme ſera faite ſur » les deux Regiſtres , & ce en marge de l'acte » qu'il s'agira de réformer, ſur laquelle le Juge-» ment ſera inſcrit en entier ou par extrait : en-» joint à tous Curés , Vicaires , Supérieurs ou » autres Dépoſitaires deſdits Regiſtres , de faire » ladite réforme ſur leſdits deux Regiſtres , s'ils » les ont encore en leur poſſeſſion , ſinon ſur » celui qui ſera reſté entre leurs mains ; & aux » Greffiers , de la faire pareillement ſur celui » qui aura été dépoſé au Greffe.

» L'article 34 veut : » Que l'Edit du mois de » Décembre 1716 , portant ſuppreſſion des Offi-» ces de Greffier-Conſervateurs des Regiſtres des » Baptêmes , Mariages & Sépultures , ſoit exé-» cuté ſelon ſa forme & teneur , & en conſé-» quence que dans trois mois au plus tard après » la publication de la préſente Déclaration, ceux » qui ont exercé leſdits Offices en titre ou par » commiſſion, leurs veuves & héritiers ou ayants » cauſe , ſoient tenus de remettre , ſi fait n'a » été , tous les Regiſtres qui étoient en leur poſ-» ſeſſion, même les Regiſtres ou actes des Conſiſ-» toires , aux Greffes des Bailliages , Sénéchauſ-

» fées ou autres Siéges Royaux ressortissants
» nuement ès Cours qui auront la connoissance
» des cas royaux , dans les lieux pour lesquels
» lesdits Registres ont été faits ; faute de quoi
» ils y seront contraints à la requête des Procu-
» reurs du Roi auxdites Jurisdictions ; savoir
» ceux qui ont exercé lesdits Offices , par corps ,
» & leurs veuves , héritiers ou représentants ,
» par toutes voies dues & raisonnables , & con-
» damnés en telle amende qu'il appartiendra ,
» même qu'il sera procédé extraordinairement
» contre eux , s'il y échet.

L'article 35 porte : » Que les héritiers ou
» ayants cause des Curés , ou autres Déposita-
» res des Registres mentionnés en la présente
» Déclaration , & généralement tous ceux qui
» auroient en leur possession , à quelque titre ,
» & sous quelque prétexte que ce soit , aucunes
» minutes ou grosses des Registres dont ils ne
» doivent point être Dépositaires , seront tenus
» dans le délai porté par l'article précédent de
» les remettre au Greffe des Jurisdictions men-
» tionnées audit article , sinon qu'ils y seront
» contraints à la requête des Procureurs du Roi
» auxdites Jurisdictions ; savoir les Ecclésiasti-
» ques par saisie de leur temporel , ceux qui
» sont ou qui en ont été Dépositaires publics ,
» par corps , & tous autres par toutes voies dues
» & raisonnables ; & seront en outre condam-
» nés en telle amende qu'il appartiendra , même
» sera procédé extraordinairement contre eux ,
» s'il y échet.

L'article 36 porte : » Que lors de la remise
» desdites minutes ou grosses au Greffe par les
» personnes mentionnées aux deux articles pré-
» dents , il sera dressé Procès-verbal de l'état
» d'icelles , & qu'elles seront paraphées par le
» Juge , après quoi il en sera donné une dé-

» charge en papier commun par le Greffier à
» ceux qui les auront rapportées.

L'article 37 porte : » Que toutes les groſſes
» des Regiſtres qui auront été remiſes au Greffe,
» y demeureront ; & qu'à l'égard des minutes,
» autres néanmoins que celles des regiſtres ou
» actes des Conſiſtoires, il ſera ordonné qu'el-
» les ſeront remiſes ou renvoyées à ceux qui en
» doivent être Dépoſitaires, à la charge par eux
» d'en remettre au Greffe une expédition ſignée
» d'eux en papier commun. Veut Sa Majeſté
» qu'à l'égard des minutes deſdits Regiſtres ou
» actes des Conſiſtoires, elles demeurent au
» Greffe ainſi que les groſſes.

L'article 38 porte : » Que les Procureurs du
» Roi aux Bailliages, Sénéchauſſées & Siéges
» qui auront la connoiſſance des cas Royaux,
» ſeront tenus d'envoyer aux Procureurs-Gé-
» néraux, ſix mois après la publication de la
» préſente Déclaration, un état en papier com-
» mun certifié du Greffier, de ceux qui auront
» ſatisfait aux diſpoſitions y contenues, & de
» ceux qui n'y auront pas ſatisfait ; ce qu'ils ſe-
» ront tenus de faire enſuite tous les ans dans
» le mois de Mars au plus tard.

Enfin l'article 24 veut : » Que la préſente
» Déclaration ſoit exécutée ſelon ſa forme &
» teneur, à commencer au premier Janvier
» 1737, dérogeant en tant que beſoin ſeroit à
» tous Edits, Déclarations, Ordonnances &
» Réglements, en ce qui ne ſeroit pas conforme
» aux diſpoſitions y contenues.

TITRE XXI.

Des Descentes sur les lieux, Taxe des Officiers qui iront en Commission, Nomination & Rapports d'Experts.

ARTICLE I.

LEs Juges, mesme ceux de nos Cours, ne pourront faire descente sur les lieux dans les matieres où il n'échet qu'un simple rapport d'Experts (1), s'ils n'en sont requis par écrit par l'une ou l'autre des Parties (2), à peine de nullité, de restitution de ce qu'ils auront receu pour leurs vacations, & de tous dépens, dommages & interests.

1. *Dans les matieres où il n'échet qu'un simple rapport d'Experts.*] Comme quand il s'agit uniquement d'estimer des ouvrages de Maçonnerie, Charpenterie ou autres ; de savoir s'ils ont été bien faits, & si l'on a suivi les conditions du marché ; si l'on prétend que des bâtiments ne sont pas en état, & qu'ils ont besoin de réparations ; ou s'il s'agit d'estimer un dommage fait à un héritage ou à des terres, &c. & il en est de même en matiere de délit & de quasi-

délit. Dans tous ces cas, comme la visite des Experts est suffisante pour décider la contestation, le Juge ne peut point ordonner de descente, à moins qu'il n'en soit requis par l'une ou l'autre des Parties ; & il doit seulement ordonner que les choses contentieuses seront vues & visitées par Experts, pour estimer les ouvrages ou le dommage.

Mais si le différend n'est pas de la qualité de ceux qui peuvent se décider par un simple rapport d'Experts, comme si ce différend tombe sur la situation ou sur la disposition du lieu contentieux, ainsi qu'il arrive dans le cas d'entreprise de vues, égoûts ou autres servitudes par un voisin sur un autre voisin, & qu'il soit nécessaire que le Juge examine cette situation par lui même, qu'il soit dressé Procès-verbal des lieux, & qu'il entende les dires & contestations des Parties, dans ce cas il peut ordonner la descente d'office, & sans qu'il en soit requis par aucune des Parties. Ainsi jugé par Arrêt du 19 Décembre 1731, sur les conclusions de M. Chauvelin, Avocat-Général entre M. Glucq de Siport, & le sieur Duché, Fermier-Général. (Voyez le Procès-verbal de l'Ordonnance, pag. 319.)

Il n'est pas toujours nécessaire que cette descente du Juge soit accompagnée de visite d'Experts. Cette visite n'est nécessaire que dans les cas où la matiere en est susceptible ; hors ces cas, la descente du Juge se fait sans eux.

Lorsque la contestation est telle que non-seulement la présence du Juge ou la visite des Experts est nécessaire, mais qu'il faut de plus avoir une figure & description des lieux, le Juge peut ordonner, & ordonne le plus souvent qu'il sera fait un plan ou figure de ces lieux, soit par Arpenteurs, Charpentiers, Architectes, Peintres, Sculpteurs ou autres, suivant la nature de la chose contentieuse. Néanmoins si les Parties veulent convenir à l'amiable de ces plans & figures, ou les tracer par elles mêmes, elles le peuvent, & alors il faut qu'elles soient signées de l'une & de l'autre des Parties, pour être jointes au Procès-verbal du Juge ou Commissaire, lorsqu'il y a descente ou visite.

2. *S'ils n'en sont requis par écrit par l'une ou l'autre des Parties.*] Toutes les fois que l'une ou l'autre des Parties requiert la descente du Juge, elle ne peut être refusée. Outre l'intérêt que cette Partie peut avoir à ce que le Juge voie par lui-même & constate l'état des lieux, cette précaution devient quelquefois nécessaire ; *v. g.* dans le cas où cette Partie auroit lieu de craindre que les Experts, par le crédit & l'autorité de sa Partie adverse, n'eussent pas toute la liberté dont ils ont besoin pour remplir leur devoir. Néanmoins cette regle n'est pas tellement générale, qu'elle ne souffre quelques exceptions ; si la Partie qui demande la descente du Juge n'allegue aucun moyen raisonnable pour la déterminer, il ne paroît pas que le Juge soit dans l'obligation de l'accorder. Au reste il faut observer que dans tous les cas où il n'échet qu'un simple rapport d'Experts, la descente du Juge doit se faire aux dépens de celui qui l'a requise. (Ainsi jugé par Arrêt du 22 Février 1752, rendu sur les conclusions de M. Chauvelin, Avocat-Général, confirmatif d'une Sentence rendue au Bailliage de Meaux le 3 Décembre 1731. Voyez Denisart en ses collections de Jurisprudence, au mot *descente de Juges.*)

ARTICLE II.

Les Rapporteurs des Procès pendans en nos Cours, Requestes de nostre Hostel & du Palais , *ne pourront eftre commis* (1) *pour faire les Defcentes ordonnées à leur rapport* (1) ; mais fera commis par le Préfident un des Juges qui aura aſſiſté au Jugement , ou , à leur refus , un autre Conſeiller de la meſme Chambre ; ce qui fera auſſi obſervé & gardé pour les defcentes ordonnées en l'Audience.

1. *Ne pourront être commis.*] La raiſon de cet article eſt , afin que ces defcentes ne ſoient pas ſi fréquentes , & que dans les cas où elles ſont abſolument néceſſaires , il y ait au moins deux Juges pleinement inſtruits de l'affaire , & qui puiſſent la faire entendre aux autres ; & auſſi afin que tout l'intérêt des Parties ne ſoit pas commis à la foi d'un ſeul Juge.

Au ſurplus cette défenſe de commettre les Rapporteurs pour faire les defcentes ordonnées à leur rapport , ne regarde que les Cours Souveraines & les Requêtes de l'Hôtel & du Palais , ainſi qu'il eſt dit en cet article , mais non les Bailliages , Sénéchauſſées & autres Juriſdictions. Car dans ces dernieres Juriſdictions , le Rapporteur peut être commis comme les autres Juges pour faire la defcente. (Ainſi jugé par Arrêt du 6 Septembre 1712 , rendu en la cinquieme Chambre des Enquêtes , rapporté au nouveau Recueil, tom. 2. pag 491.)

2. *Pour faire les defcentes ordonnées à leur rapport.*

Idem pour les comptes. Voyez ci-après , tit. 29 , art. 5.

Article III.

Dans les Bailliages, Sénéchauſſées, Préſidiaux & autres Sieges, l'ordre du Tableau ſera gardé, à commencer par le Lieutenant-Général & autres principaux Officiers, & les Conſeillers *qui auront aſſiſté en l'Audience* (1) ou au rapport de l'Inſtance.

1. *Qui auront aſſiſté en l'Audience.*] Par Arrêt du Conſeil du premier Juillet 1668, rapporté au nouveau Recueil, tom. 1, pag. 195, un Procès-verbal de deſcente fait par le Lieutenant-Général a été caſſé, parcequ'il n'avoit pas préſidé à l'Audience le jour que cette deſcente avoit été ordonnée.

Article IV.

Les Commiſſaires pour faire les deſcentes *ſeront nommez par le meſme Arreſt ou Jugement* (1) qui les ordonnera.

1. *Seront nommés par le même Arrêt ou Jugement.*] Sans qu'il ſoit permis au Rapporteur de remplir la Sentence de ſon nom, ou de celui d'un autre Juge qui par ſon rang y ſeroit appellé. (Arrêt du Parlement du 30 Juin 1689, rendu pour le Préſidial d'Angoulême, art. 19.)
Il faut auſſi obſerver que le Commiſſaire nommé pour faire la deſcente n'en peut ſubroger un autre en ſa place, à peine de nullité. (Ordonnance de 1493, article 46. Ordonnance de 1535, chap. 1, art. 16. Réglement du Con-

feil du 24 Mai 1603 , rendu pour le Préfidial de Bourg-en-Breffe , art. 20. Edit du mois de Février 1705 , rendu pour le Préfidial d'Ypres, art. 34.)

A R T I C L E V.

Les Commiffaires ne pourront faire les defcentes *fans la réquifition de l'une des Parties* (1) ; & fera tenue la Partie requérante , *configner les frais ordinaires* (2).

1. *Sans la réquifition de l'une des Parties.*] Dans le cas même où cette defcente auroit été ordonnée d'office.

2. *Configner les frais ordinaires.*] Sauf à les répéter , s'il eft ainfi ordonné en fin de Caufe.

Cette confignation doit être faite par la Partie qui a requis la defcente du Juge. (Ainfi jugé par l'Arrêt du 22 Février 1732 , cité ci-deffus, art. 1 , note 2 , pag. 41.)

A R T I C L E V I.

L'Arreft ou Jugement qui ordonnera la defcente , & la Requefte portant réquifition pour y procéder , feront mis pardevers le Commiffaire , qui donnera *fur la premiere affignation* (1) *un jour & lieu certain pour s'y trouver* (2) ; le tout fignifié à la Partie ou à fon Procureur : & fera tenu le Commiffaire de partir dans le mois du jour de la réquifition ; *autrement fera fubrogé un autre en fa place* (3), sans que le temps de voyage puisse être prorogé, à peine de nullité & de restitution de ce qui aura esté receu.

1. *Sur la premiere assignation.*] Donnée à la Requête de la Partie poursuivante.

2. *Un jour & lieu certain pour s'y trouver.*] A toutes les Parties : car leur présence est nécessaire, ou du moins celle de leurs Procureurs, dans les descentes de Juges. (Voyez *infrà* les articles 15 & 21.)

Si la Partie assignée ne comparoît pas, le Commissaire en doit faire mention dans son Procès-verbal, & déclarer qu'il sera procédé tant en présence qu'absence ; si les Parties comparoissent, il leur donnera acte de leur comparution.

3. *Autrement sera subrogé un autre en sa place.*] Pour obtenir cette subrogation, il faut présenter Requête au Juge, & obtenir un Jugement qui subroge un autre Commissaire en la place du premier. Il faut ensuite signifier ce Jugement à la Partie adverse, & observer à l'égard du Commissaire subrogé les mêmes choses qui sont établies dans cet article, soit pour la réquisition & jour du départ, soit pour la consignation.

ARTICLE VII.

S'il y a causes de récusation (1) contre le Commissaire, elles seront proposées *trois jours avant son départ* (2), pourveu que le jour du départ *ait esté signifié huit jours auparavant* (3) ; autrement sera passé outre par le Commisfaire, *ce qui fera fait & ordonné* (4), exécuté nonobstant oppofitions ou appellations, prifes à partie, & récufations, mefme pour caufes depuis furvenues, fauf à y faire droit après le retour du Commiffaire.

1. *S'il y a caufes de récufation.*] Car les Commiffaires peuvent être récufés, ainfi que les Juges. (Voyez quels font ces cas *infrà*, tit. 24, art. 1 & fuivants.

Cette récufation a lieu non feulement dans le cas de defcente, mais en général pour toutes les fonctions de Commiffaires, même pour celles des Commiffaires-Enquêteurs-Examinateurs; & ces Officiers font fujets à la récufation, ainfi & de la même maniere que les Juges, & dans les mêmes cas. (Voyez *infrà*, tit. 22, art. 9 & 10, & tit. 24, art. 22, note 1. Voyez auffi l'Edit du mois de Mai 1583, portant création de ces Officiers, art. 8.)

2. *Trois jours avant fon départ.*] Afin d'empêcher les retards qu'une Partie pourroit caufer, fi elle attendoit à récufer un Commiffaire la veille de fon départ. Faute d'avoir propofé la récufation trois jours avant le départ du Commiffaire, fa commiffion fubfifte, & il peut paffer outre.

3. *Ait été fignifié huit jours auparavant.*] Voyez *infrà*, tit. 24, art. 22.

Si cette fignification n'avoit pas été faite huit jours auparavant, le Commiffaire pourroit être récufé, même la veille de fon départ.

4. *Et ce qui fera fait & ordonné, &c.*] C'eft-à-dire, ce qui fera fait par le Commiffaire dans ce qui concerne fes fonctions, & non au-delà. Car il faut obferver en général cette maxime, que dans tout ce qui peut être de la compétence

des Commissaires , comme Descentes , Scellés ,
Inventaires, Partages , Tutelles , Curatelles , &c.
lorsqu'il survient quelque contestation entre les
Parties , le Juge ou Commissaire doit dresser
son Procès-verbal des prétentions & dires de
ces Parties , dont il doit ensuite être fait rapport au Siege , à qui seul appartient de juger ces
contestations. (Edit du mois de Mai 1585 , art.
9. Autre du mois d'Octobre 1693. Arrêt de Réglement du 18 Juillet 1677 , rendu pour le Présidial de Tours , art. 51 & 52.)

ARTICLE VIII.

Les Jugements qui ordonneront que
les lieux & ouvrages seront veus , visi-
tez , toisez , *ou estimez par Experts* (1) ,
feront mention expresse des faits sur lesquels les rapports doivent estre faits ,
du Juge qui sera commis (2) pour procéder *à la nomination des Experts* , (3) recevoir *leur serment* (4) & rapport ; *comme
aussi du délai* (5) dans lequel les Parties
devront comparoir pardevant le Commissaire.

1. *Ou estimés par Experts.*] Tout ce qui est
dit dans cet article & les suivans, jusques & compris l'article 14 , touchant les visites & rapports
d'Experts , a lieu , soit que les Experts accom-
pagnent le Juge dans sa descente , soit qu'ils
fassent seuls leur visite & rapport.

2. *Du Juge qui sera commis.*] Dans les endroits où il y a des Commissaires Enquêteurs ,
c'est à eux qu'appartient cette Commission. (Réglement du Conseil du 27 Octobre 1631. Arrêt

du Conseil du 31 Août 1689, rendu pour le
Présidial d'Orléans, article 9, rapporté au nouveau Recueil, tom. 2, pag. 47.) Ainsi on ne
fait pas mention de leur nom, (à moins qu'il
y en ait plusieurs,) dans le Jugement qui ordonne la visite ou estimation par Experts. (Voyez
infrà, tit. 22, art. 5, note 3.)

3. *La nomination des Experts.*] Au Châtelet de
Paris la nomination des Experts ne se fait point
par les Commissaires-Enquêteurs, mais par un
acte signifié de procureur à Procureur, ou à l'Audience ; quand les Parties n'en nomment pas, le
Juge en nomme d'office. Il seroit à souhaiter que
cette Procédure fût suivie dans tous les autres
Sieges.

Lorsque les choses qu'on doit visiter sont dans
une autre Justice, & hors le droit de la Jurisdiction où l'instance est pendante, on peut commettre le Juge du lieu pour procéder à la nomination des Experts, & recevoir leur serment. Mais
cette Commission doit être donnée par le Siége où
le Procès s'instruit, & non par le Lieutenant-Général seul, ou autre Juge chargé de l'instruction.

4. *Et recevoir leur serment.* Si les Experts ont
serment à Justice, ils ne sont pas tenus de le réi-
térer à chaque fois qu'ils sont nommés. (Voyez
l'Edit du mois de Mai 1690, portant création
d'Experts-Jurés dans les Villes où il y a Parlement, & celui du mois de Juillet de la même
année, qui en établit dans les Villes où il y a
Bailliage, &c.)

5. *Comme aussi du délai.*] C'est-à-dire, du délai pour convenir d'Experts : car ce délai doit être
réglé par le Jugement.

En conséquence de ce Jugement, la Partie la
plus diligente doit faire assigner la Partie adverse
à domicile de Procureur pardevant le Commissaire, afin de convenir d'Experts. Les Parties ont

néanmoins

néanmoins la liberté de nommer leurs experts à l'Audience à l'inftant de la prononciation de la Sentence , fi elles en veulent nommer.

Article IX.

Si au jour de l'affignation (1) l'une des Parties ne comparoit, ou qu'elle foit refu-fante de nommer ou convenir d'Experts, le Commiffaire en nommera d'office pour la Partie abfente ou refufante , pour procéder à la vifitation avec l'Expert nommé par l'autre Partie ; & en cas de refus par l'une & l'autre des Parties d'en nommer, le Commiffaire en nommera d'office ; *le tout fauf à récufer* (2) : & fi la récufation eft jugée valable , il en fera nommé d'autres en la place de ceux qui auront efté récufez.

1. *Si au jour de l'affignation.*] C'eft-à-dire , de l'affignation donnée par la Partie pourfui-vante en vertu de l'ordonnance du Commiffaire. Si fur cette affignation la Partie affignée com-paroît , & qu'elle nomme de fon côté un Expert, tout eft bientôt confommé ; mais fi elle ne comparoît pas , & qu'elle refufe d'en nommer , il faudra fuivre ce qui eft porté en cet article.

Dans les endroits où il y a des Experts en titre d'office , les Parties & même le Juge , quand il en nomme d'office , ne peuvent en choifir d'autres.

2. *Le tout fauf à récufer.*] Voyez *infrà* , arti-cle 15.

Les caufes de récufation contre les Experts ont lieu dans tous les cas où l'on peut reprocher les

Témoins. (Voyez *infrà* , titre 23, article 1 , note 2.)

Lorsqu'il y a quelque cause de récusation pro-posée contre un Expert , le Commissaire en doit donner acte aux Parties , & les renvoyer au Siege pour y être fait droit ; ce qui a lieu en général à l'égard de toutes les contestations qui peuvent naître entre les Parties incidemment aux fonc-tions de Commissaires-Enquêteurs-Examina-teurs. (Voyez ci-dessus , art. 7 , note 4, pag. 46.)

A R T I C L E X.

Le Commissaire ordonnera par le Pro-cès-verbal de nomination des Experts , le jour & l'heure *pour comparoir devant lui* (1) , *& faire serment* (2) ; ce qu'ils se-ront tenus de faire sur la premiere assi-gnation : & dans le même tems sera mis entre leurs mains l'Arrest ou Jugement qui aura ordonné la visite , *à quoi ils va-queront incessamment* (3).

1. *Pour comparoir devant lui.*] Il n'est pas nécessaire que les Parties soient présentes pour voir prêter ce serment aux Experts , à la diffé-rence de ce qui est établi à l'égard des Témoins dans les Enquêtes. (*Infrà* , tit. 22 , art. 5.) L'Or-donnance n'exigeant point ici cette formalité , on ne doit point par conséquent l'exiger. Il est vrai que dans le projet de cet article , lors de la rédaction qui en fut faite , il étoit dit que l'assi-gnation seroit donnée , tant aux Experts qu'aux Parties ; mais on a retranché ces mots de l'arti-cle en le rédigeant. D'ailleurs cela ne pourroit se pratiquer dans les endroits où les Experts sont

en titre d'office, parce qu'ils ne prêtent point de ferment, au moyen du ferment général qu'ils ont à Justice. (Voyez ce qui est dit Tom. 1, fur l'article 6, du tit. 19, note 2, pag. 282.)

2. *Et faire le ferment.*] Dans les endroits ou il y a des Experts-Jurés en titre d'office, on ne leur fait point prêter ferment, parce que ces Experts l'ont prêté pour toujours à leur réception. (Voyez ci-deffus, art. 8, note 4, pag. 48.

La fonction des Experts est libre, à la différence des Séqueftres & des Gardiens. (Voyez Tom. 1, tit. 19, art 6, note 1, pag. 282, & art. 15, note 4, pag. 295.) Ainfi lorfque des Experts affignés devant le Juge ou Commiffaire refufent de comparoître ou d'accepter la fonction dont on veut les charger, tout ce que le Juge ou Commiffaire peut faire, est d'ordonner qu'il en foit nommé d'autres.

Il peut arriver néanmoins des cas où les Juges pourroient contraindre des Experts de prêter leur miniftere, *v. g.* dans des cas provifoires ou autres cas de néceffité. Autrement il feroit difficile & quelquefois même impoffible d'en trouver qui vouluffent accepter.

3. *A quoi ils vaqueront inceffamment.*] La préfence des Parties n'eft pas néceffaire pour ces fortes de vifites, à moins que cela ne foit porté par le Jugement, auquel cas les Parties doivent être fommées de s'y trouver, & leurs dires & réquifitions doivent être tranfcrits dans le Procès-verbal. Mais celle des Procureurs est entièrement inutile dans le cas où la préfence des Parties n'a pas été ordonnée par le Jugement.

Article XI.

Les Juges & les Parties *pourront nom-*

mer pour Experts (1) des Bourgeois ; &
en cas qu'un Artifan foit intéreflé en fon
nom contre un Bourgeois , ne pourra
eftre pris *pour tiers Expert qu'un Bour-*
geois (2).

1. *Pourront nommer pour Experts.*] La Partie
qui a nommé un Expert peut le révoquer &
en nommer un autre , fans être tenue de dire le
fujet de fa révocation , lorfque le rapport n'eft
pas encore commencé. Ainfi jugé au Châtelet de
Paris. (Voyez Denifart en fon Recueil des actes
de notoriété de ce Tribunal , pag. 101 , aux
notes.)

2. *Pour tiers Expert qu'un Bourgeois.*] Même
dans les endroits où il y a des Experts en titre
d'office , à moins que parmi ces Experts il n'y
ait auffi des Experts-Bourgeois en titre d'office ,
comme à Paris.

La raifon pour laquelle l'Ordonnance défend
de prendre un Artifan pour tiers Expert dans les
caufes où un Artifan eft intéreflé contre un Bourgeois , eft rapporté par Dolive , liv. 4 , chap. 12 ,
& eft conforme à la Novelle 64 de Juftinien ,
où il eft dit que fi le Juge dans ce cas nommoit
d'office un Artifan pour tiers , cela formeroit un
préjugé en faveur de l'Artifan. Voyez auffi Coquille fur la Coutume de Nivernois , art. 17 ,
tit. des Maifons & Servitudes.

Article XII.

Les Experts *délivreront au Commiffaire*
leur rapport (1) en minute , pour eftre
attaché à fon Procès-verbal , & tranfcrit
dans la groffe en même cahier.

1. *Délivreront au Commissaire leur rapport.*]
Ou le mettront au Greffe.

Les Experts pour faire ce rapport, doivent se
faire assister de gens connoissants au fait dont il
s'agit ; *v. g.* de personnes qui aient connoissance
des choses ou lieux contentieux, & cela sans
qu'il en coûte davantage aux Parties. Ils doivent
aussi avoir attention de ne mettre dans leur rapport que ce qui est de leur art, c'est-à-dire,
que ce qui concerne l'état & la description ou
valeur des choses contentieuses, sans vouloir
raisonner, comme ils font assez souvent, sur le
droit des Parties, & sur ce qui est du ministere
du Juge.

Il n'est pas nécessaire que ce rapport soit rédigé sur le lieu ; cela ne pourroit guere se pratiquer sant causer de grands frais aux Parties.
Les Experts pour accélérer, se contentent ordinairement de faire sur les lieux des Mémoires
de ce qu'ils ont vu & visité ; mais il leur faut
presqu'autant de tems pour rédiger leur rapport,
qu'ils en ont employé à faire ces Mémoires.
(Voyez le Procès-verbal de l'Ordonnance,
page 247, où M. le Premier Président observe
qu'il a eu quelquefois des Commissions où l'on
a employé trois mois entiers, & quelquefois plus
long-tems ; de sorte que s'il falloit que le rapport fût dressé sur le lieu, comme cela ne pourroit se faire sans que les Experts y résidassent,
& même le Juge & les Parties, ou leurs Procureurs, cela causeroit des frais excessifs.)

On prétend néanmoins qu'à Paris le rapport
doit être rédigé sur le lieu suivant l'art. 185 de
la Coutume de Paris, & que cela a été ainsi jugé
par une Sentence rendue au Châtelet en forme
de Réglement, & confirmée par Arrêt du 26
Août 1704, entre les Greffiers de l'écritoire ; ce
qui a été établi pour empêcher que les Experts

ne soient sollicités de changer leur avis au retour de leur commission. Mais il paroît qu'on ne peut établir là-dessus aucune regle fixe, & que cela dépend des circonstances. (Voyez le Procès-verbal de l'Ordonnance en l'endroit qu'on vient de citer.)

Pour ne pas tomber en contravention à l'article 185 de la Coutume de Paris, les Experts ont soin de prendre un consentement par écrit des Parties à ce qu'ils puissent terminer le rapport en leur Bureau.

. Dans plusieurs endroits il y a des Greffiers dont la fonction particuliere est de dresser les rapports, d'en donner des expéditions aux Parties, & d'en garder les minutes ; on les appelle *Greffiers de l'écritoire :* & dans ces endroits c'est à ces Greffiers seuls que ce droit appartient, à l'exclusion des autres Greffiers de la Jurisdiction.

Lorsque les Experts ne savent pas écrire, ils font rédiger leur rapport par un Notaire.

Un rapport fait un jour de Fête d'Eglise est nul, & les Experts doivent être condamnés aux dépens de la réfection. (Arrêt du Parlement du 18 Novembre 1694.)

ARTICLE XIII.

Si les Experts font contraires en leur rapport, le Juge *nommera d'office un tiers* (1) qui sera *assisté des autres en la visite* (2) ; & si tous les Experts conviennent, ils donneront un seul avis & par un mesme rapport, sinon *donneront chacun leur avis* (3).

1. *Nommera d'office un tiers.*] Quand un tiers

Expert vient à abandonner son opération après l'avoir commencée, & qu'on nomme à sa place un autre tiers Expert, le Procès-verbal du premier doit être continué & parachevé par celui qui est commis en sa place. Ainsi jugé par Arrêt du 12 Mai 1745. (Voyez Denisart en son Recueil des actes de notoriété du Châtelet de Paris, page 101 aux notes.)

Quand un tiers Expert estime un ouvrage, il ne peut l'estimer plus haut que le plus haut prix, ni plus bas que le plus bas prix de la premiere estimation. Plusieurs Arrêts ont annullé des rapports de tiers Experts qui avoient contrevenu à cette regle. V. Fromental en son Dictionnaire de Jurisprudence, imprimé en 1740, *in-fol.* page 299, au mot *Experts.* Il ajoute cependant, que cette Jurisprudence a changé par deux Arrêts, l'un du Parlement de Toulouse du 23 Juillet 1727, & l'autre de la Cour des Aides de la même Ville qu'il ne date pas.

2. *Assisté des autres en la visite.*] On doit faire assigner ce tiers pour prêter serment, (s'il est dans le cas de le prêter,) & ensuite sommer les autres Experts de se trouver à la visite avec lui.

Lorsque les deux Experts qui ont d'abord été nommés, font un rapport uniforme, les Parties ne sont pas recevables à en demander un autre, quand même celle qui demanderoit le nouveau rapport, offriroit de le faire faire à ses dépens, à moins que le premier rapport ne fût pas concluant, ou qu'il fût exprimé d'une maniere ambiguë & suspecte, ou qu'il renfermât quelqu'autre vice de cette espece. Dans ce cas le Juge peut, même d'Office, en ordonner un nouveau, s'il a besoin d'être plus amplement éclairci. L'article 184 de la Coutume de Paris, permet en général aux Juges d'ordonner une seconde visite, s'ils ne se croient pas suffisamment éclairés par le rapport des Experts. (Voyez Ricard fur cet art. 184 de la Coutume de Paris , & la note de Dumoulin fur l'art. 79 de l'ancienne Coutume de la même Ville.)

3. *Sinon donneront chacun leur avis.*] Si les Experts nommés par les Parties font d'accord fur quelques points , & ne font d'avis contraire que fur quelques autres , le tiers Expert ne doit donner fon avis que fur les points dans lefquels les premiers Experts fe font trouvés contraires.

ARTICLE XIV.

Abrogeons l'ufage de faire recevoir en Juftice les Procès-verbaux des defcentes, & rapports des Experts , *& pourront les parties les produire ou les contefter* (1) fi bon leur femble.

1. *Et pourront les Parties les produire ou les contefter.*] Voyez *infrà* , art. 23 , pag. 62.

ARTICLE XV.

Défendons aux Commiffaires & aux Experts de recevoir par eux ou par leurs domeftiques aucuns préfents des Parties, ni de fouffrir qu'ils les défrayent ou payent leur dépenfe directement ou indirectement , à peine de concuffion & de trois cents livres d'amende applicables aux pauvres des lieux ; & feront les vacations des Experts *taxées par le Commiffaire* (1).

1. *Taxées par le Commiſſaire.*] Sauf la voie
d'oppoſition au Siege pour raiſon de cette taxe,
ſoit de la part des Experts, ſoit de la part des
Parties.

Les Experts avant de faire leur opération &
de ſe tranſporter ſur les lieux, peuvent demander que leurs vacations ſoient conſignées. (Argument tiré de l'art. 5, ci-deſſus, pag. 44.) Un
Réglement rendu au Bailliage d'Orléans le 22
Décembre 1750, défend aux Greffiers du Bailliage, &c. d'expédier à l'avenir aucuns Rapports,
qu'ils n'aient au préalable fait payer entre leurs
mains la taxe des vacations des Experts, dont
ils feront tenus de faire mention ſur les Expéditions, & enſuite feront tenus de remettre auſdits Experts le montant de la taxe de leurs vacations, & d'en retirer d'eux une décharge; &
que néanmoins où ils ſeroient avertis que les
Parties voudroient ſe pourvoir par oppoſition
contre ladite taxe, les Greffiers ſeront autoriſés
à faire conſigner cette taxe entre leurs mains, &
à la retenir juſqu'à ce qu'il ait été ſtatué ſur cette
oppoſition.

A<small>RTICLE</small> XVI.

Les Juges (1) employés en meſme
tems en différentes commiſſions, hors
les lieux de leur domicile, ne pourront
ſe faire payer qu'une ſeule fois de la
taxe qui leur appartiendra par chacun
jour, qui leur ſera payée par égale portion par les parties intéreſſées.

1. *Les Juges.*] Il faut en dire de même des
Experts. La diſpoſition portée par cet article &

C v

les deux fuivants reçoit également fon appli-
tion par rapport à eux. (Voyez le Procès-verbal
de l'Ordonnance, page 151 , art. 23.

ARTICLE XVII.

Si la longueur du voyage (1) eft augmentée à l'occafion d'une autre commiffion , les journées feront payées par
les Parties intéreffées, à proportion du
teins qui aura efté employé à caufe de
l'augmentation du voyage.

1. *Si la longueur du voyage.*] Il faut dire la
même chofe des Experts. (Voyez la note fur
l'article précédent.)

ARTICLE XVIII.

Iorfque les Juges (1) feront fur les
lieux pour vacquer à des commiffions
& defcentes & qu'à l'occafion de leur
préfence ils feront requis d'exécuter une
autre commiffion , ils ne feront payez
par les Parties intéreffées à la nouvelle
commiffion , & defcente, que pour le
teins qu'ils y vaqueront, & les Parties
intéreffées à la premiere commiffion paye-
ront les journées employées pour aller
fur les lieux où la premiere defcente
devoit eftre faite , & pour leur retour.

1. *Lorfque les Juges.*] Il faut dire la même
chofe des Experts. (Voyez la note fur l'article
16 ci-deffus.)

Article XIX.

Les Commiſſaires feront tenus de faire mention *fur les minutes & groſſes* (1) de leurs Procès-verbaux, des jours qui auront eſté par eux employez pour ſe tranſporter fur les lieux, & de ceux de leur ſéjour & retour, & de ce qui aura eſté conſignée par chacune des Parties, & receu des taxes faites pour la groſſe du Procès-verbal, & de ceux qui auront affiſté à la commiſſion; le tout à peine de concuſſion & de cent livres d'amende.

1. *Sur les minutes & groſſes.*] Les Juges ne peuvent ſe ſervir pour Greffiers dans leurs Commiſſions que des Commis des Greffes des Siéges & Cours dont ils font corps, à peine de nullité de leurs Procès-verbaux, &c. (Voyez *infrà*, tit. 22, art. 25, note 1.)

Article XX.

Si les Commiſſaires font trouvez fur les lieux, ils ne prendront aucune vacation pour leur voyage ni pour leur retour; *& s'ils font à une journée de diſtance* (1), ils prendront la taxe d'un jour pour le voyage, & autant pour le retour, outre le ſéjour.

C vj

1. *Et s'ils sont à une journée de distance.*] C'est-à-dire à une journée de distance du lieu où la visite & descente doit être faite.

Si les Commissaires sont éloignés de deux ou de trois journées, ou plus, ils prendront la taxe de deux ou trois journées, & ainsi des autres, & autant pour le retour, outre le séjour.

ARTICLE XXI.

Chacune des Parties sera tenue d'avancer les vacations de son Procureur, sauf à répéter, si elle obtient condamnation de dépens en fin de Cause ; & si outre l'assistance de son Procureur elle veut avoir un Avocat, ou quelque autre personne pour Conseil, elle payera ses vacations *sans répétition* (1). Si néantmoins la Partie poursuivante se trouvoit obligée d'avancer les vacations pour l'autre Partie, exécutoire lui en sera délivré sur le champ, sans attendre l'issue du Procès.

1. *Sans répétition.*] Parceque ces sortes de Conseils ne sont que pour l'intérêt particulier de la Partie qui veut s'en servir ; ainsi il est juste que cette Partie en fasse seule les frais.

ARTICLE XXII.

Lorsque les Officiers feront des descentes ou autres commissions *hors la Ville & Banlieue* (1) de l'establissement de leur Siege, ils ne prendront par chacun jour que les sommes qui seront par Nous ci-après ordonnées *par une Déclaration particuliere* (2).

1. *Hors la Ville & Banlieue.*] Car dans la Ville & Banlieue, ils ne sont payés que par vacation. Ces vacations sont réglées pour les Lieutenants-Généraux des Siéges où il y a Présidial, à raison de six livres pour chaque vacation de trois heures, à quatre livres pour les autres Juges, & pour les moindres vacations à proportion. (Arrêt de Réglement de la Cour du 10 Juillet 1665, art. 38, rapporté au nouveau Recueil, tom. 1, pag. 509.)

2. *Par une Déclaration particuliere.* Cette taxe est différente suivant les différents Siéges. Par un Arrêt du Conseil du 16 Octobre 1684, (rapporté aussi au nouveau Recueil, tom. 4, pag. 543.) la taxe des Officiers du Présidial d'Orléans, lorsqu'ils font des descentes ou autres Commissions hors la Ville & Banlieue de leur Siége, est réglée : savoir,

1°. Au Lieutenant-Général & Criminel, à vingt livres par jour, lorsqu'il y a Partie civile, & à dix livres, lorsque le Roi est seul Partie.

2°. Aux Lieutenants Particuliers, à seize livres, lorsqu'il y a Partie civile, & à huit livres quand le Roi est seul Partie.

3°. Aux Conseillers dudit Siége, à douze livres, quand il y a Partie civile, & à six livres, quand le Roi est seul Partie.

4°. Aux Procureurs du Roi dudit Siége, les deux tiers du Lieutenant Général ou Criminel.

5°. Aux Greffiers, pareillement les deux tiers desdits Lieutenants Général & Criminel.

6°. Et aux Procureurs des Parties & Huis-

fiers, le tiers defdits Lieutenants Général &
Criminel.

Il eft dit par ce même Arrêt, que ces taxes
diminueront d'un fixieme, quand la Commiffion durera plus de quinze jours, & d'un tiers,
quand elle durera plus d'un mois.

ARTICLE XXIII.

Pourra la Partie plus diligente faire
donner au Procureur de l'autre Partie,
copie des Procès-verbaux & rapports
d'Experts, & trois jours après *pourfuivre
l'Audience fur un fimple acte* (1), &
produire les Procès-verbaux & rapports
des Experts, *fi le principal différend eft
appointé* (2).

1. *Pourfuivre l'Audience fur un fimple acte.*]
Voyez *infrà*, tit. 22, art. 4 & 35, fauf à mettre
les pieces fur le Bureau, ou à appointer, s'il y
a lieu de le faire.
2. *Si le principal différend eft appointé.*] Cette
production fe fait par un Inventaire qui doit
être fignifié.

TITRE XXII.
Des Enquêtes.

Les Enquêtes dont il eft parlé dans ce Titre
font les Enquêtes ordinaires. A l'égard de celles
qui fe font dans les matieres fommaires & dans

les Jurifdictions des Juges-Confuls , elles doivent être faites fuivant la maniere ci-deffus ordonnée. (Voyez le tit. 17 , art. 8 & 9 & tit. 16, art. 7 , 8 & 9.)

ARTICLE I.

Es matieres où il écherra de faire des Enquestes (1) , le mefme Jugement qui les ordonnera , *contiendra les faits des Parties* (2) , *dont elles informeront refpectivement* (3) fi bon leur femble , fans autres interdits & réponfes , Jugement ni Commiffion.

1. *Ès matieres où il écherra de faire des Enquêtes.*] Car la preuve par Témoins n'a lieu que dans certains cas. (Voyez ce qui a été dit ci-deffus , tit. 20 , art. 1 , aux notes, pag. 2.)

Quand il s'agit de faire reconnoître quelque meuble qu'on réclame comme à foi appartenant , cela doit fe faire par Enquête de Témoins qui aient connoiffance des meubles reclamés , & qui doivent les reconnoître en préfence des Parties , & non par Procès-verbal de la reconnoiffance de ces meubles fait en préfence du Juge. Cette efpece d'Enquête doit même prefque toujours fe faire fommairement. (Voyez Tom. 1 , tit. 12 , art. 5 , note 1 , pag. 180.)

2. *Contiendra les faits des Parties.*] Afin que celui qui eft chargé de faire l'Enquête, fache exactement quelle eft fa Commiffion , & que les Témoins ne chargent point leurs difpofitions de faits inutiles ou étrangers. Une Enquête qui ne contiendroit point les faits des Parties , doit être déclarée nulle , fuivant l'article 20 de ce titre.

3. *Dont elles informeront respectivement.*]
Afin que chacune des Parties puisse défendre son
droit contre la déposition des Témoins de sa
Partie adverse, qui pourroit ne faire entendre à
sa Requête que les Témoins qui lui seroient favorables, & non ceux qui pourroient lui être
contraires.

Le Jugement qui ordonne la preuve, doit accorder aux deux Parties la permission de faire
preuve des faits contraires. (Ainsi jugé par Arrêt
du 25 Janvier 1708, sur les conclusions de M.
Joly de Fleury, Avocat Général, R. au Journal des Audiences ; par un autre Arrêt du 4 Mai
1740, rendu en la seconde Chambre des Enquêtes, & par un autre du 30 Août 1759, rendu
au rapport de M. Roussel, sur l'appel d'une Sentence rendu au Bailliage de Montargis, qui
avoit déclaré nulle une Enquête, parceque la
Sentence qui l'avoit ordonnée, n'avoit accordé
la preuve qu'à une des Parties. Autre Arrêt du
Parlement de Rouen, du 13 Janvier 1724, R.
par M. Routier en sa Pratique Bénéficiale.)

On prétend cependant qu'il n'est pas nécessaire
que le Jugement qui admet la preuve porte, *sauf
à la Partie adverse de faire preuve contraire*, & que
cette réserve est de droit. (Ainsi jugé par un Arrêt
du Parlement de Dijon du 10 Mai 1740, R.
au code Civil de Serpillon, pag. 370. V. aussi
un Arrêt du 7 Mai 1691, R. au Journal des Audiences, tom. 5, pag. 500. Papon, livre 9,
tit. 10, n. 24.)

ARTICLE II.

Si l'Enquête est faite au mesme lieu
où le Jugement a esté rendu, ou dans
la distance de dix lieues, *elle sera com-*

mencée dans la huitaine (1) *du jour de la signification du Jugement faite à la Partie ou à son Procureur* (2) *, & parache-vée dans la huitaine suivante* (3) *: s'il y a plus grande distance* (4) *,* le délai sera augmenté d'un jour pour dix lieues. *Pourra néantmoins le Juge* (5) *,* si l'affaire le requiert, donner *une autre huitaine* (6) pour la confection de l'Enqueste, *sans que le délai puisse estre prorogé* (7) : le tout nonobstant oppositions, appella-tions, récusations, & prises à parties, & sans y préjudicier.

1. *Elle sera commencée dans la huitaine.*] Les délais de huitaine dont il est parlé dans cet Arti-cle, ne sont que pour les Cours, Bailliages, Sé-néchaussées & Présidiaux. A l'égard des autres Jurisdictions, ces délais ne sont que de trois jours. (Voyez *infrà*, article 32.)

2. *Ou à son Procureur.*] S'il y en a un ; & com-me suivant l'art. 2 du tit. 27 de l'Ordonnance ; les Arrêts & Jugements ne peuvent être signifiés à la Partie, s'ils n'ont été préalablement signi-fiés à son Procureur, il en résulte que quand la partie a un Procureur, le délai de faire En-quête court du jour de la signification faite au Procureur.

3. *Du jour de la signification du Jugement, faite à la Partie ou à son Procureur, & parache-vée dans la huitaine.*] C'est une maxime cons-tante que la signification qu'une Partie fait du Jugement qui admet à la preuve, ne fait pas courir contre elle le délai de faire Enquête, & qu'elle ne le fait courir que contre la Partie ad-

verfe à qui cette fignification eft faite ; mais fi
cette Partie adverfe veut faire courir le délai
contre celle qui lui a fait fignifier le Jugement,
il faut qu'à fon tour elle le lui faffe fignifier ;
en effet on ne peut fe fervir des diligences d'une
Partie pour établir contre elle une fin de non-
recevoir. Il a même été jugé au Parlement de
Rouen par Arrêt du 16 Mars 1752, (rapporté à
la fin du texte de la Coutume de Normandie,
de l'édition de 1753) que celui qui a commencé fon Enquête n'a point de délai fatal pour
la finir, tant que le Jugement qui admet à la
preuve ne lui a point été fignifié. L'Auteur qui
a fait imprimer cet Arrêt obferve que la Partie
contre laquelle l'Enquête avoit été commencée,
foutenoit que ces termes, *parachevée dans la huitaine fuivante*, tomboient fur le dernier jour de
la huitaine, où l'Enquête avoit été commencée ;
au lieu que l'autre Partie prétendoit que le délai
de faire Enquête ne couroit contre une Partie
que du jour qu'on lui avoit fait fignifier le Jugement ; qu'il falloit que le Demandeur en forclufion fît fes diligences pour l'obtenir, parceque nul ne fe forclot lui-même, & que ces
mots, *parachevée dans la huitaine fuivante*, tomboient fur la fignification du Jugement, & non
fur le commencement de l'Enquête.

Il faut en effet confidérer le jugement qui ordonne ou qui permet à des Parties qui font contraires en faits de faire preuve de leurs faits, comme un jugement qui ordonne qu'il fera fait deux
Enquêtes, l'une à la requête du Demandeur, &
l'autre à la requête du Défendeur ; & c'eft ainfi
que s'exprime l'Ordonnance dans l'art. 1 de ce
titre, en employant le mot *Enquêtes* au pluriel,
ce qui eft encore plus clairement exprimé en
l'art. 33 ci-après, au lieu que dans cet article 2,
le mot *Enquête* eft feulement employé au fingu-

lier ; ce qui prouve clairement que le délai qui
est établi , n'est point établi pour les deux Enquêtes conjointement , comme si elles n'étoient
considérées que comme une seule & même Enquête , mais bien pour chacune des deux Enquêtes en particulier. Il faut donc considérer qu'il
y a un délai particulier pour chacune des deux
Enquêtes , quoique ce délai soit semblable quant
au tems , & que ce délai doit courir & devenir
fatal à l'une des deux Parties , *v. g.* au demandeur , du jour que le jugement qui permet cette
Enquête , lui a été signifié ou à son Procureur ,
par le Défendeur ; & de même qu'il devient
fatal au Défendeur , du jour que cette signification lui a été faite , ou à son Procureur par
le Demandeur.

Cette regle est fondée sur ce qu'en général ,
les fins de non-recevoir ne courent point de
plein droit contre une Partie , mais seulement
du jour que cette Partie a été constituée en
demeure , ainsi qu'il est établi en plusieurs articles de cette Ordonnance , & notamment dans
l'art. 11 du titre 35 ci-après. Il faut donc une
signification particuliere du jugement pour chacune des deux Enquêtes , pour pouvoir établir
une fin de non-recevoir contre chacune des
deux Parties. Il paroît même en examinant
avec attention les circonstances d'un Arrêt du
9 Août 1751 , rapporté par Denisard , au mot
Enquête , n. 15 , que le Parlement de Paris juge
conformément à ces principes , quoique les
moyens y soient mal discutés.

4. *S'il y a plus grande distance.*] En matiere
d'Enquêtes , si les héritages & droits contentieux sont éloignés du Siége où le Procès est
pendant , le Juge peut commettre le plus prochain Juge Royal des lieux. (Voyez le Procès-
verbal de l'Ordonnance , pag. 286.) C'est aussi

la difpofition de l'article 168, de l'Ordonnance
de Blois qui porte : » Que s'il eft befoin d'exa-
» miner quelques Témoins hors les lieux de la
» demeure des Juges, ils feront tenus, *s'ils en*
» *font requis*, octroyer commiffion adreffante
» aux Officiers des lieux, fans qu'ils la puiffent
» refufer.

Ces mots, *s'ils en font requis*, font voir que
le Juge n'eft pas obligé dans ce cas de commettre, à moins que les Parties ne le requie-
rent : fouvent les Parties aiment mieux que
l'Enquête, quoique plus coûteufe, foit faite pardevant le Juge où la conteftation eft pendante,
que de la faire faire par un Juge étranger.

Si l'une des Parties demandoit que l'on com-
mît le Juge du lieu de la chofe contentieufe,
& que l'autre Partie s'y opposât, alors il faudroit dire que cette commiffion n'auroit lieu que
pour l'Enquête de celui qui demande le renvoi,
& non pour l'Enquête de l'autre Partie, qui feroit faite dans ce cas par le Juge du lieu où le
Procès eft pendant.

S'il s'agiffoit d'entendre quelque Témoin qui
fût hors d'état de fe tranfporter, & qui demeurât hors le reffort du Juge où l'inftance fe pourfuit, il faudroit néceffairement commettre le
Juge du lieu de la demeure des Témoins, *quia
Judex non poteft extra territorium jus dicere.*

Quand l'inftance eft pendante devant un Juge
Royal, on eft ordinairement dans l'ufage de
commettre un Juge Royal le plus prochain des
lieux ; néanmoins on peut auffi commettre un
Juge de Seigneur. Cette commiffion eft roga-
toire, lorfque le Juge qui commet, eft inférieur
ou égal à celui qui eft commis. (Voyez la note 4
fur l'art. 1, du tit. 10, Tom. 1, pag. 120.)

Si le Juge à qui l'Enquête aura été ainfi renvoyée, accepte la commiffion qui lui eft adref-

fée, il doit procéder à l'Enquête, de même qu'auroit fait le Juge qui a donné cette commiſſion. Pour accepter ces ſortes de commiſſions, il ſuffit que le Juge qui a été commis, donne acte du rapport du Jugement qui le commet, & permettre en conséquence d'aſſigner pardevant lui dans le délai qu'il impartit pour cet effet.

5. *Pourra néanmoins le Juge.*] Le Commiſſaire ne peut de ſon autorité donner aucun délai ni prorogation, & il doit renvoyer les Parties à ſe pourvoir ſur cet incident devant les Juges ſaiſis de l'inſtance principale.

6. *Une autre huitaine.*] Quand il y appel du Jugement qui admet à faire la preuve, le délai pour faire Enquête ne court que du jour de la ſignification qui a été faite à perſonne ou à domicile de l'Arrêt ou Jugement confimatif de l'appointement à faire preuve dont il a été appellé. Ainſi jugé par pluſieurs Arrêts.

7. *Sans que le délai puiſſe être prorogé.*] Dans le projet de rédaction de cet article, il étoit ajouté, *lequel délai ſera péremptoire* ; ce qui revient au même. (Voyez le Procès-verbal de l'Ordonnance, pag. 287.)

Au reſte le délai dans lequel les Parties ſont obligées de faire & d'achever leurs Enquêtes, a été ſagement fixé, afin que les Procédures ne ſoient pas éterniſées, & que les Plaideurs de mauvaiſe foi n'abuſent pas de ce moyen.

Aʀᴛɪᴄʟᴇ III.

Après que les reproches auront eſté fournis contre les Témoins, *ou que le délai d'en fournir ſera paſſé* (1), la Cauſe ſera portée à l'audience, ſans faire aucun acte ou procédure pour la réception

d'Enquefte; & ne feront plus fournis
moyens de nullité par écrit, *fauf à les*
propofer en l'Audience (2), ou par contredits, fi c'eft en Procès par écrit.

2. *Ou que le délai d'en fournir fera paffé.*] Ce
délai eft de huitaine pour les Cours, Bailliages,
Sênéchauffées & Préfidiaux, & de trois jours pour
les autres Jurifdictions, (Voyez *infrà*, art. 27
& 32.)

Pour que ce délai coure, il faut que la Partie qui a fait fon Enquête ait donné à l'autre
copie du Procès-verbal (Voyez *infrà*, art. 27.)

2. *Sauf à les propofer en l'Audience.*] Ainfi
c'eft une mauvaife Procédure dans les affaires
d'audience de fignifier des actes, foit pour expliquer fon Enquête, foit pour attaquer celle
de la Partie adverfe, ainfi qu'il eft dit en cet
article & en l'article 35 ci-après. Ces actes doivent être rejettés & ne pas paffer en taxe.

A R T I C L E   I V.

Si l'Enquefte n'eft faite & parache-
vée dans les délais ci-deffus, *le défen-*
deur (1) pourra pourfuivre l'Audience
fur un fimple acte (2), fans forclufion de
faire Enquefte, dont Nous abrogeons
l'ufage.

1. *Le Défendeur.*] Soit qu'il n'ait point fait
d'Enquête de fon côté, foit qu'il en ait fait une.

2. *Sur un fimple acte.*] Cet acte a retenu le nom
d'avenir. (Voyez Tom, 1, tit. 11, art. 8 ; tit. 14,
art. 1 ; & art. 6, avec les notes.

Article V.

Les Témoins seront affignez (1) *pour déposer, & la Partie pour les voir jurer* (2)*, par ordonnance du Juge* (3)*, fans commiffion du Greffe* (4).

1. *Les Témoins feront affignés.*] Car des Témoins qui fe préfentent d'eux-mêmes, deviennent fufpects, & on ne doit point avoir égard à leurs dépofitions.

Cette affignation doit être donnée fur la pourfuite de la Partie qui veut faire fon Enquête, & elle eft fujette aux formalités ordinaires des Exploits. Elle fe donne à domicile de Procureur, lorfque la Partie qu'on affigne en a cotté un ; finon il faut affigner la Partie à fon domicile. (Voyez ce qui a été dit Tom. 1, tit. 17, art. 7, note 2, page 247, pour les élections de domicile, qui doivent être faites par les ajournants qui ne cottent point de Procureur.)

2. *Et la Partie pour les voir jurer.*] C'eft-à-dire la Partie contre laquelle l'Inftance fe pourfuit.

Il n'eft pas néceffaire que la Partie affignée comparoiffe ; il fuffit que ce foit un Procureur pour elle.

Cette affignation doit être donnée à la Partie, ou au Procureur qu'elle a cotté fur le lieu, dans le cas où l'Enquête fe fait par un Juge délégué, ou quand le Juge doit fe tranfporter chez un Témoin malade pour recevoir fa dépofition.

Il y a des cas où l'on peut faire une Enquête fans appeller la Partie, pour voir jurer les Témoins. (Voyez Rebuffe, tract. de Inquifit. art. 12, l. 2, n. 8 & 10.)

Il en eſt de même s'il y a péril en la demeure. (L. *de Pupillo* 5 , §. 11 , *ſi quis rivos* , §. *de Nov. operis denuntiatione.*)

3. *Par ordonnance du Juge*] On peut douter ſi quand il n'y a qu'un Juge dans une Juriſdiction , il faut pour aſſigner les Témoins prendre une ordonnance du même Juge qui a permis de faire enquête. Cette queſtion eſt traitée dans le Recueil d'Arrêts de la quatrieme Chambre des Enquêtes du Parlement de Paris, pag. 564. L'Auteur rapporte deux Arrêts , l'un de 1723 , & l'autre de 1725 , qui ont jugé que cette ordonnance n'étoit pas néceſſaire. Il obſerve cependant que lors du dernier de ces deux Arrêts le mérite des preuves fit grande impreſſion , & que l'avis pour la validité de l'Enquête ne paſſa que de trois voix.

Dans les Juriſdictions où il y a des Commiſſaires-Enquêteurs en titre d'office , c'eſt à eux à faire ces ſortes d'Enquêtes , même dans les Procès appointés , lorſque ces Enquêtes s'ordonnent ſur des faits articulés par les Parties ; & par conſéquent c'eſt auſſi à eux à donner leur ordonnance pour aſſigner les Témoins. (Edit du mois de Mai 1683 , art. 1. Autre du mois d'Octobre 1693. Arrêt du Conſeil du 31 Août 1689 , rendu pour le Préſidial d'Orléans , art. 9.)

A l'égard des Enquêtes d'office , elles doivent ſe faire par les Juges ou par les Rapporteurs , ſi les Procès ſont appointés , & non par les Commiſſaires-Enquêteurs. (Même Edit de 1685, art. 5. Arrêt du Conſeil du 31 Août 1689 , rendu pour Orléans , art. 9. Arrêt du Parlement du 26 Février 1602 , rapporté par Joli , tom. 2, pag. 1532. Arrêt du Conſeil du 26 Octobre 1604 , rapporté *ibidem* , pag. 1335,) Voyez *infrà* , art. 24 , note 3 , ce que c'eſt qu'*Enquêtes d'office.*

4. *Sans*

4. *Sans commission du Greffe.*] Même dans les Cours & Sieges Présidiaux. (Voyez ci-dessus, tit. 2, art. 10; tit. 8, art. 1; tit. 10, art. 2, & tit. 12, art. 5.)

ARTICLE VI.

Le jour & l'heure pour comparoir, seront marquez dans les Exploits d'assignation qui seront donnez aux Témoins & aux Parties; & si les Témoins & les Parties ne comparent, *sera différé d'une autre heure* (1), après laquelle les Témoins présents feront le serment, & seront ouis, si les Parties ne consentent la remise *à un autre jour.* (2).

1. *Sera différé d'une autre heure.*] Si les Témoins ne comparoissent pas pendant ce tems, ils peuvent être punis par amende, comme il est dit *infrà*, art. 8.

2. *A un autre jour.*] Auquel cas il faudra assigner de nouveau les Témoins, & aussi la Partie pour les voir juger. (Voyez le Procès-verbal de l'Ordonnance, pag. 296, art. 7.)

ARTICLE VII.

Les Témoins seront assignez (1) à personne ou domicile, *& les Parties au domicile de leurs Procureurs* (2).

1. *Les Témoins seront assignés.*] Tous ces Témoins doivent être assignés devant le Juge ou Commissaire du lieu où l'Instance est pendante,

Tome II. D

& où se fait l'Enquête , quoiqu'ils ne soient pas
justiciables de ce Juge.

2. *Et les Parties au domicile de leurs Procureurs.*] Lorsque la Partie n'a point cotté de Procureur , il faut l'assigner à domicile , & même
si l'assignation avoit été donnée au domicile de
la Partie demeurante sur le lieu , l'Enquête n'en
seroit pas moins valable. (Ainsi jugé par Arrêt
du 10 Août 1739 , en la quatrieme Chambre
des Enquêtes , au rapport de M. Angran.)

ARTICLE VIII.

*Les Témoins seront tenus de compa-
roir* (1) à l'heure de l'assignation , ou au
plus tard à l'heure suivante , à peine de
dix livres , au payement de laquelle ils
seront contraints par saisie & vente de
leurs biens , & non par emprisonnement , *si ce n'est qu'il fust ordonné par
le Juge* (2) *en cas de manifeste désobéis-
sance* (3) : *& seront les Ordonnances des
Juges* (4) exécutées contre les Témoins ,
nonobstant oppositions ou appellations ;
mesme celles des Commissaires-Enques-
teurs & Examinateurs pour la peine de
dix livres seulement , encore qu'ils
n'ayent aucune Jurisdiction , & sans
tirer à conséquence en autre chose.

1. *Les Témoins seront tenus de comparoir.*]
Quand même ils auroient des raisons valables
pour se dispenser de déposer , il faut toujours
qu'ils comparoissent à Justice , à moins qu'ils

ne foient dans l'impuiffance de le faire, auquel cas ils doivent propofer leurs exoines.

On trouve au Journal des Audiences tom. 7, pag. 22, un Arrêt du 14 Février 1718, par lequel il fut ordonné qu'un Témoin feroit conduit au Palais par un Huiffier pour dépofer, & cependant défenfes de l'arrêter pendant fa conduite.

Les Religieux font tenus de comparoître comme les autres (Voyez *infrà*, art. 11, aux notes, pag. 79.)

2. *Si ce n'eft qu'il fût ordonné par le Juge.*] Et non par le Commiffaire, comme il réfulte de la fin de cet article.

Si le Témoin étoit Eccléfiaftique, il ne pourroit être contraint que par l'amende de dix livres; & en cas de refus d'obéir, par faifie de fon temporel. S'il eft Religieux de quelque Ordre, les Supérieurs font tenus de le faire comparoître fous les mêmes peines. (Voyez l'art. 2 du tit. 6 de l'Ordonnance de 1670.)

3. *En cas de manifefte défobéiffance.*] Comme fi l'Exploit d'affignation faifoit mention expreffe, que la Partie a déclaré par fa réponfe qu'elle ne comparoîtroit point.

4. *Et feront les ordonnances des Juges.*] Non celles des Officiaux, qui ne peuvent condamner en l'amende les Témoins défaillants, même Eccléfiaftiques, ainfi qu'il a été jugé par plufieurs Arrêts.

ARTICLE IX.

Soit que la Partie compare ou non (1) à la premiere affignation, ou à la feconde, fi les Parties en ont confenti la remife, le Juge ou Commiffaire prendra le ferment des Témoins qui feront pré-

D ij

fents, & fera par lui procédé à la confection de l'Enquefte (2), nonobftant & fans
préjudice des oppofitions ou appellations
(3), mefme comme de Juge incompétent, récufations, ou prifes à partie (4),
fauf à en propofer les moyens (5), &
fournir de reproches après l'Enquefte.

1. *Soit que la Partie compare ou non.*] Lorfque la Partie contre laquelle l'Enquête fe pourfuit, ne comparoît pas fur l'affignation qui lui
eft donnée, le Juge ou le Commiffaire donne
défaut contre elle, & prend le ferment des Témoins préfents.

2. *Par lui procédé à la confection de l'Enquête.*] Hors la préfence des Parties. (*Infrà*,
art. 15, pag. 82.)

3. *Et fans préjudice des oppofitions ou appellations.*] Sauf à la Partie appellante ou oppo-
fante à propofer fes moyens de récufation ou
prife à Partie, après que l'Enquête aura été finie ;
& fauf auffi à cette Partie à fournir fes moyens
de reproches, comme il eft dit fur la fin de cet
article. Mais elle ne peut fur le fondement de
ces reproches, ou pour autre caufe, empêcher
qu'il ne foit paffé outre à l'audition des Témoins. (Voyez Papon qui cite à ce fujet deux
Arrêts, liv. 9, tit. 3, art 7 & 10.)

4. *Récufations, ou prifes à partie.*] Car les
Juges ou Commiffaires qui font les Enquêtes,
font fujets aux récufations & prifes à partie,
ainfi que les autres Juges. (Voyez *infrà*, tit. 24
& 25, quels font les cas de récufation & de prife
à partie.)

Au refte la difpofition de cet article ne regarde que les Enquêtes qui fe font hors le lieu de
la réfidence du Juge, à caufe de ce qui eft dit

en l'article fuivant. (Voyez le Procès-verbal de
l'Ordonnance de 1667, pag. 296, art. 8.)

5. *Sauf à en propofer les moyens.*] Et à les faire
juger, comme il eſt dit ci-après, tit. 24, art. 2.

ARTICLE X.

Si le Juge fait l'Enqueſte dans le lieu
de ſa réſidence, & qu'il ſoit récuſé ou
pris à partie, *il ſera tenu de furſeoir* (1)
juſques à ce que les récuſations & priſes
à partie *ayent eſté jugées* (2).

1. *Il ſera tenu de furſeoir.*] D'où il ſuit que
ſi l'Enquête eſt faite par le Juge hors le lieu de
ſa réſidence, & qu'il ſoit récuſé, il n'eſt pas tenu
de furſeoir, à moins que la récuſation n'ait été
propoſée trois jours avant ſon départ. (*Infrà*,
tit. 24, art. 22.) Il en eſt de même quand l'Enquête eſt faite par un Juge délégué, en vertu
d'une commiſſion qui lui eſt adreſſée, ſauf à
faire droit en ces cas ſur la récuſation & priſe à
partie après l'Enquête achevée; & ſi la récuſation eſt jugée valable, il ſera nommé un autre
Juge ou Commiſſaire à la place de celui qui a
été récuſé. Cette récuſation de Juge délégué ſe
juge au Siege ſaiſi de l'Inſtance principale,
d'où la commiſſion eſt émanée.

2. *Ayent été jugées.*] Parce qu'alors l'incident
ſur la récuſation peut être jugée en peu de tems.

ARTICLE XI.

Les parents & alliez des Parties, juſques aux enfants des Couſins iſſus de germain incluſivement (1), ne pourront eſtre

D iij

Témoins. (2) en matiere civile pour dépofer en leur faveur, ou contre eux, &
feront leurs dépofitions rejettées.

1. *Les parents & alliés des Parties, jufques
aux enfants des Coufins iffus de germain inclufi-
vement.*] *Idem* en matiere de récufation. Voyez
infrà, tit. 24, art. 1.

2. *Ne pourront être Témoins.*] Car les parentés
& alliances font *apud concordes excitamenta ca-
ritatis, apud iratos irritamenta odiorum,* ainfi
que l'obferve M. Puffort à l'occafion des récufations de Juges pour fait de parenté. (Voyez le
Procès-verbal de l'Ordonnance, tit. 25, art. 4,
pag. 335.)

Cette regle n'eft pas cependant fi générale,
qu'elle ne reçoive quelques exceptions : car,

1°. Toutes les fois qu'il s'agit de prouver
l'âge, l'état ou le décès de quelqu'un, & que
les regiftres qui pourroient conftater ces chofes,
font perdus, alors on doit faire entendre les parents en dépofition, parceque ce font eux qui
font ordinairement appellés aux Baptêmes, Mariages & Sépultures. (*L.* 16. *ff. de probat. Ità
etiam* Mornac *in L.* 7. *Cod. de in integrum reftitution.*)

Il en eft de même lorfqu'il s'agit de prouver
une parenté ou alliance. (Theveneau fur les
Ordonnances, liv. 3, tit. 13, art. 5.)

2°. Lorfqu'il s'agit de vérifier un fait qui s'eft
paffé dans le fecret d'une famille, dont les Etrangers n'ont pû avoir que peu de connoiffance.
(Voyez Farinacius en fon Traité *de teftib. quæft.*
54, n. 76.)

3°. En matiere d'évocations, on peut auffi
faire affigner des parents pour déclarer leur degré de parenté. (Voyez le Procès-verbal de l'O-
donnance, pag. 298.)

Outre les parents & alliés, il y a encore d'autres personnes dont le témoignage doit être rejetté : tels sont les impuberes, suivant la Loi 3. §. *Lege*, *ff. de Testibus* ; ou du moins s'ils sont entendus, c'est pour avoir tel égard que de raison à leur témoignage.

A l'égard des domestiques, voyez ce qui est dit *infrà*, sur l'art. 14, aux notes.

La regle générale qu'on peut établir en matiere de déposition, est que toute personne peut être reçue à déposer, si elle n'est excluse par quelque loi ou disposition particuliere.

Les Religieux peuvent être entendus comme d'autres en déposition, quoiqu'ils soient morts civilement, parce qu'alors leur fonction est regardée comme nécessaire, sur-tout s'il s'agissoit d'un recelé, ou d'un autre fait qui se seroit passé dans l'intérieur d'une maison, dont ils auroient connoissance.

Rien n'empêche aussi qu'un Expert soit entendu comme Témoin dans le même fait sur lequel il a donné son rapport. (La Rocheflavin en ses Arrêts, liv. 4, titre 4, des Témoins, art. 6.)

ARTICLE XIII.

Abrogeons la fonction des Adjoints, *mesme de ceux en titre d'office* (1), pour la confection des Enquestes, sauf à estre pourveu à leur indemnité ainsi que de raison : N'entendons néantmoins rien changer *ès cas portez par l'Edit de Nantes* (2).

1. *Même de ceux en titre d'office.*] Ces Offices avoient été rétablis par Edits du mois de

D iv

Février 1674 & d'Avril 1696 ; mais par un Edit postérieur du mois de Novembre 1717, ils ont été entiérement supprimés.

2. *Es cas portés par l'Edit de Nantes.*] Cette exception n'a plus lieu depuis l'Edit du mois d'Octobre 1685, qui révoque l'Edit de Nantes, & qui interdit l'exercice de la Religion Préten- due Réformée dans tout le Royaume.

ARTICLE XIII.

Le Juge ou Commiſſaire à faire En- queſte, en quelque Juriſdiction que ce ſoit, meſme en nos Cours, *recevra le ſerment & la dépoſition* (1) *de chacun Té- moin*, ſans que le Greffier ni autre puiſſe les recevoir ni rédiger par écrit hors ſa préſence.

1. *Recevra le ſerment & la dépoſition*, *&c.*] Afin que cette dépoſition ſoit plus authentique, & qu'on y doive ajouter plus de foi, que ſi elle étoit reçue par le Greffier ſeul.

ARTICLE XIV.

Au commencement de la dépoſition *ſera fait mention du nom, ſurnom* (1), *âge* (2), qualité & demeure du Témoin, du ſerment par lui preſté, s'il eſt *ſervi- teur ou domeſtique* (3), parent ou allié de l'une ou de l'autre des Parties, & en quel degré.

1. *Sera fait mention du nom, ſurnom, &c.*] Afin que le Défendeur puiſſe non-ſeulement

découvrir avec plus de facilité les moyens de
reproches, mais les justifier même par l'aveu &
la déclaration des Témoins.

2. *Age.*] On ne reçoit point en matiere civile la disposition des Témoins, à moins qu'ils
n'ayent atteint l'âge de puberté. Rien n'empêche néanmoins qu'un Témoin pubere puisse déposer de ce qu'il a vû pendant qu'il étoit encore
pupille.

3. *Serviteur ou domestique.*] Non pour rejetter leur témoignage, comme on le croit ordinairement, & comme il est dit à l'égard des
parens en l'article 11, ci-dessus, mais pour y
avoir égard par le Juge suivant les circonstances. En effet, si l'intention de l'Ordonnance eût
été de rejetter le témoignage des serviteurs &
domestiques, elle n'auroit pas manqué d'en faire
une disposition; mais ne l'ayant point fait, c'est
une preuve qu'elle a laissé ces choses à l'arbitrage du Juge. On ne peut mieux faire que de
suivre là-dessus les dispositions de Droit.

Quand le serviteur dépose contre son maître,
il semble que son témoignage doit être reçu, &
qu'il est d'autant moins suspect, (suivant la Loi
8, *Cod. de Testibus.*) C'est ainsi que le pense Gui-
Pape, quest. 45.

Mais quand un serviteur dépose en faveur de
son Maître, son témoignage doit être rejetté, (suivant la même Loi 8, *Cod. de Testibus. Nam testi fides adhibenda non est, cui im-
perari potest ut testis fiat.*)

Il y a même des cas où l'on est dans l'obligation d'entendre les serviteurs & domestiques
en déposition, *v. g.* dans le cas d'une demande
en séparation, de mauvais traitement de mari
à femme. De même quand une femme est ac-
cusée de soustraction des effets de la succession
de son mari, la principale preuve réside toujours

D v

en la bouche de ses domestiques, sans quoi on n'auroit presque jamais de preuve. (Voyez le Procès-verbal de l'Ordonnance, pag. 298.) *Nam ea quæ domi geruntur, non facile per alienos possunt confiteri.* (Voyez la Loi 8, §. 6, Cod. de repudiis.) Ce qui a aussi lieu en général toutes les fois qu'on ne peut avoir autrement la preuve. (*L. 7. ff. de Testibus.*)

Dans les Procès de Communautés d'habitants qui plaident en nom collectif, les serviteurs & domestiques de quelques-uns de ces habitants ne sont point reprochables, & peuvent être entendus en déposition. (Ainsi jugé au Bailliage d'Orléans par Sentence du 16 Janvier, 1750.)

Au reste il ne faut pas confondre le mot de *serviteur* avec celui de *domestique.* Domestiques sont ceux qui vivent dans la même maison, & mangent à la même table sans être serviteurs.

Il faut aussi observer que les Vignerons, Laboureurs, Métayers, &c. ne sont point regardés comme serviteurs, & que par conséquent ils peuvent être témoins. (V. Farinacius, *quæst.* 55, n. 217.)

ARTICLE XV.

Les Témoins ne pourront déposer en la présence des Parties (1) *ni même en la présence des autres Témoins* (2), aux Enquestes *qui ne seront point faites à l'Audience* (3); mais seront ouis séparément, sans qu'il y ait autre personne que le Juge ou Commissaire à faire l'Enqueste, & celui qui écrira la déposition.

1. *En la présence des Parties.*] Afin que les Témoins puissent déposer avec une entière liberté.

2. *En la présence des autres Témoins*] Afin qu'ils ne règlent point leurs dépositions sur celles des autres.

3. *Qui ne seront point faites à l'Audience.*] Comme en matiere sommaire, (*Suprà* , titre 17, art. 8 ,) & Consulaire. (*Suprà* , titre 16 , article 7.)

Article XVI.

La déposition du Témoin estant achevée , lecture lui en sera faite ; & sera ensuite interpellé de déclarer si ce qu'il a dit contient vérité ; & s'il y persiste , *il signera sa déposition* (1) ; & en cas qu'il ne sceust ou ne puit signer , il le déclarera , dont sera fait mention sur la minute & sur la grosse.

1. *Il signera sa déposition.*] La déposition doit aussi être signée du Commissaire & du Greffier.

Article XVII.

Les Juges ou Commissaires feront rédiger *tout ce que le Témoin voudra dire* (1) , touchant le fait dont il s'agit entre les Parties , sans rien retrancher des circonstances.

1. *Tout ce que le Témoin voudra dire.*] Les Témoins ne doivent déposer que des faits dont il s'agit entre les Parties , & qui sont de leur connoissance particuliere ; & ils doivent expliquer ces faits dans toutes les circonstances im-

D vj

portantes, fans aucune affectation de ce qui peut fervir ou préjudicier à celui à la Requête de qui ils ont été affignés pour dépofer. (Voyez le Pro-cès-verbal de l'Ordonnance, pag. 301.)

ARTICLE XVIII.

Si le Témoin augmente, diminue ou change quelque chofe en fa dépofition, il fera écrit par apoftilles & par renvois en la marge, qui feront fignez par le Juge & le Témoin, s'il fçait figner, fans qu'il puiffe être adjoufté foi *aux in-terlignes, ni mefme aux renvois qui ne fe-ront point fignez* (1) :. & fi le Témoin ne fçait figner, en fera fait mention fur la minute & fur la groffe.

1. *Aux interlignes, ni même aux renvois qui ne feront point fignés.*] Dans l'ufage on fe con-tente de parapher ces apoftilles & renvois, au lieu de les figner, du moins dans quelques Sieges.

Quand un Témoin a une fois été entendu en dépofition; il ne peut plus fe rétracter : néan-moins fi ce Témoin avoit dépofé faux, & que par un principe de confcience il déclarât en-fuite au Juge qu'il a dépofé faux, & que la vérité eft que les chofes fe font paffées de telle & telle maniere, il femble qu'alors les Juges devroient avoir égard à cette rétractation, fi l'affaire n'eft pas jugée diffinitivement; ce qui dépend des cir-conftances & de la prudence du Juge. (Voyez fur cette queftion Gui Pape, queftion 556, avec les notes de Ferrerius.)

Aʀᴛɪᴄʟᴇ XIX.

Le Juge ſera tenu de demander au Témoin *s'il requiert taxe* (1) ; & ſi elle eſt
requiſe, il la fera eu égard à la qualité,
voyage, & ſéjour du Témoin.

1. *S'il requiert taxe.*] Cette taxe ſe fait par
les Commiſſaires ; lorſque ce ſont eux qui reçoivent la dépoſition des Témoins. L'article 1ϛ
du titre 21, ci-deſſus, en a une diſpoſition à
l'égard des Experts. (Voyez la note ſur cet article, ci-deſſus.)

Aʀᴛɪᴄʟᴇ XX.

Tout ce que deſſus ſera obſervé en la
confection des Enqueſtes, *à peine de
nullité* (1).

1. *A peine de nullité.*] L'effet de cette nullité
eſt d'être privé de faire Enquête, ſans pouvoir
la recommencer, même à ſes dépens ; néanmoins
cela n'exclut pas les autres preuves.

Mais lorſque la nullité vient du Juge ou du
Commiſſaire, la Partie dont l'Enquête eſt déclarée nulle, peut en faire une nouvelle aux
frais de ce Juge ou Commiſſaire : (*Infra*, article 3ϛ, pag. 97,) car il n'eſt pas juſte que cette
Partie ſouffre, & ſoit privée de ſon droit par la
négligence d'un autre.

Si la nullité de l'Enquête vient du fait du
Procureur, la Partie eſt privée du droit de
la recommencer ; mais elle a ſon recours contre ſon Procureur pour raiſon de ſes dommages
& intérêts. (Voyez Henris, tom. 1, liv. 2, chap.
4, queſt. 27.)

On prétend que la nullité des Enquêtes provenant de ce qu'elles n'ont pas été faites dans les délais de l'Ordonnance, n'a lieu qu'à l'égard des Parties privées ; mais non quand il s'agit de l'intérêt public. (Ainsi jugé par Arrêt du 12 Juillet 1706, R. au cinquieme tom. du Journ. des Aud.)

ARTICLE XXI.

Défendons aux Parties de faire ouïr en matiere civile *plus de dix Témoins sur un mesme fait* (1), & aux Juges ou Commissaires d'en entendre un plus grand nombre ; *autrement* (2) la Partie ne pourra prétendre le remboursement des frais qu'elle aura avancez pour les faire ouïr, encore que tous les dépens du procès lui soient adjugés en fin de Cause.

1. *Plus de dix Témoins sur un même fait.*] Afin de ne pas multiplier les frais, & de ne pas tirer la Procédure en longueur.

Lacombe en sa Jurisprudence civile au mot *Témoins*, sect. 3, édition de 1753, dit que sur des faits articulés en matiere d'incendie au civil, la partie peut faire entendre plus de dix Témoins, & il cite à ce sujet un Arrêt de la Grand'Chambre du 16 Mai 1744.

2. *Autrement.*] C'est-à-dire, que si la Partie fait entendre plus de dix Témoins, elle ne poutra demander à être remboursée des frais qu'elle a faits pour en faire entendre un plus grand nombre, quand même elle obtiendroit tous les dépens.

Article XXII.

Le Procès-verbal d'Enqueſte *ſera ſom-*
maire (1), & ne contiendra que le jour
& l'heure des aſſignations données aux
Témoins pour dépoſer, & aux Parties
pour les voir juger ; le jour & l'heure des
aſſignations écheues ; leur comparution
ou défaut ; la preſtation de ferment des
Témoins ; ſi c'eſt en la préſence ou abſence de la Partie ; le jour de chacune
dépoſition ; le nom, ſurnom, âge, qualité & demeure des Témoins ; les réqui-
ſitions des Parties, & les actes qui en
feront accordez.

1. *Sera ſommaire*, &c.] Si cependant le Commiſſaire eſt récuſé, ou qu'il ſoit formé quelque
demande ou quelque oppoſition par une des Parties, ou par quelqu'un des Témoins, *v. g.* ſi
ce Témoin prétendoit qu'il ne doit pas dépoſer,
il en doit être fait mention par le Procès-verbal.

Article XXIII.

Les Greffiers *ou autres* (1) qui auront
écrit l'Enqueſte & le Procès-verbal, ne
pourront prendre autre ſalaire, vacation
ni journée, que l'expédition de la groſſe
ſelon le nombre des rolles, au cas que
l'Enqueſte ait eſté faite au lieu de leur demeure ; & ſi elle a eſté faite ailleurs, ils

auront le choix de prendre leurs journées, qui seront taxées aux deux tiers de celle du Juge ou Commissaire, sans qu'ils puissent prendre ensemble leurs journées & leurs grosses, pour quelque prétexte que ce soit.

1. *Ou autres.*] Voyez la note sur l'art. 19, du tit. 21, ci-dessus, pag. 59.

ARTICLE XXIV.

Les Expéditions & Procès-verbaux des Enquestes seront délivrées aux parties, *à la requeste desquelles elles auront esté faites (1), & non aux autres Parties (2); & si elles ont esté faites d'office (3), elles* seront seulement délivrées à nos Procureurs Généraux, ou nos Procureurs sur les lieux, ou aux Procureurs-Fiscaux des Justices des Seigneurs, à la requeste desquels elles auront esté faites.

1. *A la requeste desquelles elles auront été faites.*] Par Arrêt du 23 Mai 1704, rendu en la seconde Chambre des Enquêtes, il a été jugé que le Commissaire avoit bien déféré à l'opposition formée entre ses mains à la délivrance de l'Enquête, jusqu'à ce que l'appel de l'appointement à vérifier, c'est-à-dire de la Sentence qui avoit admis à la preuve, eût été décidé, quoique celui qui demandoit qu'on délivrât cette Enquête, offrît à l'autre Partie de consentir qu'elle fît procéder à la sienne, même après les délais échus.

2. *Et non aux autres Parties.*] Si ce n'est au cas des articles 28, 29 & 30, ci-après.

3. *Et si elles ont été faites d'office*] Les En- quêtes d'office font celles qui s'ordonnent d'of- fice par les Juges fur des faits extraits & réfultants du Procès, (Arrêt du Parlement du 16 Février 1602, & Arrêt du Confeil du 26 Octobre 1604, rapporté l'un & l'autre par Joli, tom. 2, pag. 1532 & 1535,) ou fur la réquifition du Minif- tere public. Ces Enquêtes font fujettes aux mê- mes formalités que les Enquêtes ordinaires ; elles doivent être faites par les Juges, & non par les Commiffaires-Enquêteurs, qui ne peuvent faire que celles qui fe pourfuivent fur la Requête des Parties privées. (Voyez ce qui a été dit en l'art. 5, ci-deffus, note 3, pag. 72.)

ARTICLE XXV.

Ceux qui auront efté pris pour Greffiers en des Commiffions particulieres (1) qui n'auront point de dépofts, remettront la minute des Enqueftes & Procès-verbaux ès Greffes des Jurifdictions où le diffé- rend eft pendant, trois mois après la commiffion achevée ; finon feront les Greffiers ou autres qui auront écrit l'En- quefte & Procès-verbal, fur le certificat du Greffier de la Juftice où le Procès eft pendant, que les minutes n'auront efté remifes en fon Greffe, contraints après les trois mois au payement de deux cents livres d'amende applicables moitié à Nous, & l'autre moitié à la Partie qui en aura fait plainte ; fauf aux Greffiers ou autres qui auront écrit les minutes, après les avoir remises au Greffe, de prendre exécutoire de leur falaire contre la Partie à la requefte de qui l'Enquefte aura efté faite.

1. *Ceux qui auront été pris pour Greffiers en des Commiffions particulieres.*] Voyez la note fur l'art. 19, du tit. 21.

Par Arrêt du Confeil du 24, Novembre 1703, (rapporté au nouveau Recueil, tom. 2, pag. 2;7.) il eft fait défenfe aux Officiers des Cours, Préfidiaux & autres Juftices Royales, de fe fervir pour Greffier dans leurs commiffions, de quelque nature qu'elles foient, que des Commis des Greffes & Sieges dont ils font corps, à peine de nullité de leurs Procès-verbaux, & de reftitution du quadruple des droits & émoluments, &c. Ainfi jugé par plufieurs Arrêts rapportés par Papon en fon Recueil d'Arrêts, liv. 6, tit. 6, art. 2.

Mais dans le cas de maladie, ou abfence, ou fufpicion des Greffiers ordinaires du Siege, il eft permis aux Juges dans leurs commiffions de fe fervir d'autres Greffiers. (Arrêts du Confeil du 30, Janvier 1724, rapporté au Code de Louis XV, tom. 1.)

ARTICLE XXVI.

Abrogeons l'ufage d'envoyer les expéditions des Enqueftes dans un fac clos & fcellé, mefme de celles qui auront efté faites en une autre Jurifdiction, & pareillement *toutes publications, réceptions, d'enquêtes* (1), & tous jugements, Ap-

pointements, Sentences & Arrests, por-
t.nt que la partie donnera moyen de
nullité & de reproche.

1. *Toutes publications, réceptions d'Enquêtes.*]
Publication d'Enquête est la réception qui se fai-
soit de l'Enquête a l'Audience, après quoi elle
devenoit une piece du Procès, & chaque Partie
en pouvoit prendre communication. La communication introduite par l'Ordonnance tient aujourd'hui lieu de cette publication.

Aʀᴛɪᴄʟᴇ XXVII.

Après la confection de l'Enquête,
celui à la requeste de qui elle aura esté
faite, *donnera copie* (1) *du procès-verbal* (2), *pour fournir par la partie, dans
la huitaine* (3), des moyens de reproches, si bon lui semble, & sera procédé
au jugement du différend, sans aucun
commandement ni sommation.

1. *Donnera copie.*] Il n'est pas nécessaire de
donner cette copie à la Partie même ; il suffit
de la donner à son Procureur.

2. *Du Procès-verbal.*] Cette communication
du Procès-verbal avant celle de l'Enquête, est
ordonnée, afin de ne pas donner lieu aux Parties de reprocher ou de ne pas reprocher des
Témoins, suivant qu'ils seroient favorables ou
non, si ces Parties avoient communication des
dépositions portées par l'Enquête ; au lieu qu'en
ne donnant point communicaton de l'Enquête,
elles ne peuvent les reprocher à leur gré, mais
seulement suivant que la Justice l'exige.

Quelques Procureurs fignifient en même tems l'Enquête avec le Procès-verbal ; mais il eft évident que c'eft aller & contre la difpofition & contre l'efprit de l'Ordonnance.

3. *Pour fournir par la Partie , dans la huitaine.*] Dans les Cours & Bailliages ; & trois jours feulement dans les autres Jurifdictions.

Cette huitaine dans laquelle les reproches doivent être fournis , court irrévocablement , fans qu'après ce délai paffé , la Partie puiffe fournir aucun reproche.

Cependant fi ces reproches étoient juftifiés par écrit , il femble qu'ils pourroient être reçus après la huitaine. (Voyez *infrà* , art. 34 , note 2 , pag. 97.)

Article XXVIII.

Si celui qui a fait faire l'Enquefte eftoit refufant ou négligent de faire fignifier le Procès - verbal , & d'en donner copie, *l'autre Partie pourra le fommer* (1) par un fimple acte d'y fatisfaire dans trois jours, *après lefquels il pourra lever le Procès-verbal* (2) , *& fera tenu le Greffier lui en délivrer une expédition* (3) , en lui repréfentant l'acte de fommation , & lui payant fes falaires de la groffe du Procès verbal , dont fera délivrée exécutoire contre la Partie qui en devoit donner copie.

1. *L'autre Partie pourra le fommer.*] Mais elle ne pourra faire cette fommation , qu'auparavant cette Partie n'ait fignifié le Procès verbal

de l'Enquête par elle faite, au cas qu'elle en ait fait une de sa part. (*Infrà*, art. 33.)

2. *Après lesquels il pourra lever le Procès-verbal.*] Et il aura pour cela huitaine dans les Cours & Bailliages, & seulement trois jours dans les autres Jurisdictions. (*Infrà*, art. 31, & 32.)

3. *Et sera tenu le Greffier lui en délivrer une expédition.*] Le Greffier qui délivre cette expédition, est tenu d'en faire mention sur la minute, ainsi que du jour qu'il l'aura délivrée, & même retenir pour sa décharge une copie de la signification des moyens de reproches, ou de l'acte portant renonciation d'en fournir. (*Infrà*, art. 30.)

A R T I C L E XXIX.

La Partie (1) qui aura fourni de moyens de reproches, *ou qui aura renoncé* (2), *pourra demander copie de l'Enqueste* (3), laquelle lui sera délivrée par la partie; & en cas de refus, l'enqueste sera rejettée, & sans y avoir égard procédé au jugement du Procès.

1. *La Partie.*] C'est-à-dire, la Partie à qui le Procès-verbal a été signifié. (Voyez les deux articles précédents.)

2. *Ou qui y aura renoncé.*] Soit expressément, soit tacitement, en laissant écouler la huitaine. (*Suprà*, art. 27.)

3. *Pourra demander copie de l'Enquête.*] C'est-à-dire, lorsqu'elle n'a point fait d'Enquête de sa part; autrement elle ne peut demander cette copie, à moins qu'elle n'ait auparavant

donné copie de la sienne. (*Infrà* , art. 33 , pag-
96.)

Article XXX.

Si la Partie contre laquelle l'Enquefte
aura efté faite en veut prendre avanta-
ge, *il pourra la lever* (1) en faifant apparoir de la fignification de fes moyens
de reproches , ou de l'acte portant renonciation d'en fournir , dont fera laiffé
copie au Greffier , à la charge d'avancer
par lui les droits & falaires du Greffier ,
dont lui fera délivré exécutoire , pour s'en
faire rembourfer par la Partie qui aura
fait faire l'Enquefte ; & dans l'exécutoire
feront compris les frais du voyage pour
faire lever les expéditions , ou pour le
falaire des Meffagers.

　1. *Il pourra la lever.*] Voyez la note 3 , fur
l'article précédent.
　Cet article eft une exception de l'article 24 ,
ci-deffus.
　La partie qui veut lever cette Enquête , a pour
cela un délai de huitaine dans les Cours & Bailliages , & de trois jours feulement dans les autres
Jurifdictions. (*Infrà* , art. 31 & 32.)

Article XXXI.

Si la Partie qui a fait faire l'Enquefte
*refufe d'en faire donner copie , & du Pro-
cès-verbal* (2) , l'autre Partie *aura un dé-*

lai de huitaine (2) pour lever le Procès-
verbal , & *pareil délai* (3) pour lever l'Enquefte ; & en cas que l'Enquefte ait efté
faite hors le lieu où le différend eft pendant , il fera donné un autre délai felon
la diftance du lieu , tant pour le voyage
que pour le retour de celui qui fera envoyé pour la lever , à raifon d'un jour
pour dix lieues.

1. *Refufe d'en faire donner copie, & du Procès-
verbal.*] Voyez l'article 28 , ci deffus.
2. *Aura un délai de huitaine.*] Ce délai n'a
lieu que pour les Cours & Bailliages. Dans les
autres Jurifdictions il n'eft que de trois jours.
(Voyez l'article fuivant.)
3. *Et pareil délai.*] Voyez la note précédente.

A<small>RTICLE</small> XXXII.

Tous les délais de huitaine ci-devant
ordonnez , ne feront que pour nos Cours
& pour nos Bailliages , Sénéchauffées &
Préfidiaux : & à l'égard de nos autres Jurifdictions , des Juftices des Seigneurs ,
mefme des Duchez & Pairies , & des
Juges Eccléfiaftiques , les délais *feront
feulement de trois jours* (1).

1. *Seront feulement de trois jours.*] Dans l'étendue de dix lieues , à compter du jour de la fignification du Jugement faite à la Partie ou à fon
Procureur. Hors les dix lieues , le délai doit
être augmenté d'un jour pour dix lieues , com-

me en l'article précédent. (Voyez l'article précédent.)

Article XXXIII.

La Partie qui aura fait faire une Enquefte *ne pourra demander à l'autre Partie* (1) copie du Procès-verbal de fon Enquefte, ni pareillement le lever, qu'il n'ait auparavant fait fignifier le Procès-verbal de l'Enquefte faite à fa requefte, ni demander copie de l'autre Enquefte, ni la lever, qu'il n'ait donné copie de la fienne.

1. *Ne pourra demander à l'autre Partie.*] Voyez les articles 28 & 29, ci-deffus, auxquels celui-ci fert d'exception.

Article XXXIV.

Celui auquel aura efté donné copie, tant du Procès-verbal, que de l'Enquefte faite contre lui, ne pourra en Caufe principal, *ou d'appel* (1), *faire ouir à fa requefte aucun Témoin* (2), *ni donner aucun moyen de reproche* (3) contre les Témoins ouis en l'Enquefte de la Partie.

1. *Ou d'appel.*] A moins qu'il ne s'agît d'un fait nouveau, ou que l'enquête ne fût déclarée nulle par la faute du Commiffaire : car dans le premier cas on peut entendre de nouveaux Témoins,

moins, & dans le second cas on peut entendre de nouveau les mêmes Témoins. (Voyez *infrà*, art. 36.) Il en est de même si la signification qui a été faite de l'Enquête de l'autre Partie étoit irréguliere ou prématurée.

2. *Faire ouïr à sa Requête aucun Témoin.*] Afin qu'il n'ait pas la liberté de faire entendre des Témoins gagnés & corrompus, qui déposeroient des faits contraires à ce qui est porté en l'Enquête dont il a eu communication.

3. *Ni donner aucun moyen de reproche.*] Parce qu'alors il reprocheroit seulement les Témoins qui lui seroient contraires.

Si ces reproches sont par écrit, il paroît qu'ils peuvent être proposés en tout état de cause. (Voyez l'article 10 du titre 15 de l'Ordonnance de 1670, & *infrà*, tit. 23, art. 2, note 2.)

A<small>RTICLE</small> XXXV.

Si la permission de faire Enquête a esté donnée en l'Audience, sans que les Parties ayent esté appointées à écrire, *les Enquestes seront portées à l'Audience* (1) *pour y estre jugées* (2) *sur un simple acte & sans autres procédures* (3).

1. *Les Enquêtes seront portées à l'Audience.*] Voyez ci dessus, art. 3, *in fine*, avec la note 2, pag. 70.

2. *Pour y être jugées.*] Si faire se peut. Mais si l'Enquête est un peu longue & chargée de faits, on peut ordonner que les pieces seront mises sur le Bureau, ou appointer, s'il y a lieu. (Voyez le Procès-verbal de l'Ordonnance, pag. 318, article 41.)

3. *Et sans autres Procédures.*] c'est-à-dire,

sans fournir moyens de nullité par écrit (comme il est dit ci-dessus, art. 3, *in fine*,) ou autres Procédures semblables, (Voyez au surplus l'article 23 du tit. 12, ci-dessus, avec les notes.)

Si les Parties avoient été appointées à écrire & produire, il faudroit produire les Enquêtes comme les autres pieces du Procès, s'il n'y avoit pas encore eu de production, sinon par production nouvelle, au cas que les autres pieces eussent déja été produites, sauf à les contredire. (Voyez art. 3, ci-dessus, sur la fin.)

ARTICLE XXXVI.

Si l'Enquête est déclarée nulle par la faute du Juge ou Commissaire, *il en sera fait une nouvelle* (1) *aux frais & dépens du juge ou Commissaire,* (2) dans laquelle la Partie pourra faire *ouïr de nouveau les mêmes Témoins* (3).

1. *Il en sera fait une nouvelle.*] Par un autre Commissaire Enquêteur, s'il y en a dans la Jurisdiction, sinon par le Juge. (Edit du mois de Mai 1583, art. 7.)

Dans les Cours on nomme un Commissaire pour recevoir ces sortes d'Enquêtes ; & si le Procès est appointé, c'est toujours le Rapporteur.

2. *Aux frais & dépens du Juge ou Commissaire.*] Voyez l'art. 24 du tit. 15 de l'Ordonnance de 1670.

3. *Ouïr de nouveau les mêmes Témoins.*] Car il ne seroit pas juste que la Partie souffrît de la négligence du Commissaire. Autrement un Commissaire qui voudroit favoriser une Partie, pourroit anéantir sa preuve par une nullité affec-

tée. (Voyez le Procès-verbal de l'Ordonnance, ag. 320.)

Au reste, quand il est dit ici que la Partie pourra faire entendre de nouveau les mêmes Témoins, cela suppose qu'il n'est pas permis à cette Partie d'en faire entendre d'autres, si ce n'est dans le cas où quelques-uns des Témoins entendus en l'Enquête déclarée nulle seroient décédés, ou hors d'état d'être entendus de nouveau : car alors il seroit juste que le Juge permît d'en faire entendre d'autres.

Lorsqu'une partie intervient dans une instance, elle peut faire entendre de nouveaux Témoins à sa Requête, quoique la Partie principale ait fait son Enquête ; & il faudra observer pour cette nouvelle Enquête la même Procédure que celle qui est établie dans les articles précédents.

Si l'enquête est nulle par la faute de l'Huissier qui l'a signifiée, elle ne peut être recommencée, parce qu'alors la Partie est tenue des faits de l'Huissier qui est son mandataire.

TITRE XXIII.

Des reproches des Témoins.

ARTICLE PREMIER.

LES reproches (1) contre les Témoins *seront circonstanciez & pertinents* (2) & non en termes vagues & généraux, autrement seront rejettez.

1. *Les reproches.*] On entend par *reproche*, tout ce qui peut servir à faire rejetter la dépo- sition d'un Témoin, soit par la qualité de ce Témoin, soit par la nature ou les circonstan- ces de sa déposition.

2. *Seront circonstanciés & pertinents.*] Les reproches les plus ordinaires contre les Témoins sont :

1°. Que le Témoin est parent ou allié, ser- viteur ou domestique des Parties, ou de l'une d'elles. (Voyez *suprà*, art. 11 & 14, avec les notes, pag. 77 & 80.)

2°. Qu'il a été repris de Justice ou décrété. (Article suivant.)

Sur la question de savoir si les Banqueroutiers peuvent être Témoins. V. le Grand, sur la Cou- tume de Troies, art. 129, pag. 153, n. 52.

Sur la Question de savoir si les membres d'u- ne Communauté peuvent être témoins dans les causes de la Communauté. V. le Grand, sur la Coutume de Troies, art. 168, ci-dessus, n. 9 & 12.

3°. Qu'il n'est pas en état de déposer com- me s'il est impubere. (*L.* 3. *§. Lege. ff. de Testi- bus.*)

4°. Qu'il est ennemi de celui qui le repro- che ; & cette inimitié est toujours présumée, quand on est en Procès avec le Témoin qu'on reproche, pourvu cependant qu'il s'agisse d'un Procès considérable, *vel de omnibus bonis*, *vel de majore parte bonorum*, comme il est dit en la Loi 21, *ff. de excusat. Tutor.* La Novelle 90, chap. 7, porte : » Que celui qui a un Procès cri- » minel contre quelqu'un, ne peut être Témoin » contre lui, mais qu'il le peut, si le Procès n'est » que civil. C'est aussi le sentiment de Godefroi en ses notes sur cette Novelle.

Il faut cependant observer, que ce reproche

d'inimitié pour être vablable, doit procéder d'une cause antérieure à la déposition du Témoin ; autrement il seroit à craindre que la Partie à laquelle cette déposition pourroit faire préjudice, n'intentât un Procès contre ce Témoin, & ne prétendît par là avoir un moyen suffisant de reproche contre lui. (Voyez le Procès-verbal de l'Ordon. de 1667, tit. 23, art. 2, pag. 322 ; & *infrà*, la note sur l'art. 8 du tit. 24.)

Si le Témoin est saisi & exécuté à la requête de la Partie, *aut vice versâ*, on peut regarder cette exécution comme le sujet d'une inimitié capitale (Ainsi jugé au Bailliage d'Orléans par Sentence du 11 Mars 1749.)

5. Si le Témoin à été corrompu ou séduit ; & cette séduction est toujours présumée lorsque le Témoin a reçû quelque présent de la Partie, & quelquefois même lorsqu'il a bû & mangé chez elle depuis l'assignation pour déposer, ce qui dépend des circonstances & de la qualité des personnes.

6°. Si le Témoin a intérêt de déposer ce qu'il dépose (*L. 3 & 10. ff. de Testibus. L. omnibus 10. ubi ; & D D. Cod. de Testibus.*)

7°. On peut encore regarder comme un moyen valable de reproche contre les Témoins, si la Partie s'étoit assurée par écrit de leurs dépositions. (Arrêt du 11 Août 1696, au Journal des Audiences, tom. 5.)

Outre les reproches précédents, il y en a encore quelques Autres dont il est fait mention en la *L. 3. §. 5. ff. de Testibus.* (Voyez cette Loi.)

Au reste les reproches proposés contre un Témoin ne servent qu'à la Partie qui les a proposés, & non aux autres, à moins que le Témoin n'eût une incapacité personnelle pour déposer, comme s'il étoit impubere ou infâme.

On peut non-seulement attaquer les dépo-

E iij

fitions par la voie des reproches contre les Témoins ; mais on peut encore attaquer les dépofitions en elles-mêmes de deux manieres. 1°. En
faifant voir que ces dépofitions font fauffes, contraires, ambiguës ou affectées, &c. 2° En mon-
trant qu'elles font nulles dans la forme.

ARTICLE II.

S'il eft avancé dans les reproches, que
les Témoins *ont été emprifonnez, mis
en décret* (1), condamnez ou repris de
Juſtice, les faits *feront réputez calomnieux* (2), s'ils ne font juſtifiez *avant le
jugement du Procès* (3), par des écrouës
d'emprifonnement, décrets, condamnations, ou autres actes.

1. *Ont été emprifonnés, mis en décret.*] Il ne
faut pas conclure de cet article, qu'un Témoin
foit reprochable par cela feul qu'il a été empri-
fonné ou décrété. Il faut que cet emprifonnement ou ce décret ait été fuivi de condamnation,
pour rendre le reproche valable. Le Juge peut
feulement faire quelque attention fur cet emprifonnement ou ce décret, pour avoir moins
d'égard à la dépofition du Témoin. (Voyez
Mainard, liv. 4, chap. 75.)

2. *Seront réputés calomnieux.*] Et par conféquent punis à l'arbitrage du Juge, fuivant l'article 41, de l'Ordonnance de 1539. Dans le projet de la préfente Ordonnance pag. 324, art. 7
du Procès-verbal, il étoit dit que pour chacun
fait de reproche calomnieufement propofé, ou
non juſtifié, il y auroit condamnation de qua-
rante livres d'amende dans les Cours de Parlement, & de vingt livres dans les autres Jurifdic-

tions, applicables moitié au Roi & moitié à la Partie, fans préjudice au Témoin reproché de demander réparation, s'il y échet; mais on a jugé à propos de retrancher cet article, & de laisser les chofes à l'arbitrage du Juge.

1. *Avant le Jugement du Procès.*] Il réfulte de ces termes, que quand des reproches font juftifiés par écrit, on peut toujours les propofer avant le Jugement. (Voyez *fuprà*, tit. 22, art. 34, n. 3, pag. 97.)

ARTICLE III.

Celui qui aura fait faire l'Enquefte pourra, fi bon lui femble, fournir des réponfes aux reproches, *& les réponfes* (1) feront fignifiées à la Partie; autrement défendons d'y avoir égard; le tout fans retardation du jugement.

1. *Et les réponfes.*] Ces réponfes font appellées en terme de pratique *Salvations* ; & ce terme eft commun à toutes les réponfes qui fe font aux contredits, aux griefs, & aux caufes d'appel.

ARTICLE IV.

Les Juges ne pourront *appointer les Parties à informer* (1) fur les faits de reproches, finon en voyant le Procès, au cas que les moyens de reproches *foient pertinents & admiffibles* (2).

1. *Appointer les Parties à informer.*] Soit par actes ou par Témoins.

Dans les Enquête qui fe font pour la preuve

des reproches, on ne doit point être reçû à reprocher les Témoins produits, à moins que ces reproches ne soient point notoires ou justifiés sur le champ, ou par écrit. (Voyez Imbert, liv. 3, chap. 13, n. 20; Despeisses, part. 1, tit 8, n. 13, & Louet, lettre R. chap. 5, n. 1.)

2. *Soient pertinents & admissibles.*] Mais s'il y a d'ailleurs une preuve suffisante, il est inutile de passer à la vérification de ces reproches, quoique pertinents. (Voyez le Procès-verbal de l'Ordonnance, pag 323, art. 6; Ordonnance de 1535, chap 8, art. 10.)

Lorsque les Juges ont lieu de soupçonner que la preuve qu'on demande de ces reproches, n'est que pour tirer la Procédure en longueur, ils peuvent demander à la Partie de nommer sur le champ les Témoins par lesquels elle entend faire sa preuve, qu'elle sera tenue de faire dans un bref délai qui lui sera indiqué ; & en cas de refus de la Partie, ils peuvent rejetter la preuve qu'elle demande.

Si la Partie appelle du Jugement qui admet à la preuve d'un reproche, cet appel n'empêche pas qu'on instruise sur ce reproche, & qu'on passe ensuite au Jugement du fond. (Argument tiré de l'art. 26 du tit. 24, ci-après.) Mais dans ce cas de reproche non admis, si la Sentence est infirmée sur l'appel, la preuve de ce reproche se fait en cause d'appel par le Juge, qui commet ordinairement pour la faire sur le lieu où l'instance a d'abord été jugée.

ARTICLE V.

Les reproches des Témoins *seront jugez avant le Procès* (1) ; & s'ils sont trouvez pertinents, & qu'ils soient suffifamment justifiez , *les dépositions n'en seront lues* (2).

1. *Seront jugées avant le Procès.*] C'est-à-dire , qu'il doit y être fait droit préalablement , pour ne pas perdre inutilement le tems. Ce Jugement préalable est porté par la même Sentence qui juge le fond , & pour cela le prononcé de ces Sentences commence par ces mots , *ayant aucunement égard à tel reproche , nous ordonnons que tel Témoin sera rejetté de l'Enquête , & en conséquence , &c.* ou bien , *sans avoir égard aux reproches proposés contre tel & tel Témoin , &c.*

2. *Les dispositions n'en seront lues.*] Et il sera passé tout d'un coup au Jugement du fond. (Argument tiré de l'article 5 du titre 5 , cidessus.)

Mais si les reproches sont jugés non valables , les dépositions en sont lues , & on passe aussi sur le champ au Jugement du Procès , sauf en cas d'appel , à juger préalablement si ces reproches ont été valablement rejettés ou non.

Article VI.

Défendons aux Procureurs de fournir aucun reproche contre les Témoins , si les reproches ne sont signez de la Partie , *ou s'ils ne font apparoir d'un pouvoir spécial par écrit* (1) à eux donné pour les proposer.

1. *S'ils ne font apparoir d'un pouvoir spécial par écrit.*] Au-cas qu'ils en soient requis , & non autrement. Les Procureurs pour se mettre à l'abri de la peine mentionnée ci-dessus en la note 1 de l'art. 2 de ce tit. doivent avoir atten-

E v

tion de ne propofer aucun reproche pour leurs
Parties fans une procuration fpéciale , ou fans
qu'il foit figné de la Partie.

TITRE XXIV.

Des récusations des Juges.

ARTICLE PREMIER.

LES *récusations* (1) en matiere civile
feront valables en toutes Cours , Jurifdictions & Juftices, *fi le Juge* (2) *eft parent ou allié* (3) *de* l'une des Parties , *jufques aux enfants des coufins iffus de germain*, *qui font le quatrieme degré inclufi-
vement* (4) ; & néanmoins il pourra demeurer Juge , *fi toutes les Parties y confentent par écrit* (5).

1. *Les récufations.*] La récufation eft une efpece de déclinatoire , qui fe fait pour empêcher
qu'un Juge ne puiffe connoître d'une affaire
portée devant lui.

2. *Si le Juge.*] On peut non-feulement récufer les Juges , mais encore tous ceux qui font
employés à quelque fonction de Juftice ou
commiffion , comme Defcente , Enquête , &c.
(Voyez *infrà* , art. 22 , avec les notes.)

Tous Juges , même les Intendants des Provinces , &c. peuvent être récufés. *L.* 16 , *C. de Judiciis.*

On peut aussi récuser non-seulement un Juge de Siege en particulier, mais tout le Siege entier, *v. g.* quand on est en Procès avez lui. (Arrêt du 23 Février 1708, rapporté au Journal des Audiences, tom. 5.

Les procureurs du Roi ou Fiscaux peuvent aussi être récusés, tant en matiere Civile qu'en matiere Criminelle, soit qu'ils soient Parties nécessaires ou non. (*Ità* Mornac sur la L. 1. *ff. de Officio. Procur. Cas.* Basnage sur la Coutume de Normandie, pag. 10 de l'édition de 1709,) Quelques uns cependant prétendent que cela ne doit pas avoir lieu quand le Procureur du Roi est Partie nécessaire ; (Le Prêtre en ses Arrêts, Centur. 1, chap. 33, Arrêts des 27 Juillet 1601, & 17 Août 1612, cités par brodeau sur Louet, lettre P. som. 39,) ce qui peut être autorisé par l'art. 23, du tit. 1 des Evocations de l'Ordonnance du mois d'Août. 1737.

Un Arrêt de Réglement du 5 Septembre 1703, rapporté au nouveau Recueil, tom. 2, p. 326, & au Journal des Audiences, tom. 5, rendu entre les Avocats & Procureurs du Roi du Siege de la Marche à Guéret, porte : » Que le » Procureur du Roi sera tenu, lorsqu'il y aura des » causes de récusation contre lui, de s'abstenir » de la connoissance de toutes les affaires dans » lesquelles il ne sera point partie nécessaire.

Dans le cas de l'art. 4 du tit. 6, ci-dessus, on peut toujours récuser les Avocats & Procureurs Généraux, lorsqu'il y a des causes de récusation ; ainsi que les anciens Avocats pour les folles intimations & désertions d'appel, au cas du même article.

En Jurisdiction volontaire, le Juge, quoique parent, n'est pas récusable. (*Leg.* 2, *de adopt.* & arg. L. 18, *de manuvindic.* V. le Grand sur la Cout. de Troies, art. 168, n. 15, p. 294.

E vj

Néanmoins un Arrêt du Conseil du 27 Novembre 1681, servant de Réglement pour le Bailliage de Semur en Auxois, & déclaré commun pour le Bailliage de Dijon, par autre Arrêt du Conseil du 29 Septembre 1684 porte : « Que les Lieutenants-Généraux & autres Officiers ne pourront connoître des affaires où leurs » parents au degré de l'Ordonnance, seront parties, même en Jurisdiction volontaire, s'il n'y » a consentement par écrit des Parties.

3. *Est parent ou allié.*] Même dans le cas où le Juge seroit parent ou allié commun des Parties. (*Infrà*, art. 3.)

Lorsqu'un Tuteur est en Cause pour le fait de son Mineur, ce n'est point la parenté du Tuteur qu'il faut considérer, mais seulement celle du Mineur ; ainsi le Juge qui n'est parent que du Tuteur, ne peut être récusé. (Argument tiré de l'Ordonnance des Evocations du mois d'Août 1737, tit. 1, article 20.)

Au reste, pour que la parenté ou alliance donne lieu à la récusation, il faut que la Partie qui est parente du Juge soit nommément Partie au Procès, & non en nom collectif ; comme si un Juge étoit parent d'un Chanoine, & que le Chapitre dont ce Chanoine est membre, plaidât en nom collectif, on ne pourroit alors récuser ce Juge sous prétexte de parenté. Une Déclaration du 2 Octobre 1694, (rapportée au nouveau Recueil, tom. 2, pag. 158,) porte : « Que dans tous Procès civils & criminels concernant les droits des Fermes, circonstances » & dépendances, même dans tous les Procès qui » surviendront entre les Fermiers-Généraux en » nom collectif, les parentés ou alliances des » Présidents ou Conseillers des Cours des Aydes » avec aucuns des Intéressés dans lesdites Fermes, en quelque degré que ce puisse être, ne » pourront donner lieu à la récusation.

De même dans les causes qui se poursuivent à la requête du Fermier du Domaine, si le Juge est parent du Fermier, il ne pourra être récusé sous ce prétexte.

Ou allié, L'alliance spirituelle, comme si le Juge étoit parrain on filleul de l'une des Parties, ne peut donner lieu à la récusation. (Ainsi jugé par Arrêt du 12 Janvier 1618, rapporté par Auzanez en ses Arrêts, pag. 214.)

Jusques aux enfants des cousins issus de germains, &c.

Idem en matiere de reproche de Témoins. (Voyez ci-dessus tit. 22, art. 11)

5. Si toutes les Parties y consentent par écrit] *Secùs* en matiere criminelles (*Infrà*, article 2.)

ARTICLE II.

Le Juge pourra estre récusé en matiere criminelle, *s'il est parent ou allié de l'accusateur* (1) ou de l'accusé, jusques au cinquieme degré inclusivement; & s'il porte le nom & armes, & qu'il soit de la famille de l'Accusateur ou de l'Accusé, il s'abstiendra *en quelque degré de parenté ou alliance* (2) que ce puisse être, quand la parenté ou alliance sera connuë par le Juge, ou justifiée par l'une des Parties; sans qu'en l'un ni l'autre cas il puisse demeurer Juge, *nonobstant le consentement de toutes les Parties* (3), mesme de nos Procureurs Généraux, ou nos Procureurs sur les lieux, & des Procureurs Fiscaux des Seigneurs.

1. *S'il est parent ou allié de l'Accusateur.*] Le mot *Accusateur* se doit entendre ici de la Partie plaignante, & non de la Partie publique.

2. *En quelque degré de parenté que ce puisse être.*] Après ces mots il y avoit ceux-ci ; *le tout quand la parenté sera connue par le Juge, ou justifiée par l'une des Parties,* qui se trouvent dans le Procès-verbal de l'Ordonnance, tit. 2ʳ, art. 2, p. 334, auquel article il n'a été fait aucun changement par les Commissaires. Ces mots *le tout*, n'étoient pas inutiles pour éviter l'équivoque qu'il peut y avoir dans cet article.

3. *Nonobstant le consentement de toutes les Parties.*] Par Arrêt du 7 Juillet 1702, une Procédure criminelle faite par un Juge parent d'une des Parties à été déclarée nulle, quoique le Juge n'eût pas été récusé. (Voyez cet Arrêt au Journal des Audiences, tom. 5. .

ARTICLE III.

Tout ce qui est ci-dessus ordonné en matiere civile & criminelle, aura lieu, encore que le Juge *soit parent ou allié commun des Parties* (1).

1. *Soit parent ou allié commun de Parties.*] Il en est autrement en matiere d'Evocation. (Voyez l'Ordonnance des Evocations du mois d'Août 1737, au tit. des Evocations, art. 17.)

ARTICLE IV.

Ce qui est dit des parents & alliez aura pareillement lieu pour ceux de la femme (1), si elle est vivante, ou si le

Juge ou la Partie en ont des enfants vivants ; & en cas que la femme soit décédée , & qu'il n'y eust enfants , le beaupere , le gendre , ni les beaux-freres ne pourront estre Juges.

1. *Aura pareillement lieu pour ceux de la femme.*] C'est-à-dire pour les parents & alliés de la femme du Juge , & pour le Juge parent ou allié de la femme d'une des Parties Dans ces deux cas le Juge peut être récusé , si la femme du Juge ou de la Partie est vivante , ou si étant décédé , le Juge ou la Partie en ont des enfants vivants. Mais si le Juge ou la Partie n'ont point d'enfants vivants de cette femme , alors les degrés de parenté sont restreints , & le Juge ne peut être récusé, sinon dans le cas où il seroit beaupere , gendre ou beau frere d'une des Parties , par le moyen de cette femme.

ARTICLE V.

Le Juge pourra estre récusé, s'il a un différend *sur pareille q estion que celle dont il s'agit entre les Parties* (1) , pourveu qu'il y en ait preuve par écrit ; sinon le Juge en sera cru à sa déclaration , sans que celui qui proposera la récusation puisse être receu à la preuve par Témoins , ni mesme demander aucun délai pour rapporter la preuve par écrit.

1. *Sur pareille question que celle dont il s'agit entre les Parties.*] Le Juge pourra aussi être récusé , s'il a un intérêt direct ou indirect au Pro-

cès, soit comme Associé ou autrement, c'est-à-
dire, si l'événement de cette Cause peut tourner
à son profit ou à son préjudice; pourvu cependant qu'il y en ait aussi preuve par écrit, & sous
les conditions de l'article précédent. (Voyez le
Procès-verbal de l'Ordonnance, pag. 355, article 6.)

Par la même raison un Juge qui a des biens
dans le territoire d'une Communauté ne peut
être Juge dans les Procès de cette Communauté.
(Ainsi jugé par trois Arrêts des 31 Mai 1670,
14 Mai 1678, & Octobre 1680, rapportés par
Boniface, tom. 3, liv. 1, tit. 1, chap. 8.)

ARTICLE VI.

Le Juge pourra estre récusé, s'il a donné
conseil, ou connu auparavant du différend *comme Juge ou comme Arbitre* (1);
s'il a sollicité ou recommandé, ou *s'il
a ouvert son avis hors la visitation* (2)
& Jugement; en tous lesquels cas il sera
cru à sa déclaration, s'il n'y a preuve par
écrit.

1. *Comme Juge ou comme Arbitre.*] Il ne peut
pareillement être Juge dans une affaire où il aura
servi de Témoin. (Airault en son Instruction judiciaire, liv. 2, part. 3, n. 26, pag. 230 La Rocheflavin, Traité des Parlements de France,
liv. 13, chap. 83, art. 11.)

2. *S'il a ouvert son avis hors la visitation.*]
Ainsi un Avocat qui auroit écrit, plaidé, ou con-
sulté dans une affaire, ne peut être Juge dans
cette même affaire. (Airault *ibidem*, n. 25, pag.
229, & la Rocheflavin *ibidem*, art. 11.)

ARTICLE VII.

Sera auſſi récuſable le Juge qui aura Procès en ſon nom dans une Chambre en laquelle l'une des Parties *ſera Juge.*

1. *Sera Juge.*] Quoique l'eſpece de récuſation portée en cet article ne ſe préſente preſque jamais, néanmoins ſi elle étoit propoſée, les Juges ne pourroient ſe diſpenſer d'y avoir égard.

ARTICLE VIII.

Le Juge pourra eſtre récuſé pour menace par lui faite verbalement ou par écrit depuis l'Inſtance, ou dans les ſix mois précédants la récuſation propoſée, *ou s'il y a eu inimitié capitale* (1).

1. *Ou s'il y a eu inimitié capitale*] il ne ſuffit pas d'alléguer cette inimitié en termes généraux; mais il faut en exprimer la cauſe & le ſujet.

Cette inimitié capitale eſt préſumée, quand la Partie eſt en Procès avec le Juge. Cependant une aſſignation donnée à un Juge depuis l'action intentée, ne pourroit ſervir à le faire récuſer. (Voyez le Procès-verbal de l'Ordonnance, pag. 338, art. 9.)

De même un Juge qui a été en Procès avec une Partie, ne peut être récuſable ſur ce fondement, ſi le Procès eſt terminé. Cependant la bienſéance exige que ce Juge ſe récuſe de lui-même, du moins pendant un certain tems, comme de ſix mois. (Argument tiré de ce qui eſt dit en cet article touchant les menaces.) Mais après ce tems l'inimitié cesse d'être présumée. (Voyez Boniface , en ses Arrêts , tom. 1 , liv. 1 , tit. 1 , n. 22 , où il rapporte un Arrêt du 23 Novembre 1645 , qui l'a ainsi jugé.)

Afin que les Parties ne puissent se former des moyens de récuser des Juges sous prétexte qu'ils auroient intérêt dans la cause , il y a une Déclaration du Roi du 27 Mai 1705 , (rapportée au Recueil des Réglemens , tom 2 , p. 372 ,) qui défend à tous les Sujets du Roi , de prendre & accepter directement ou indirectement des transports ou cessions de droits litigieux ou non litigieux , à prix d'argent , ou autrement sur les Juges devant lesquels ils plaideront , depuis le jour que les causes , Instances ou Procès auront été portées devant lesdits Juges jusqu'au jour du Jugement ou Arrêt diffinitif ; à peine de nullité desdits transports & des demandes & Procédures faites en conséquence ; sans que les Juges puissent y avoir égard , soit en statuant sur les récusations fondées sur de pareils transports ou autrement. Cette Déclaration veut en outre que ceux qui auront récusé leurs Juges sur ce fondement soient condamnés en 2000 livres d'amende dans les Cours , &c.

Une autre présomption d'inimitié capitale seroit , si la Partie avoit tué quelque proche parent du Juge , ou autres cas semblables.

Mais si cette inimitié a été suivie de reconciliation , elle ne peut plus donner lieu à la récusation. (Voyez le Procès-verbal de l'Ordonnance , p. 337 , art. 8.)

Un Juge n'est point présumé ennemi de l'Avocat ou du Procureur qui a plaidé contre lui ; ainsi rien n'empêche qu'il n'en soit le Juge , & il ne pourroit être récusé sur ce fondement.

De même si la Partie étoit en Procès avec

le frere ou même le pere du Juge, il ne pourroit être récusé sous ce prétexte. Cependant
Bouvot, tom. 2, au mot *Récusation*, quest. 10,
rapporte un Arrêt du 4 Mai 1610, qui a jugé
qu'un Procès criminel intenté par la Partie contre le frere du Juge, étoit un motif de récusation.

C'est par le même motif qu'on a jugé, qu'une
Partie étant en Procès contre son Evêque, ne
pouvoit récuser l'Official de cet Evêque. (Arrêt du 15 Juillet 1702, rapporté au Journal des
Audiences, tom 5.)

De même on ne pourroit récuser l'Official
d'un Chapitre, sur le fondement qu'on seroit en
Procès avec ce Chapitre. (Arrêt du 13 Juillet
1705, rapporté *ibidem*.)

ARTICLE IX.

Le Juge sera aussi récusable, si lui ou
ses enfants, son pere, ses freres, oncles,
neveux, ou ses alliez en pareil degré ont
obtenu quelque Bénéfice des Prélats,
Collateurs & Patrons Ecclésiastiques ou
Laïques, qui soient Parties, ou intéres-
fez en l'affaire, pourveu que les collations ou nominations *ayent esté volontaires & non nécessaires* (1).

1. *Aient été volontaires & non nécessaires.*]
Les collations & nominations nécessaires sont
celles, qui sont faites aux nommés par les In-
dults accordés aux Officiers du Parlement de
Paris, celle faites à des Gradués nommés par
des vacances arrivées dans les mois de Janvier
& de Juillet, les résignations en faveur & au-

tres provisions demandées en Cour de Rome ;
à l'égard desquelles il ne faut point obtenir de
dispenses, & encore les collations intervenues
sur permutations de Bénéfices, ou sur des nominations ou présentations de Patrons. (Voyez
le Procès-verbal de l'Ordonnance, pag. 339,
art. 10. Ainsi jugé par Arrêt du 27 Août 1543,
rapporté par Théveneau sur les Ordonnances,
liv. 3, tit. 16, art. 10.)

ARTICLE X.

Si le Juge est Protecteur ou Syndic de
quelque Ordre, & nommé dans les qualitez ; s'il est Abbé, Chanoine, Prieur,
Bénéficier, ou du Corps d'un Chapitre,
College ou Communauté, *Tuteur honoraire ou onéraire, subrogé Tuteur ou Curateur* (1), *héritier présomptif* (2), ou
donataire, *maistre* (3) *ou domestique* (4)
de l'une des Parties ; il n'en pourra demeurer Juge.

1. *Tuteur honoraire ou onéraire, subrogé Tuteur ou Curateur.*] Il ne faut pas conclure de-là,
que les Administrateurs d'Hôpitaux & Marguilliers de Paroisse qui sont des especes de Tuteurs soient récusables dans les Causes & Procès des Hôpitaux ou Fabriques dont ils ont l'administration : ces derniers n'agissent qu'en nom
collectif, & n'ont d'autre intérêt que celui du
Public, & par conséquent ils ne peuvent être
récusés, à moins qu'ils ne se soient ouverts ; &
il en est de même des Echevins de Ville. V. le
Procès-verbal de l'Ordonnance sur l'art. 10 du
tit. 24 de l'Ordon de 1667.

2. *Héritier présomptif.*] *Nam in re propriâ iniquum est alicui licentiam tribuere sententiâ.* (*L. unic. Cod. ne quis in suâ causâ Jud.*).

3. *Maître.*] Ce mot de *Maître* doit-il s'étendre au cas où l'une des Parties plaidantes est Vigneron ou Fermier du Juge ? Bouvot, tom. 2, au mot *Récusations*, quest. 13, rapporte un Arrêt qui a déclaré valable une semblable récusation contre un Juge en la Cause d'un de ses Fermiers, quoique ce Fermier ne demeurât pas en la même maison que lui. (Voyez aussi *Cod. Fabr. lib.* 3. *tit* 4, *définit.* 3, *n.* 3, qui établit cette décision.]

On trouve néanmoins dans le Journal des Audiences du Parlement de Bretagne, imprimé à Rennes en 1737, tom. 1, un Arrêt du 8 Février 1716, qui a jugé qu'un Juge étoit compétent pour connoître des causes de son Fermier. Dans l'espece ce Fermier ne devoit rien du terme échu avant que le Procès fût porté au Tribunal où le Propriétaire étoit Juge.

4. *Ou domestique.*] Cela s'entend de ceux qui vivent ensemble, qui demeurent dans la même maison, & mangent à la même table que le Juge. (Voyez la Loi 24 au digeste *de Testibus*, où la déposition des Clients étoit rejettée.)

A R T I C L E X I.

N'entendons néanmoins exclure (1) les Juges des Seigneurs de connoître de tout ce qui concerne *les domaines, droits & revenus ordinaires ou casuels* (2), tant en fief que roture, de la terre, mesme des baux, sous-baux & jouissances, circonstances & dépendances, soit que l'af-

faire fust poursuivie sous le nom du Seigneur ou du Procureur-Fiscal ; *& à l'é-*
gard des autres actions où le Seigneur sera
Partie , ou intéressé (3) , le Juge n'en
pourra connoistre.

1. *N'entendons néanmoins exclure.*] Ce mot
exclure ne signifie autre chose sinon que le Seigneur n'est pas incompétent pour connoître des
choses dont il est parlé dans cet article ; mais
cela ne doit avoir lieu que quand le Seigneur est
Défendeur , ou que celui qui est assigné par le
Seigneur demeure dans l'étendue de la Justice du
Seigneur ; s'il n'y demeure pas , il faut que le
Seigneur l'assigne devant le Juge de ce Défendeur.
Autrement si cela donnoit lieu au Seigneur de
connoître de ces choses quand il est Demandeur ,
& que le vassal ne demeure point dans l'étendue
de la Justice ; ce seroit un vrai droit de *Commit-*
timus dont il souscrit pour raison de son domaine , droits & revenus ordinaires ; & ils auroient
en cela plus d'autorité & de prérogative que les
Juges Royaux.

2. *Les domaines , droits & revenus ordinaires*
ou casuels.] Comme droits de rachat , quints &
requints , cens & rentes Seigneuriales , lods &
ventes , & amendes.

Mais si la qualité de Vassal ou de Censitaire ,
ou si le fond du droit ou de la rente étoient
contestés par celui à qui le Seigneur demande
le profit ou la redevance , ou que la propriété
de l'héritage sujet au droit fût contentieuse entre
le Seigneur & son sujet , ou qu'il s'agît d'a-
voir par puissance de Fief l'héritage acquis dans
la mouvance du Seigneur ; dans tous ces cas
le Seigneur n'en peut plus connoître. (Ainsi jugé
par Arrêt du Parlement du 8 Août 1712 , rap-

porté au Journal des Audiences, tom. 6, rendu
en interprétation de ces articles.) Voyez auſſi
d'Argentré ſur l'article 45 de la Coutume de
Bretagne, gl. 2, n. 3.) Ce qu'il dit à ce ſujet ſur
l'article 30 de la même Coutume, eſt remarqua-
ble, que *tota Dominorum Patronorum poteſtas
eſt in compellendo, cùm de controverſiâ debiti (vi-
delicet ex causâ reali & feudali) judicare nequeant.*
Voyez auſſi Baſnage ſur l'article 53 de la Coutume de Normandie.

3. *Et à l'égard des autres actions où le Seigneur ſera Partie ou intéreſſé.*] Comme s'il s'agit
du paiement d'une ſomme de deniers due par
promeſſe ou obligation, d'une rente conſtituée,
de la propriété d'un héritage, & de toutes autres choſes que celles qui concernent les droits
& domaines non conteſtés de la Seigneurie.

Ce qui a pareillement lieu pour une demande
en réparation d'injures, donnée par le Seigneur
contre un de ſes Juſticiables ; car le Juge de ce
Seigneur n'en peut pareillement connoître, ainſi
qu'il a été jugé par un Arrêt du 27 Juillet 1705,
rapporté au cinquieme tome du Journal des Audiences.

Et c'eſt ſur ce même fondement qu'il a été
jugé par Arrêt du 13 Septembre 1706, rapporté
auſſi au cinquieme tome du Journal des Audiences, qu'un Seigneur pour fait de chaſſe ne peut
faire informer à ſa requête devant ſon Juge.

C'eſt auſſi par la même raiſon qu'il eſt défendu aux Officiers des Seigneurs d'appoſer le ſcellé
ſur les effets de ces mêmes Seigneurs, auſſi bien
que de faire inventaire ou de donner des Tuteurs
à leurs enfants : ce droit n'appartient qu'aux
Juges Royaux ſupérieurs de ces Juſtices, ainſi
qu'il a été jugé par pluſieurs Arrêts, & notamment par un du 6 Février 1702, & par un autre
du 17 Janvier 1708, tous les deux rapportés au

Journal des Audiences, tome 5. Il y en a auſſi un du 23 Avril 1704, rapporté par Augeard au ſecond tome de ſes Arrêts.

Au ſurplus, cette défenſe pour les ſcellés ne regarde que les Juges des Seigneurs Laïques, & non ceux des Seigneurs Eccléſiaſtiques ; il y en a un exemple arrivé à Paris en 1695, à la mort de M. de Harlay, Archevêque de Paris : le Bailli de l'Archevêché, du conſentement de M. le Premier Préſident, appoſa le ſcellé ſur les effets de ce Prélat ; ce qui eſt fondé ſur ce que les Juſtices Eccléſiaſtiques ne ſont point patrimoniales à celui qui les poſſede.

ARTICLE XII.

N'entendons auſſi exclure *les autres moyens de fait ou de droit* (1) pour leſquels un Juge pourroit eſtre valablement récuſé.

1. *Les autres moyens de fait ou de droit.*] Par exemple, ſi le Juge eſt lié avec la Partie d'une amitié conſidérable. (Voyez Mainard en ſes Queſtions, liv. 1, chap. 80 & 93. La Rocheflavin, liv. 13, des Parlements, chap. 83, article 7. Voyez auſſi la Loi 223, *ff. de verbor. ſignific.* qui explique ce que c'eſt que *amicus familiaris.*)

Ainſi un Juge qui auroit bu & mangé ſouvent avec une Partie depuis le Procès, ſeroit récuſable ; (Arrêt du 20 Février 1562, rapporté par du Fail, liv. 2, chap. 206 ;) & c'eſt ſur ce principe que l'Ordonnance du mois d'Octobre 1446, art. 6, défend aux Juges de boire & de manger avec les Parties plaidantes devant eux.

C'eſt encore ſur ce même fondement qu'il a

été

été jugé , qu'un Juge Commissaire dans une affaire étoit récusable pour avoir mangé & bû avec la Partie. (Arrêt du 24 Janvier 1598 , rapporté par Bouvot , tome 2 , au mot *Récusation* , quest. 18. Autre Arrêt du 12 Décembre 1588 , rapporté par Carondas , sur le Code Henri , liv. 2 , titre 8 , art. 14 aux notes , qui a jugé une récusation valable contre un Juge qui avoit soupé chez sa Partie , & qui lui avoit donné à souper pendant le Procès. (Voyez aussi Mainard en ses Questions, liv. 1 , chap. 78.)

Mais il faut pour cela que le Juge ait mangé & bu chez la Partie , ou la partie chez le Juge : car s'ils s'étoient trouvés tous les deux à dîner ou à souper dans une maison tierce , ce ne pourroit être une cause de récusation.

Au surplus , il est de la prudence d'un Juge de se déporter de la connoissance d'une Cause où son ami est intéressé , sur-tout si cette amitié est intime ; & il y a même souvent beaucoup plus de raison de se récuser pour cette cause , que pour celle de parenté.

Un autre motif de récusation est , si le Juge avoit reçu quelque don ou présent de la Partie , ou par lui-même ou par ses domestiques , ou qu'il eût souffert que cette Partie se trouvant avec lui en voyage ou autrement , l'eût défrayé , & eût payé sa dépense directement ou indirectement. (Voyez *suprà* , tit. 21 , art. 15.

Mais un Juge qui seroit Tenancier de l'une des Parties , ne pourroit être récusé sur ce fondement. (Ainsi jugé par Arrêt du 15 Juillet 1672 , rapporté au Journal du Palais. Voyez aussi Berault en son Commentaire sur l'article 12 de la Coutume de Normandie , où il dit qu'il a été jugé par Arrêt du 13 Février 1551 , qu'Avocats tenant héritages à rente & roturièrement , ne s'abstiendront du Jugement des Procès.

Tome II.   F

Il femble qu'il en devroit être de même dans le cas où le Juge eft vaffal de l'une des Parties ; néanmoins il n'en eft pas ainfi. La raifon de cette différence eft fondée fur ce que, comme dit Loy-fel en fes Inftituts, tome 1, liv. 1, art. 30, *Moult plus eft tenu le franc homme à fon Seigneur pour l'hommage & l'honneur qu'il lui doit, que n'eft vilain pour fes rentes payant.* Il a même été jugé au Parlement de Touloufe, qu'un Confeiller étoit récufable en la Caufe d'un de fes Vaffaux. (Arrêt du mois de Février 1665, rapporté par Catelan en fes Arrêts, liv. 9, chap. 6. Voyez auffi Carondas en fes Pandectes, liv. 4, chap. 5, où il rapporte un Arrêt du 17 Février 1664, qui l'a ainfi jugé.)

La raifon doit être la même à l'égard du Juge propriétaire d'une maifon dont une des Parties feroit locataire, & s'il y avoit en cela quelque différence, elle devroit être en faveur du propriétaire, parce que le propriétaire a moins de motifs pour ménager le locataire, que le locataire n'en a pour ménager le propriétaire.

Mais ces diftinctions n'ont plus lieu aujourd'hui. Il y a à ce fujet un Arrêt du Parlement de Roüen du 2 Avril 1729, rendu en forme de Réglement fur le réquifitoire du Procureur Général, qui porte que tous Juges peuvent connoître des caufes des Seigneurs dont ils relevent noblement. On voit par cet Arrêt que la Jurifprudence fur ce point avoit varié.

Un Juge ne peut pareillement être récufé fous prétexte qu'il eft locataire d'une de fes Parties. (Ainfi jugé par Arrêt du Parlement du 8 Août 1712, rapporté au Journal des Audiences tom. 6, rendu en interprétation de cet article. Autre Arrêt du Parlement de Touloufe, rapporté par la Rocheflavin en fon Traité des Parlements, liv. 13, chap. 85, n. 28. Autre Arrêt du 20 Janvier 1655, rapporté par Basset, tome 1, liv. 2, tit. 6, chap. 4. Voyez aussi Chorier en sa Jurisprudence sur Gui Pape.)

Un Juge ne peut pas non plus être récusé sur le fondement qu'il est Débiteur d'une des Parties. (Arrêt du 13 Juillet 1609, rapporté par Bouvot, tom. 2, au mot *Récusation*, quest. 6.) La Rocheflavin en son Traité des Parlements, liv. 8, chap. 21, art. 3, est cependant d'un sentiment contraire ; mais cela ne pourroit avoir lieu tout au plus que dans le cas où il s'agiroit d'une somme considérable, pour raison de laquelle le Juge pourroit appréhender d'être poursuivi par son Créancier ; ce qui dépend des circonstances.

Il en est de même si le Juge étoit Créancier de la Partie d'une somme considérable, & pour raison de quoi il seroit intéressant au Juge que cette Partie gagnât sa Cause : car alors ce seroit peut-être un motif de récusation, ou plutôt la religion du Juge demanderoit qu'il se récusât lui même en pareil cas.

Article XIII.

Les Officiers de nos Cours, Bailliages, Sénéchaussées & autres Sieges & Jurisdictions, mesme ceux des Seigneurs, pourront solliciter, si bon leur semble, ès maisons des Juges, pour les Procès qu'eux, leurs enfants, pere, mere, *oncles, tantes* (1), neveux ou niéces, & les Mineurs, de la tutelle ou curatelle desquels ils seront chargés, auront ès Cours, Jurisdictions & Justices, dont ils sont Officiers : leur défendons de les folliciter dans les lieux de la féance, de l'entrée defquels voulons qu'ils s'abftiennent entierement pendant la vifitation & Jugement du Procès.

1. *Oncles*, *tantes.*] A plus forte raifon les freres & fœurs, quoique l'Ordonnance n'en dife rien.

ARTICLE XIV.

Si néantmoins lorfqu'il fera procédé au Jugement des Procès qu'ils auront en leur nom, ou pour leurs pere, mere, enfants ou Mineurs dont ils feront Tuteurs ou Curateurs, il eftoit befoin qu'ils fuffent ouïs par leur bouche, ils ne pourront fous ce prétexte, ou pour quelque autre que ce foit, après avoir efté ouïs, demeurer en la Chambre & lieu de l'Auditoire, dans lequel le Procès fera examiné & délibéré; mais feront tenus d'en fortir, *fans qu'ils puiffent folliciter pour aucunes autres perfonnes* (1), fur peine d'eftre privez de l'entrée de la Cour, Jurifdictions ou Juftices, & de leurs gages pour un an : ce qui ne pourra eftre remis ni modéré pour quelque caufe & occafion que ce foit. Chargeons nos Procureurs en chacun Siége d'avertir nos Procureurs – Généraux des contraventions, & nos Procureurs Généraux de Nous en donner avis; à peine d'en ré pondre par eux chacun à leur égard en leur nom.

1. *Sans qu'ils puissent solliciter pour aucunes autres personnes.*] Cette disposition n'est pas bien exactement observée ; mais l'Ordonnance est trop précise sur ce point pour qu'on ne doive pas s'y conformer.

ARTICLE XV.

Si la récusation est jugée valable, le Juge ne pourra pour quelque cause & sous quelque prétexte que ce soit, assister en la Chambre ou Auditoire pendant le rapport du Procez ; & si c'est à l'Audience, *il sera tenu de se retirer* (1) , à peine de suspension pour trois mois, sauf après la prononciation de reprendre sa place.

1. *Il sera tenu de se retirer.*] Et de descendre du Siege, ou du moins de se mettre à l'extrémité du banc ; en sorte qu'il ne puisse entendre les opinions ; mais il est plus convenable de descendre, & il n'est pas décent de rester à sa place en pareil cas.

ARTICLE XVI.

Ce que Nous voulons avoir aussi lieu à l'égard de *celui qui présidera en l'Audience* (1), nonobstant l'usage ou abus introduit en aucunes de nos Cours, où le

Préfident récufé reçoit les avis & prononce le Jugement; ce que nous abrogeons en toutes nos Cours, Jurifdictions
& Juftices: & en cas d'appointement,
l'Inftance fera diftribuée (2) par celui
des autres Préfidents, ou Juges à qui la
diftribution appartiendra.

1. *Celui qui préfidera en l'Audience.*] Ou en
la Chambre du Confeil, fi la conteftation dont
il s'agit fait la matiere d'un Procès par écrit.

2. *L'Inftance fera diftribuée.*) Ainfi dans le
cas de parenté du Juge, ou de l'un des Juges à
qui il appartient de faire la diftribution, ils ne
peuvent y procéder pour raifon des Procès de
leurs parents, ni pareillement dans les autres
cas où ils font recufables; & alors le Procès doit
être diftribué par un autre Juge du nombre de
ceux à qui il appartient de faire cette diftribution.

ARTICLE XVII.

Tout Juge qui fçaura caufes valables
de récufation en fa perfonne, fera tenu
fans attendre qu'elles foient propofées,
d'en faire fa déclaration (1) *qui fera communiquée aux Parties* (1).

1. *D'en faire fa déclaration.*] C'eft-à-dire
d'en faire fa déclaration à la Compagnie, comme il eft dit en l'article fuivant. Car dès qu'un
Juge a du fcrupule, & qu'il fent en lui quelque
caufe de récufation, il ne doit pas fe conftituer
Juge en fa propre Caufe, pour favoir s'il refte-

ra Juge ; (ainſi que l'obſerve judicieuſement M. le Premier Préſident ſur cet article dans le Procès-verbal de l'Ordonnance , pag. 346 & 347) & il doit propoſer ſon ſcrupule aux autres Juges. En effet on ne peut douter que la plupart des Juges , s'ils n'écoutoient que leur propre ſentiment , ne fuſſent diſpoſés à s'abſtenir volontiers de juger ſur la moindre propoſition qui leur en ſeroit faite par les Parties ; mais ils ne doivent point ſuivre dans ces occurrences leur propre inclination , parceque l'office du Juge eſt un office néceſſaire , & dû aux Parties.

D'où il ſuit que le Juge n'eſt tenu de ſe récuſer lui-même que dans les cas où il lui eſt défendu de juger , comme dans les cas de l'article , *in fine* , & de l'article 10 de ce titre. Mais dans les autres cas il doit ſeulement faire ſa déclaration des cauſes valables de récuſation qui ſe trouvent en ſa perſonne. (Voyez la note 5 ſur l'art 1 de ce tit. *ſuprà* , pag. 109.)

Sur les récuſations d'office , V. Expilly en ſes Arrêts , ch. 154 , pag. 75 , où il cite à ce ſujet des exemples importants pris de l'antiquité.

En matiere criminelle , ſi le Juge qui fait l'inſtruction eſt parent de l'Accuſé , & qu'il ne ſe récuſe pas lui-même , toute la Procédure qu'il fait eſt nulle ; ce qui eſt une ſuite de ce qui eſt porté en la diſpoſition de l'article 2 , du préſent titre ſur la fin. (Voyez cet article avec les notes, pag. 109.)

2. *Qui ſera communiquée aux Parties.*] Parceque les Parties ignorent le plus ſouvent les parentés & alliances des Juges , & les autres cauſes qui peuvent donner lieu à la récuſation.

ARTICLE XVIII.

Aucun Juge *ne pourra ſe déporter* (1)

du rapport & jugement du Procès, *qu'a-
près avoir déclaré* (2) en la Chambre les
causes pour lesquelles il ne peut demeurer Juge, & que sur sa déclaration il
n'ait esté ordonné qu'il s'abstiendra.

1. *Ne pourra se déporter.*] Parceque l'office
du Juge est un office nécessaire, & dû au Public & aux particuliers. (Voyez la note 1 sur
l'article précédent.)

2. *Qu'après avoir déclaré.*] Voyez aussi la
note 1 sur l'article précédent.)

ARTICLE XIX.

Enjoignons pareillement *aux Parties*
(1) qui sçauront causes de récusation
contre aucun des Juges, pour parenté,
alliance ou autrement, de les déclarer
& proposer *aussi-tost qu'elles seront venues à leur connoissance* (2).

1. *Aux Parties.*] Cela s'entend de toutes les
Parties plaidantes, & non – seulement de celle
qui a intérêt de récuser le Juge.

2. *Aussitôt qu'elles seront venues à leur connoissance*] Afin que cette récusation ne soit pas
faite après que le Procès est instruit entièrement
ou en partie, & quand le Jugement est près
d'être rendu. (Voyez l'article suivant.)

ARTICLE XX.

Après la déclaration du Juge ou de
l'une des Parties, celui qui voudra ré-

èuſer ſera tenu de le faire dans la huitaine du jour que la déclaration aura eſté
ſignifiée ; *après lequel tems il n'y ſera
plus receu* (1) : mais ſi la Partie eſt ab-
ſente , & que ſon Procureur demande un
délai pour l'avertir , & en recevoir procuration expreſſe , il lui ſera accordé ſuivant la diſtance des lieux , ſans que les
délais puiſſent eſtre prorogez pour quelque cauſe que ce ſoit.

1. *Après lequel tems il n'y ſera plus reçu.*]
C'eſt-à-dire que le Juge peut alors reſter Juge,
s'il s'agit d'un Procès civil , & ne peut plus être
récuſé , à moins que la cauſe de la récuſation
ne fût notoire , & du nombre de celles qui puiſſent faire préſumer l'opinion du Juge , auxquels
cas il eſt plus prudent au Juge de ſe récuſer lui-
même , excepté dans le cas où les Parties con-
ſentiroient expreſſément & par écrit qu'il reſtât
Juge , comme il eſt porté en l'article 5 de ce
titre.

Il a même été jugé qu'une Partie qui avoit
procédé volontairement devant un Juge , ne
pouvoit plus enſuite le récuſer , quoique ce Juge
eût connoiſſance de la cauſe qui donnoit lieu à
la récuſation. (Arrêt du 23 Février 1708 , rapporté au Journal des Audiences.)

ARTICLE XXI.

Si le Juge , ou l'une des Parties n'a-
voient point fait de déclaration , celui
qui voudra récuſer , le pourra faire *en tout
eſtat de Cauſe* (1) , en affirmant que les

F v

causes de récusation sont venues depuis peu à sa connoissance.

1. *En tout état de Cause.*] Jusqu'au Jugement diffinitif du Procès, & même après la confrontation en matiere criminelle. (Arrêt du 30 Juillet 1707, au Journal des Audiences, tom. 5.)

Mais les récusations ne sont plus reçues après que le Procès est sur le Bureau, ni quand la Cause se plaide à l'Audience, à moins que le Récusant n'affirme que ce qui donne lieu à la récusation est nouvellement venu à sa connoissance. (Ordonnance de 1493, art. 64. Ordonnance de 1535, chap. 1, art. 88 & 90. Ordonnance d'Abbeville, art. 101.)

ARTICLE XXII.

Voulons suivant l'article septieme du Titre des Descentes, *que le Juge ou Commissaire ne puisse estre récusé* (1), sinon trois jours avant son départ, pourveu que le jour du départ ait esté signifié huit jours auparavant, encore que ce soit pour cause depuis survenue ; *& sera passé outre* (2) *nonobstant les récusations* (3), prises à partie, oppositions ou appellations, & sans y préjudicier ; sauf après la descente & confection d'enqueste *à proposer & juger les causes de récusation* (4).

1. *Que le Juge ou Commissaire ne puisse être récusé.* Car les Commissaires & autres qui font l'instruction peuvent être récusés comme les

Juges. (Voyez *suprà* , tit. 21 , art. 7 , note 1 ; & tit. 22 , art. 9 & 10.) Et même suivant la disposition du Droit Romain , la moindre cause rendoit le Juge suspect en matiere d'audition de Témoins. (Voyez les Loix 1 , 2 , 3 , & *passim.* au Digeste *de Testibus. Cùm ex facto jus oriatur , factum autem plerumque tale esse credatur , quale ex dictis testium apparet.* L. 21 , §. *ult.* & L. 22. *ff. de Testibus.*) Ce qui est conforme aussi à la disposition de l'article 26 ci-après , où il est dit que l'appel d'un Jugement de récusation , quand il est question de procéder à quelque descente , information ou enquête. , empêche de passer outre , quoique d'ailleurs les Jugements en matiere de récusation s'exécutent nonobstant oppositions ou appellations quelconques.

2. *Et sera passé outre.*] C'est-à-dire , autrement sera passé outre , comme il est porté en l'article 7 , du titre 21.

3. *Nonobstant les récusations , &c.*] Mais si sur l'appel la récusation est déclarée valable , tout ce qui a été fait par le Commissaire sera déclaré nul , & on n'y aura aucun égard.

4. *A proposer & juger les causes de récusation.*] Ces récusations se jugent par le Tribunal où l'affaire est pendante.

ARTICLE XXIII.

Les récusations seront proposées par requeste (1), qui en contiendra les moyens ; & sera la requeste signée de la Partie , ou d'un Procureur fondé de procuration spéciale , qui sera attachée à la requeste. Pourra néantmoins le Procureur en cas d'absence de sa Partie , signer la requeste *sans pouvoir spécial* (2), pour requérir que le Juge ait à s'abstenir, en cas que lui ou la Partie ait reconnu quelques causes de récusation.

1. *Les récusations feront proposées par requête.*] Cette requête doit être présentée & remise, non au Juge récusé, à cause des inconvénients qui en pourroient arriver, mais entre les mains de celui qui a l'instruction ordinaire, ou d'un autre Juge qui n'a point intérêt de la supprimer.

Si c'est le Juge d'instruction qu'on récuse, la requête doit être présentée à celui qui le suit dans l'ordre du Tableau ; & s'il n'y a qu'un seul Juge dans le Siege, la requête sera présentée au plus ancien Praticien, qui sera tenu de la communiquer au Juge récusé. (Voyez le Procès-verbal de l'Ordonnance pag. 351.)

Sans pouvoir spécial.] Auquel cas on donne ordinairement au Procureur un délai pour avoir un pouvoir de sa Partie, pendant lequel tems le Juge récusé doit s'abstenir.

ARTICLE XXIV.

Les récusations feront communiquées au Juge, *qui fera tenu de déclarer* (1) si les faits font véritables ou non : après quoi fera procédé *au Jugement des récusations* (2), fans qu'il puisse y assister, ni être présent en la Chambre.

1. *Qui fera tenu de déclarer.*] En la Chambre du Conseil, avant le Jugement de la récusation. (Voyez le nouveau Réglement du 28 Juin

1738, touchant la procédure du Conseil, partie 2, tit. 11, art. 3.)

2. *Au Jugement des récusations.*] Ces sortes de récusations se jugent sans instruction, & sans que la Partie adverse de celle qui récuse en ait connoissance. S'il y a lieu d'admettre à la preuve des causes de récusation, les Juges se contentent d'entendre sommairement les Témoins proposés par la Partie récusante ; Ordonnance de Roussillon, art. 12 ; après quoi ils passent tout de suite au Jugement de la récusation, sauf à rejetter les Témoins, s'ils sont suspects ; & ce Jugement se rend à la Chambre, comme il est porté en la fin de cet article, & non à l'Audience. (Voyez le Procès-verbal de l'Ordonnance pag. 353, 354 & 355.)

ARTICLE XXV.

En toutes nos Jurisdictions, mesme ès Justices des Seigneurs, les récusations *devant ou après la preuve* (1), seront jugées au nombre de cinq au moins, s'il y a six Juges ou plus grand nombre, y compris celui qui est récusé ; & s'il y en a moins de six, ou mesme si le Juge recusé estoit seul, *elles seront jugées au nombre de trois* (2) : & en l'un ou en l'autre cas *le nombre des Juges sera suppléé, s'il est besoin, par Advocats* (3) du Siege, s'il y en a, sinon par les Praticiens, suivant l'ordre du Tableau.

1. *Devant ou après la preuve.*] C'est-à-dire devant ou après la preuve des causes de récu-

sation. *Devant*, pour juger si la cause de la récusation est admissible ou non : *Après*, pour juger si la cause de récusation , dans le cas où elle a été admise , est prouvée ou non. (Voyez *infrà* , art. 29.)

2. *Elles seront jugées au nombre de trois*] Même dans les Officialités. (Voyez Loix Ecclésiastiques d'Héricourt , tom. 1. chap. 20, n. 104.) Et il a été ainsi jugé par Arrêt du Parlement du 14 Février 1713 , r. au Journ. des Audiences.

3. *Le nombre des Juges sera suppléé , s'il est besoin , par Avocats.*] Mais dans les Causes où le Roi & le Public n'ont point intérêt , les Gens du Roi doivent être appellés par préférence aux Avocats du Siege. (Arrêt du 13 Août 1575, rendu pour le Procureur du Roi du Comté de la Basse Marche , rapporté par Joli , tom. 2. Autres Arrêts des 18 Juillet 1648 & 23 Juin 1649 , rendu pour le Bailliage du Palais.)

Entre les Avocats & le Procureur du Roi , on doit prendre par préférence le premier Avocat du Roi , ensuite le Procureur du Roi , & enfin le second Avocat du Roi ; & s'il n'y a qu'un seul Avocat du Roi , il doit être appellé par préférence au Procureur du Roi ; ce qui est une suite de l'ordre de la séance établie entre eux. (Arrêt du 7 Septembre 1660 , rendu pour le Bailliage de Dreux , rapporté au Journal des Audiences.)

ARTICLE XXVI.

Les Jugements & Sentences qui interviendront sur les causes de récusation au nombre de cinq & de trois Juges , selon la qualité des Sieges , Jurisdictions

& Justices, seront exécutez *nonobstant oppositions ou appellations* (1) & sans y préjudicier ; si ce n'est lorsqu'il sera question de procéder à quelque descente , *information* (2) ou enquête , esquels cas le Juge récusé *ne pourra passer outre* (3) , nonobstant l'appel , & y sera procédé par autre des Juges ou Práticiens du Siege non suspect aux parties, selon l'ordre du Tableau, jusques à ce qu'autrement il en ait esté ordonné sur l'appel du jugement de la récusation, si ce n'est que l'intimé *déclare vouloir attendre le jugement de l'appel* (4).

1. *Nonobstant oppositions ou appellations ,* &c.] Ainsi si la récusation est jugée non valable , le Juge récusé pourra demeurer juge.

2. *Information.*] Tant en matiere civile que criminelle ; ce titre de l'Ordonnance étant non seulement pour le civil , mais encore pour le criminel. (V. le Procès-verbal de l'Ordonnance de 1667 , sur l'art. 2 du titre 5 , pag. 534 , lig. 10 & suiv.) L'art. 2 du tit. 25 de l'Ordonnance de 1670 , n'est point contraire à cette regle ; cet article 2 ne parlant que des appellations rendues sur des Jugements de récusation & non des jugements rendus sur des récusations.

1. *Ne pourra passer outre.*] Voyez une exception à cette disposition *suprà* , art. 22 , pag. 130.

4. *Déclare vouloir attendre le jugement de l'appel.*] Comme ci-après , tit. 25 , art. 5 , pag. 151 , ce qui est établi , afin que la Partie qui récuse n'ait pas la faculté de se choisir un Juge d'instruction ou un Rapporteur à son gré, en

récufant les uns après les autres tous ceux qu'elle
ne voudroit point avoir, au moyen de quoi elle
tomberoit fucceffivement à celui qu'elle voudroit choifir. (Voyez le Procès-verbal de l'Ordonnance, pag. 356.)

ARTICLE XXVII.

Les appellations (1) des Jugements ou
Sentences intervenues fur les Caufes de
récufations, feront vuidées fommairement fans épices & fans frais : & néantmoins, s'il intervient Sentence diffinitive ou interlocutoire au principal, &
qu'il en foit appellé, l'appel de la Sentence ou Jugement rendu fur la récufation, fera joint à l'appel de la Sentence
ou Jugement intervenu au principal,
pour y eftre fait droit conjointement (2).

1. *Les appellations.*] A plus forte raifon les
Jugements même de récufation doivent être vui-
dés fommairement. (Voyez la note 2 fur l'art.
24, ci-deffus, pag. 133.)
2. *Pour y être fait droit conjointement.*] Le
Juge récufé ne peut être intimé fur l'appel de
la Sentence qui juge la récufation. (Arrêt du
27 Mai 1707, rapporté au Journal des Audiences, tom. 5.)

ARTICLE XXVIII.

Les Juges Préfidiaux *pourront juger* (1)
fans appel les récufations ès matieres dont
la connoiffance leur eft attribuée en der-

nier reffort, pourveu que ce foit au nombre de cinq.

1. *Pourront juger.*] Ce qui doit s'entendre
non-feulement en premiere inftance, mais même
par la voie d'appel dans les cas où ils peuvent
en connoître par appel; l'Ordonnance ne fait
ici aucune diftinction.

Article XXIX.

Celui dont les récufations auront efté
déclarées impertinentes & inadmiffi-
bles, ou qui en aura efté débouté faute
de preuve, fera condamné en deux cents
livres d'amende en nos Cours de Parlement, Grand Confeil, & *autres nos*
Cours (1); cent livres aux Requeftes de
noftre Hoftel & du Palais; cinquante
livres aux Préfidiaux, Bailliages, Sénéchauffées; trente-cinq livres en nos
Chaftellenies; Prévoftez, Vicomtez,
Elections, Greniers à Sel, & aux Juftices des Seigneurs, tant des Duchez,
Pairies, qu'autres reffortiffants nuement
en nos Cours; & vingt-cinq livres aux
autres Juftices des Seigneurs: le tout
applicable, fçavoir moitié à Nous, ou
aux Seigneurs dans leur Juftice, & *l'au-*
tre moitié à la Partie (2), fans que les
amendes puiffent eftre remifes ni modérées.

1. *Et autres nos Cours.*] Il en eſt de même au Conſeil. (Voyez le Réglement touchant la Procédure du Conſeil du 28 Juin 1738 , partie 2 , tit. 11 , art. 4.)

2. *Et l'autre moitié à la Partie.*] C'eſt-à-dire à la Partie adverſe de celle qui a formé la récuſation. (Même Réglement du Conſeil , *ibidem* , art. 4 , qui ajoute que cette amende ſera acquiſe de plein droit , quand même il auroit été omis d'y prononcer.)

ARTICLE XXX.

Outre les condamnations d'amende , le Juge récuſé pourra demander réparation des faits contre lui propoſez , que Nous voulons lui eſtre adjugée , *ſuivant ſa qualité , & la nature des faits* (1) ; auquel cas néantmoins *il ne pourra demeurer Juge* (2).

1. *Suivant ſa qualité & la nature des faits.*] Par Arrêt du 8 Mai 1580 , le ſieur de Hallot & la Dame de Hauteville ont été condamnés chacun en deux mille écus , pour avoir injurieuſement récuſé M. le Premier Préſident de Thou , comme ayant ſollicité pour M. de Baſſompierre. (Voyez les notes dans Néron ſur l'article 14 de l'Ordonnance de 1539.)

2. *Il ne pourra demeurer Juge.*] Mais s'il ne demande point de réparation , il peut demeurer Juge dans le Procès de la Partie qui l'a récuſé mal à propos.

TITRE XXV.

Des prises à partie.

La prise à partie est l'intimation d'un Juge en son propre & privé nom, faite par l'une des Partie devant le Tribunal supérieur, à l'effet de rendre compte de son Jugement ou d'un déni de Justice, & pour être condamné aux dommages & intérêts envers celui qui en souffre.

ARTICLE PREMIER.

Enjoignons à tous Juges (1) de nos Cours, Jurisdictions & Justices, & des Seigneurs, de procéder incessamment aux jugements des Causes, Instances & Procès qui seront en estat de juger, à peine de répondre en leur nom, des dépens, dommages & intérêts des Parties.

1. *Enjoignons à tous Juges, &c.*] Quoique les Officiaux ne soient pas nommés dans cet article, ils y sont néanmoins compris ; & cette injonction les regarde comme d'autres. (Voyez le Procès-verbal de l'Ordonnance, pag. 359, & 184.)

ARTICLE II.

Si les Juges (1) *dont il y a appel* (2),
refusent ou sont négligents de juger *la
Cause*, *Instance ou Procès* (3) *qui sera en
estat* (4), *ils seront sommez de le faire* (5):
& commandons à tous Huissiers & Sergents qui en seront requis, de leur faire
les sommations nécessaires, à peine d'interdiction de leur Charge.

1. *Si les Juges.*] Sous le mot de *Juges* sont
compris non seulement ceux qui sont Juges ordinaires, mais encore les Avocats & Praticiens
qui en font les fonctions en l'absence des Juges.

Quand on prend à partie un Juge de Seigneur,
ce n'est point le Juge qu'on doit prendre à partie, mais le Seigneur, si le Jugement pour raison duquel on prend à partie, a été rendu sur la
poursuite & réquisition du Procureur Fiscal.

A l'égard des Officiaux, l'article 43 de l'Edit
du mois d'Avril 1695, porte : >> Que les Arche-
>> vêques ou Evêques ne pourront être pris à par-
>> tie ni intimés en leur propre & privé nom,
>> pour raison des Ordonnances & Jugements que
>> lesdits Prélats ou leurs Officiaux auront ren-
>> dus, & que leurs Promoteurs auront requis
>> dans le cas de Jurisdiction contentieuse, si
>> ce n'est lorsqu'il y aura une calomnie appa-
>> rente, & lorsqu'il n'y aura aucune Partie capa-
>> ble de répondre des dommages & intérêts, qui
>> ait requis, ou qui soutienne leurs Ordonnances
>> & Jugemens ; & que lesdits Prélats ne seront
>> tenus de défendre à l'intimation, qu'après qu'il
>> aura été ainsi ordonné par les Cours en con-
>> noissance de Cause.

Le même article porte : » Que les Archevê-
» ques, Evêques, ou leurs Grands-Vicaires ne
» pourront être pris à partie pour les Ordon-
» nances qu'ils auront rendues dons les matie-
» res qui dépendent de la Jurifdiction volon-
» taire.

Lorfque le Jugement a été rendu fur la pourfuite d'une Partie privée, c'eft le Juge même
qu'il faut intimer fur la prife à partie, ou l'Official, & non le Seigneur ou l'Evêque.

Cependant fi le Juge dont on appelle comme
de déni de Juftice, eft un Juge de Seigneur,
c'eft le Seigneur & non le Juge qu'il faut intimer fur l'appel ; (*Ità*, Imbert en fes Inftitut. For.
liv. 2, chap. 5, n. 8, & il a été ainfi jugé par
Arrêt du 21, Février 1530. Voyez les notes *ibid.*)
à la différence des Juges Royaux.

2. *Dont il y a appel.*] Car ceux qui jugent en
dernier reffort ne peuvent être fommés de juger.
(Voyez *infrà*, la note 2, fur l'art. 4, p. 143.)

3. *La Caufe, Inftance ou Procès.*] Voyez l'explication de ces mots, ci deffus, tit. 6, article 1,
note 1.

4. *Qui fera en état.*] C'eft-à-dire, dont l'inftruction fera entièrement achevée, & lorfque
les appointements feront exécutés, ou les délais
écoulés. (Voyez *infrà*, tit. 26, art 1, note 2.

Mais quand le Procès n'eft point en état, ces
prifes à partie ne peuvent avoir lieu. (Ainfi jugé
par Arrêt du 8 Août 1709, rapporté au Journal
des Audiences, tom. 5.)

5. *Ils feront fommés de le faire.*] Voyez *infrà*,
art. 4.

ARTICLE III.

Les fommations feront faites (1) aux

Juges en leur domicile, ou au Greffe de leur Jurisdiction, en parlant à leur Greffier, ou aux Commis des Greffes.

1. *Les sommations seront faites.*] Ces sommations doivent être conçues dans des termes qui ne blessent point le respect dû aux Juges.

ARTICLE IV.

Après deux sommations de huitaine en huitaine pour les Juges ressortissants nuement en nos Cours, & de trois jours en trois jours pour les autres Sieges, *la Partie pourra appeller* (1) *comme de déni de Justice, & faire intimer en son nom le Rapporteur s'il y en a, sinon* (2) *celui* qui devra présider : lesquels Nous voulons estre condamnez en leurs noms *aux dépens, dommages & intérests* (3) *des* Parties, *s'ils sont déclarez bien intimez* (4).

1. *La Partie pourra appeller, &c.*] C'est ici seulement une faculté qui est donnée à la Partie, qui peut appeller comme de déni Justice, sans faire intimer le Juge en son nom. Mais pour pouvoir obtenir des dommages & intérêts contre un Juge, il faut nécessairement le prendre à partie.

Quand on appelle comme de déni de Justice d'un Officier, il faut se pourvoir au Parlement par la voie d'appel comme d'abus. (Arrêt de la Tournelle du 27 Août 1701, rapporté au Journal des Audiences, tom. 5. Voyez aussi le Procès-verbal de l'Ordonnance, pag. 360.)

2. *Et faire intimer en son nom le Rapporteur, s'il y en a, sinon, &c.*] Parce que c'est d'eux qu'il dépend de faire juger le Procès en le rapportant, ou donnant l'Audience dans les Causes qui ne sont pas au rôle.

Au reste cette prise à partie ne regarde que les Juges dont il y a appel ; mais à l'égard des Cours, Présidiaux, Elections & autres, ils ne peuvent être pris à partie dans les cas où ils jugent en dernier ressort, & il n'y a alors que la voie de se pourvoir au Conseil. (Ainsi jugé par Arrêt de la Cour des Aydes du 18 Juillet 1691, rapporté au Journal des Audiences, qui a jugé qu'une prise à partie incidente à une matiere dont les Elûs avoient connu en dernier ressort, ne pouvoit être portée en la Cour Souveraine du ressort, mais au Conseil privé. Cet Arrêt est rapporté au cinquieme tome du Journal des Audiences.)

Cependant lorsqu'il ne s'agit que d'un refus ou déni de Justice, l'usage est d'en porter sa plainte à M. le Chancelier, dans le cas où ce déni de Justice est d'un Juge qui connoît en dernier ressort. Dans les autres cas de prise à partie, il faut se pourvoir au Conseil.

A l'égard des autres Juges qui ne jugent pas en dernier ressort, ils peuvent être pris à partie & intimés en leur propre & privé nom devant leurs Supérieurs. Les Parlements prétendent être seuls en droit de connoître de ces sortes de prises à partie; & en effet l'Ordonnance de Blois, article 147, semble être conforme à cette prétention, du moins dans le cas de déni de renvoi, aussi-bien que l'article 4 du titre 6, ci-dessus L'Arrêt de la Cour du 30 Juillet 1678, servant de Réglement entre les Officiers du Bailliage de Moulins, & ceux de la Châtellenie & Prévôté dudit lieu, porte : Que si les Officiers de la Prévôté sont pris à partie, les prises à partie ne pourront être données qu'en la Cour, & non au Bailliage. On trouve même quelques autres Arrêts qui l'ont ainsi jugé, & entre autres un du mois de Septembre 1693, rapporté au Dictionnaire des Arrêts, au mot *prise à partie*, n. 2, qui à jugé qu'un Juge subalterne ne peut être pris à partie devant le Juge où il ressortit, mais qu'il faut que la prise à partie soit portée au Parlement; ce qui a depuis encore été jugé par un Arrêt du 9 Mars 1714, rendu en la Tournelle. La Déclaration du Roi du 29 Août 1732, portant Réglement entre le Parlement de Bretagne, les requetes du Palais, & les Présidiaux de la même Province, porte en l'article 4, que le Parlement connoîtra seul des prises à partie contre quelques Juges de son ressort qu'elles soient formées, sans néanmoins que sous ce prétexte il puisse connoître hors le cas du ressort immédiat l'appel de l'Ordonnance ou Sentence du Juge pris à partie, ni statuer sur le fond dudit appel, à moins que le Jugement de la prise à partie ne dépendît nécessairement du fond de la contestation; auquel cas si le Juge est déclaré bien intimé & pris à partie, le Parlement sera tenu de prononcer par un seul & même Arrêt sur le fond, & sur la prise à partie; & que si la prise à partie est mal fondée, ou que le Demandeur s'en désiste, le Parlement sera tenu de renvoyer le fond de la contestation au Juge supérieur immédiat de celui qui aura rendu l'Ordonnance ou la Sentence à l'occasion de laquelle la prise à partie avoit été formée.

Il faut joindre à ces autorités l'Arrêt du 4 Juin 1699, qui fait défenses à toutes personnes de prendre à partie aucuns Juges sur l'appel des Jugements par eux rendus, sans en avoir auparavant obtenu la permission par un Arrêt de la

Cour,

Cour, à peine de nullité des procédures, & de telles amendes qu'il appartiendra ; ce qui depuis a été renouvellé par un autre Arrêt du 18 Août 1702, qui fait défenses à tous Juges du ressort de permettre de prendre aucun Juge à partie, sauf aux Parties à se pourvoir en la Cour pour en avoir la permission, conformément à l'Arrêt ci-dessus de 1699 ; car au moyen de ces Réglements il est difficile de penser que dans l'Arrêt qui permet de prendre à partie, les Parlements ne s'en réservent toujours la connoissance. (Voyez le nouveau Recueil, tom. 2, pag. 241 & 283.).

Il semble cependant qu'à toutes ces autorités, quelque respectables qu'elles soient, on pourroit opposer l'article 11, du tit. 1 de l'Ordonnance de 1670, qui porte : Que la correction *des Officiers Royaux*, & la connoissance des malversations par eux commises dans les fonctions de leurs Charges, appartient aux Baillis & Sénéchaux : d'où il suit par une conséquence nécessaire, que ces derniers peuvent avoir connoissance des prises à partie des Juges de leur ressort ; ce qui d'ailleurs est une suite de l'ordre public des Jurisdictons. Ce seroit sans fondement qu'on opposeroit, que sous le nom *d'Officiers Royaux* on ne doit pas comprendre les Juges : car outre que le mot d'*Officiers* renferme nécessairement celui de Juges, cet article doit s'interpréter par les anciennes Ordonnances. Or l'Ordonnance de Philippe le Bel du mois de Mars 1302, porte : » Que les Juges » subalternes ne peuvent connoître en aucune » maniere contre les Officiers Royaux de fait » qui concerne leurs offices, ni les punir, mais » qu'ils doivent se plaindre au plus prochain » Bailli Royal qui fera Justice, » ainsi qu'il a été jugé depuis par Arrêt du 8 Mars 1563. Le grand coutumier, pag. 78 & 79, le dit express-

Tome II.   G

fément, & porte que les Baillis peuvent corri-
ger les excès des Prévôts ; ce qui eft conforme à la difpofition de l'article 21 , de l'Edit de
Crémieu , qui non feulement donne ce pouvoir
aux Baillis & Sénéchaux , mais leur enjoint ex-
preffément de punir les Prévôts & de les mule-
ter , lorfqu'ils négligent de procéder contre les
délinquants. C'eft auffi en conféquence de cette
régle , que les Prévôts font appellés aujourd'hui
aux affifes des Baillis , & qu'ils font condamnés
en l'amende lorfqu'ils négligent d'y comparoître. D'où il réfulte que les Baillis & Sénéchaux
Royaux ayant la connoiffance des malverfations
commifes par les Juges & Officiers Royaux , & à
plus forte raifon de celles commifes par les Juges
fubalternes qui reffortiffent devant eux, ils doivent par la même raifon connoître des prifes à
partie de ces mêmes Officiers ; & cela doit fouffrir d'autant moins de difficulté , qu'ils le peuvent dans le cas où l'on prend la voie criminelle , fans qu'il foit même befoin alors de prendre un Arrêt de la Cour. Tel eft auffi le fentiment
de Bornier fur l'art. 4 du tit. 25 , de l'Ordonnance de 1667.

Lorfqu'une prife à partie eft intentée contre
un Juge pour raifon d'un déni de renvoi , ou
fur l'appel d'une Sentence rendue en matiere criminelle où il échet peine afflictive , l'appel doit
néceffairement fe porter au Parlement. Car comme les appellations des Sentences rendues dans
ces deux cas doivent fe porter nuement aux Cours,
fuivant l'art. 1 du tit. 26 de l'Ordonnance de
1670 , & fuivant l'art. 21 du titre 2 de l'Ordonnance du mois d'Août 1737 , concernant les
Evocations & Réglements de Juges , & fuivant
l'art. 1 du tit. 21 de l'Ordonnance de 1680 ,
c'eft une fuite néceffaire que les prifes à partie
qui s'intentent dans ces deux cas , doivent fe

porter aux mêmes Cours ; & c'est à quoi sont conformes l'art. 47 de l'Ordonnance de Blois, & l'Arrêt de la Cour du 9 Mars 1714, ci-dessus cité.

Les prises à partie contre les Prévôts des Maréchaux doivent être portées aux Sieges Présidiaux. C'est la disposition précise de la Déclaration du Roi du 23 Septembre 1678, (rapportée au nouveau Recueil, tom. 1, pag. 398) qui ordonne : » Que les Accusés contre lesquels les » Prévôts des Maréchaux auront reçu plainte, » informé & décrété, ne pourront se pourvoir » avant le Jugement de compétence, sous pré» texte de prise à partie ou autrement contre les» dits Prévôts, soit pour avoir instrumenté hors » leur ressort, ou fait Chartres privées, que par» devant les Juges du Présidial qui doit juger la » compétence desdits Prévôts, auquel Présidial » ils pourront proposer ces deux cas comme » moyens de récusation, pour y être jugés con» formément à l'article 16 du tit. 2 de l'Ordon» nance de 1670.

Dans le cas où l'on doit se pourvoir en la Cour sur la prise à partie pour obtenir Arrêt qui le permette, cet Arrêt s'obtient sur requête & sur les conclusions du Procureur Général, & & il ne suffiroit pas alors d'obtenir en Chancellerie des Lettres où la clause d'intimation & de prise à partie seroit insérée. Il y a à ce sujet un Arrêt de Réglement rendu en la Cour le 4 Mai 1693, rapporté au nouveau Recueil tom. 1, pag. 131, qui défend aux Procureurs de la Cour & autres d'insérer cette clause dans les reliefs d'appel qu'ils obtiendront dans la Chancellerie du Parlement, à peine de nullité. Cet Arrêt ajoute qu'ils doivent alors se pourvoir par requête, & obtenir un Arrêt qui leur permette de prendre les Juges à partie.

Au reste, quoiqu'une Partie ait obtenu un Arrêt qui lui permette de prendre un Juge à partie, elle n'en est souvent pas plus avancée ; & il arrive tous les jours qu'avec cette permission elle succombe.

3. *Aux dépens, dommages & intérêts.*] Tels qu'ils résulteront de la rétardation du Jugement du Procès. (Voyez la Loi 15. *ff. de Judiciis.*] On peut aussi présenter requête pour évoquer & faire juger le principal par le même moyen.

4. *S'ils sont déclarés bien intimés.*] Quoique l'Ordonnance ne parle dans ce titre que du cas de déni de Justice pour lequel on peut prendre un Juge à partie, comme étant celui qui peut y donner lieu plus fréquemment, il y a néanmoins encore plusieurs autres cas pour lesquels ces prises à partie peuvent avoir lieu. Cela arrive en général toutes les fois qu'il y a du dol, de la fraude, ou de la collusion de la part du Juge ; (Ordonnance du mois de Décembre 1540, art. 2, rapportée par Fontanon en son Recueil d'Ordonnances, tome 1, liv. 1, tit. 5. Ordonnance de Blois, art. 247,) ce qu'on a coutume ordinairement d'expliquer par ces mots, *si per fraudem, gratiam, inimicitias, aut sordes, aut dolo malo* L. 15 §. *Judex, ff. de Judiciis,* & L. 40. §. 1. *ff. eod. titulo.*

Sous le mot de *dol* ou *fraude*, on comprend, 1°. L'abus d'autorité ; comme lorsque le Juge excede son pouvoir, en connoissant des affaires qui ne sont point de sa compétence. (*Suprà* tit. 6, art. 1, & tit. 8, art. 8 ; &c. Voyez aussi l'Ordonnance de 1670, tit. 1, art. 4 & 16, & tit. 2, art. 1.)

Ou en arrêtant le cours de la Justice, soit par la voie du déni, ainsi qu'il vient d'être dit, soit en empêchant l'exécution des Arrêts par des défenfes ou Jugements contraires. (*Infrà*, tit. 17, art. 6.)

2°. Si le Juge rend fon Jugement par paffion, ou par haine, ou par crédit. (*L.* 15. §. 1 , *ff. de Judiciis.*)

Ou s'il s'eft laiffé corrompre par faveur ou par argent. *L. eadem* §. *ff. de Judiciis.*

Ou s'il eft coupable de concuffion.

Sous le mot de *concuffion*, on comprend toute taxe injufte, & tous droits illégitimes que le Juge peut percevoir dans les fonctions de fon Office ; comme fi d'autres Juges que ceux des Cours vouloient juger des procès par Commif-faires. (Ordonnance de Blois, article 135. Edit du mois de Mars 1637, article 20, rapporté au nouveau Recueil, tome 1, page 222.)

S'ils fe taxent des vacations par excès. (Or-donnance de Rouffillon, article 31.)

A quoi on peut ajouter les autres cas dont il eft parlé en la préfente Ordonnance, *fuprà*, tit. 6, art. 2 & 3 ; tit. 17, art. 10 ; tit. 21, art. 1, & en l'Ordonnance Criminelle de 1670, tit. 14, article 16. Voyez auffi *fuprà*, titre 21, ar-ticle 15.

Hors les trois cas ci-deffus, on n'admet point à prendre les Juges à partie. (Voyez Mornac fur la loi 15, §. 1. *ff. de Judiciis.*)

L'erreur même de *fait* ou de *droit*, & la con-travention aux Ordonnances dans des cas qui ne font point renfermés dans les trois précédents, ne feroient pas un moyen de prife à partie, à moins que cette contravention ne fût affectée & inexcufable ; & c'eft ainfi qu'on doit entendre l'art. 8, du tit. 1 ci-deffus, page 114. (Voy. l'Or-donnance de Blois, art. 147.)

Il faut auffi obferver que fi un Juge par fa Sentence avoit caufé un préjudice notable à l'une des Parties, *v. g.* en recevant une caution

G iij

insolvable sans avoir auparavant obligé cette
caution de justifier de sa solvabilité ; ou en élar-
gissant de son propre mouvement un prisonnier
pour dettes , ou en donnant main-levée d'une
saisie d'effets , qui feroit perdre la dette au Créancier , il pourroit être pris à partie.

Les nullités que les Juges d'instruction com-
mettent dans l'expédition des procès civils ou
criminels , ne sont pas non plus un cas de prise à
partie : le Juge ou Commissaire en est quitte
alors pour payer les frais de la procédure qui
doit être recommencée à ses dépens. (Voyez
suprà , tit. 22 , art. 36 , & Ordonnance de 1670,
tit. 15 , art. 24.) Ce qui s'ordonne le plus souvent d'office & sans instruction , sur-tout en matiere criminelle , ou sur la simple réquisition des
Parties intéressées.

Mais si la faute ou erreur de *fait* ou de *droit*
commise par le Juge étoit grossiere & considérable , elle pourroit donner lieu à la prise à partie ; *Quia lata culpa dolo aequiparatur. L.* 226. *ff.
de verbor. significatione.*

Ainsi en matiere criminelle , un Juge qui décrèteroit de prise de-corps un domicilié pour raison d'un crime qui ne mériteroit aucune peine
afflictive ni infamante , seroit bien pris à partie.
(Voyez l'Ordonnance de 1670 , tit. 10 , art. 19.)

Il en est de même d'un Juge qui décrèteroit
quelqu'un , soit de prise-de-corps , soit d'ajour-
nement personnel , sans une preuve suffisante ,
sur-tout si c'étoit un Officier qui , par le moyen
de ce décret , se trouvât interdit de ses fonctions:
car alors il seroit juste que celui-ci obtînt par la
voie de la prise à partie , la réparation du tort &
de l'injure qu'il a soufferts par l'emprisonnement
& l'interdiction.

C'est par la même raison que les Procureurs
du Roi & Fiscaux sont bien pris à partie dans le

cas d'accusation calomnieuse. (Arrêt du 11 Octobre 1556, rapporté par Papon, liv. 19, tit. 8, n. 9, ce qui résulte aussi de la disposition de l'art. 7 du tit. 3 de l'Ordonnance de 1670.)

Voyez pour les cas où les Juges sont tenus des dommages & intérêts des Parties, outre ceux dont il vient d'être fait mention.

1°. La présente Ordonnance, tit. 6, art. 2 & 3; tit. 11, art. 15; tit. 17, art. 10; tit. 21, art. 2 & 19, & tit. 35, art. 42.

2°. L'Ordonnance de 1670, tit. 2, art. 9, 13, 18, 19, 20 & 21; tit. 6, art. 9, 11 & 12; tit. 10, art. 16; tit. 12, art. 2 & 4; tit. 13, art. 34; tit. 14, art. 13 & 16; tit. 16, art. 13; tit. 17, art. 11 & 27; tit. 18, art. 6 & 9, & tit. 25, art. 14.

Sur quoi il faut observer que ce que le Juge a reçu contre l'équité peut être répété contre ses héritiers. (Voyez Coquille, question 8. Ainsi jugé par un Arrêt notable de la Tournelle du 30 Janvier 1683.)

A R T I C L E V.

Le Juge qui aura esté intimé *ne pourra estre Juge du différend* (1), à peine de nullité, & de tous dépens, dommages & intérêts des Parties, *si ce n'est qu'il ait esté follement intimé* (2), ou que l'une & l'autre des Parties *consentent qu'il demeure Juge* (3); & sera procédé au Jugement par autre des Juges *& Praticiens du Siege* (4) non suspects suivant l'ordre du Tableau; si mieux n'aime l'autre Partie attendre *que l'intimation soit jugée* (5).

G iv

1. *Ne pourra être Juge du différend.*] C'est-à-dire, de la Cause ou du Procès , pour raison duquel il a été pris à partie , afin que le Juge ne puisse alors être présumé avoir opiné par passion , dont un Juge ne doit pas même être soupçonné.

2. *Si ce n'est qu'il ait été follement intimé.*] Dans ce cas la Partie qui a follement intimé le Juge , est condamnée non-seulement aux dépens , dommages & intérêts envers le Juge , (Procès-verbal de l'Ordonnance , page 363 ,) mais encore en l'amende de cent livres applicable moitié au Roi , & moitié au Juge ; pour la seconde fois , en une amende double avec infamie ; & pour la troisieme , en une peine corporelle outre l'amende. (Ordonnance du mois de Décembre 1540 , art. 2 , rapportée par Fontanon en son recueil d'Ordonnances , tome 1 , liv. 2 , tit. 5.) Voyez ci-dessus, titre 24 , art. 29 & 30 , la peine ordonnée contre ceux qui récusent mal-à-propos les Juges.

3. *Consentent qu'il demeure Juge.*] Comme ci-dessus tit. 24 , art. 26 , avec les notes , page 134. Il semble que ce consentement doit être par écrit , & qu'il ne suffit pas qu'il soit verbal. Argument tiré de l'art. 1 du tit. 24 , ci-dessus. (Voyez cet art. page 106.)

4. *Et Praticiens du Siége.*] Voyez *suprà* , tit. 24 , art. 25 , note 3 , page 133.

5. *Que l'intimation soit jugée.*] Comme ci-dessus tit. 24 , art. 26 , page 134.

Car la prise à partie , de même que la récusation , ne suspend pas le Jugement , ni même l'instruction de la cause au fond , si ce n'est à l'égard du Juge pris à partie. (Voyez ce qui a été dit touchant l'effet des récusations , ci-dessus tit. 24 , art. 22 , note 1 & 2 , page 130 , & au même tit. art 26 , aux notes , page 135 , qui doit recevoir ici son application.)

TITRE XXVI.

De la forme de procéder aux Jugements, & des prononciations.

ARTICLE PREMIER.

LE jugement *de l'Instance, ou* Procès (1) *qui sera en estat* (2) de juger, *ne sera différé par la mort des Parties* (3) *ni de leurs Procureurs* (4).

1. *De l'Instance, ou* Procès.] Il en est de même des Causes qui sont appointées sur le Bureau pour en être délibéré.

2. *Qui sera en état*.] Un Procès ou Instance n'est point entièrement en état, quand il y manque une seule signification d'écritures. (Voyez le Procès-verbal de l'Ordonnance, page 364.) Il faut pour qu'il soit en état, que les forclufions soient acquises, que toute l'instruction soit faite, & qu'il ne soit plus question que de juger.

Dans les Causes verbales & non appointées, la mort des Parties ne peut pas non plus empêcher le Jugement de l'affaire, (si d'ailleurs elle est en état,) lorsque les héritiers ou ayant cause du décédé ont constitué Procureur ; & il suffit en ce cas qu'ils fassent plaider la Cause, sans être obligés de faire aucune autre procédure. (Voyez *infra*, art. 2, note 4.)

3. *Ne sera différé par la mort, &c.*] Parce-

G v

qu'alors les Parties n'ont plus befoin de Défenfeurs, dès que le procès eft en état.

4. *Ni de leurs Procureurs.*] Il en eft de même quand le Procureur a quitté ou réfigné fon Office, ou qu'il vient à être interdit.

ARTICLE II.

Si la Caufe, Inftance ou Procès (1) n'eftoient en eftat, les procédures faites & les jugemens intervenus *depuis le décés de l'une des Parties* (2) ou du Procureur, ou quand le Procureur ne peut plus poftuler, foit qu'il ait réfigné, *ou autrement* (3), feront nulles, *s'il n'y a reprife* (4) *ou conftitution de nouveau Procureur* (5).

1. *Si la Caufe, Inftance ou Procès.*] Voyez l'explication de ces mots ci-deffus en l'art. 1 du tit. 6, aux notes, page 182.

2. *Depuis le décès de l'une des Parties.*] Il en eft de même du changement d'état, qui fe fait lorfque l'une des Parties eft fille ou veuve, & qu'elle vient à fe marier.

Mais fi une Partie qui plaide en matiere réelle pour raifon d'un héritage dont elle eft propriétaire, vient à aliéner cet héritage, les procédures qui continuent d'être faites contre cette Partie, ne laiffent pas d'être valables, jufqu'à ce que le nouvel Acquéreur ait paru en Caufe; auquel cas il peut fe faire fubroger aux droits de fon Vendeur ou Cédant, & continuer la procédure fur une fimple requête verbale, fans être obligé d'appeller pour cela les Parties en Juftice. (Argument tiré des articles 15 & 16, du titre 15 ci-deffus.) Le Vendeur ou Cédant ne peut néanmoins en ce cas demander à être n.is hors de Cause par rapport aux dépens faits de son temps, auxquels il pourra être condamné , s'il vient à être jugé en diffinitive , qu'il avoit formé une mauvaise contestation ; mais il peut demander, en restant en Cause , qu'il ne lui soit rien signifié , en offrant de payer les dépens faits de son temps , s'il y a lieu , & au cas que l'Acquéreur ou Cessionnaire de l'héritage vienne à perdre sa Cause. (Voyez *suprà*, la note 1 , sur l'art . 10 du tit. 8 , page 214.)

On prétend néanmoins que c'est une regle générale que la reprise n'appartient qu'aux héritiers ou successeurs à titre universel qui représentent la personne , & qu'elle n'appartient pas aux successeurs à titre singulier, tels que sont les acquéreurs, donataires ou légataires particuliers, & que ceux-ci ne peuvent qu'intervenir ; & que cependant s'ils reprennent au lieu d'intervenir , ils prennent sur eux tout le faix du Procès, & courent le risque d'être condamnés en tous les dépens, ainsi qu'il s'observe à l'égard d'un successeur à un bénéfice, s'il reprend le procès de son prédécesseur ; au lieu que s'il ne fait qu'intervenir , il doit être condamné seulement aux dépens de son temps. La Partie adverse ne peut pas s'opposer à cette reprise , parcequ'elle lui acquiert une sûreté de plus , par rapport aux dépens du procès. Néanmoins il y a des cas où elle pourroit y former opposition, comme si elle vouloit conserver tous ses droits vis-à-vis du demandeur ou du défendeur originaire , & exercer quelques exceptions personnelles contre le successeur à titre singulier , qu'elle craindroit de laisser couvrir en approuvant l'acte de reprise.

Au reste quoique les donataires ou légataires universels aient droit de reprendre , néanmoins les héritiers ne peuvent demander à être mis hors

G vj

de caufe, par rapport aux dépens faits du temps
du défunt.

3. *Ou autrement.*] Comme s'il eft interdit, ou
quand il y a fcellé fur fes effets ou fur fa Pratique; (ainfi jugé par Arrêt du Parlement du 2
Décembre 1706, R. au Journal des Audiences.)
Mais il n'eft pas de même dans le cas où le Procureur vient à être révoqué : car cette révocation
n'a fon effet, que lorfque la Partie qui l'a révoqué en conftitue un autre; ce qui a été établi, afin qu'il ne dépendît point d'une Partie
d'éloigner par ces fortes de révocations le Jugement du procès. (Ordonnance d'Abbeville, article 182. Arrêt du 15 Décembre 1664, rapp or-
té par Boniface, tome 1, liv. 1, tit 19, n. 8.)
Sur cette queftion de reprife d'inftance, Voyez
le Grand fur la Coutume de Troies, tit. 11, art.
200, page 324.

4. *S'il n'y a reprife.*] C'eft-à-dire, reprife
par les héritiers, Donataires ou Légataires univerfels, ou par le mari de la femme qui s'eft
mariée, ou par la femme devenue veuve, &
commune en biens, lorfqu'elle n'étoit point en
Caufe auparavant.

Dans les affaires qui intéreffent les Corps &
Communautés qui ont des Syndics, ou les Fabriques qui ont des Marguilliers, qui ne font
nommés que pour un temps, on ne doit point
affigner en reprife d'Inftance les nouveaux Syndics & Marguilliers. (Il y a à ce fujet un acte de
notoriété du Châtelet de Paris du 21 Juin 1714.)

La reprife d'Inftance dans les Cours fe fait au
Greffe par une déclaration faite par le Procureur
des Parties qui reprennent, qu'il reprend l'Inftance ou Procès au nom de ces Parties au lieu du
défunt, &c. & offre de procéder fuivant les anciens errements. Cette déclaration doit être fignifiée à la Partie adverfe; & lorfqu'elle fe fait

volontairement, il n'eft pas befoin d'obtenir un Jugement qui tienne l'Inftance pour reprife.

Il faut même obferver qu'il n'eft pas abfolument néceffaire que ces fortes de reprifes fe faffent au Greffe, & qu'il fuffit que la Partie qui veut reprendre, le déclare aux autres Parties de l'Inftance par un fimple acte, lequel vaut alors reprife; après quoi cette Partie peut procéder fur cette Inftance fuivant les derniers errements. (Voyez le nouveau Réglement du Confeil du 28 Juin 1738, touchant la procédure du Confeil, part. 2, tit. 7, art. 22.)

Dans les Siéges, autres que les Cours, il n'eft pas néceffaire que la reprife d'Inftance foit faite au Greffe; elle fe fait par un acte fignifié au Procureur adverfe pour la Partie qui reprend.

Lorfque le Demandeur en la Caufe vient à décéder avant que le Défendeur ait comparu fur l'affignation qui lui a été donnée, les héritiers, fucceffeurs ou ayants caufe de ce Demandeur, peuvent prendre un Jugement par défaut contre ce Défendeur, en faifant préalablement au Greffe un acte de reprife de la demande formée par celui qu'ils repréfentent. (Même Réglement du Confeil, *ibidem*, art. 23.)

Et fi toutes les Parties qui fe font préfentées en l'Inftance étoient décédées, ceux qui veulent la reprendre, font cenfés l'avoir reprife fans aucun acte ni procédure, en obtenant un Jugement pour obliger les héritiers des autres Parties de l'inftance à la reprendre, ou en les faifant affigner à cet effet. (Voyez *ibidem*, titre 7, art. 24.)

En cas que la partie adverfe eftime qu'il n'y a pas lieu à la reprife d'inftance de la part des Parties qui ont repris, elle peut former oppofition à l'acte de reprife, & porter la Caufe à l'Audience, ainfi qu'il fe pratique à l'égard de tous les autres incidents qui regardent l'inftruction.

Si la veuve ou les héritiers, ou autres Parties qui doivent reprendre, ne le font point, il faut les assigner à cette fin ; mais on ne peut suivre l'ancienne Instance, à moins qu'elle n'ait été reprise volontairement, ou qu'il ait été ordonné qu'elle demeurera pour reprise par la veuve ou les héritiers, en vertu d'un Jugement rendu à cet effet. On instruit sur cette assignation comme sur toutes les autres demandes, & dans les mêmes délais.

Il faut néanmoins observer, que si la Partie décédée avoit signifié des défenses, ou produit avant font décès, on ne pourra alors prendre contre les partie assignées en reprise d'Instance aucun défaut faute de défendre, ni aucun Jugement par forclusion faute d'avoir produit, parce que la Partie décédée ayant satisfait à cette formalité, il seroit inutile de le faire de nouveau.

Il faut aussi observer, qu'il suffit par Exploit d'assignation de donner copie du dernier acte de la procédure. Cette copie est nécessaire pour savoir si l'instance est périe ou non.

Au surplus il n'est pas nécessaire, de même que dans le cas où l'on reprend volontairement, que la reprise qui se fait sur cette assignation, se fasse au Greffe ; mais si les Parties assignées avoient procédé volontairement, l'Instance seroit tenue pour reprise, en vertu du premier acte que ces Parties auroient signifié. (Voyez le nouveau Réglement du Conseil de 1738, partie 2, tit. 7, art. 11.)

Lorsque les héritiers font Mineurs, & n'ont point de Tuteur, il faut commencer par leur en faire donner un par le Juge, & ensuite agir contre le Tuteur pour la reprise d'Instance en la maniere ordinaire.

Si la veuve ou les héritiers demandent délai pour délibérer, il faudra observer ce qui est porté

au tit. 7, ci-deſſus, art. 2, & ſuivants. (Voyez
ces art. avec les notes pag. 203.)

S'il n'y a ni héritiers ni ſucceſſeurs qui repréſentent le defunt, on fait créer un Curateur à
ſa ſucceſſion vacante, avec lequel l'Inſtance eſt
tenue pour repriſe.

5. *Ou conſtitution de nouveau Procureur.*] La
Partie dont le Procureur ne peut plus poſtuler,
peut en conſtituer un nouveau à la place du
premier, mais lorſqu'elle ne le fait point, la
Partie adverſe doit l'aſſigner afin de faire cette
conſtitution, & ſuivre cette aſſignation comme
toutes les autres. Si la Partie aſſignée fait défaut, il faudra, dans le cas où il s'agit d'une
Cauſe non ſommaire, le lever & faire juger;
& pour le profit, les concluſions du Demandeur en conſtitution de nouveau Procureur lui
ſeront adjugées, ſi elles ſont juſtes & bien vérifiées. (Voyez ci-deſſus tit. 3, art. 5, pag. 158.)
Mais s'il s'agit d'une affaire ſommaire; il faudra
ſuivre ce qui eſt marqué en l'art. 7 du tit. 17,
ci-deſſus, pag. 357.

Lorſqu'on fait aſſigner en conſtitution de nouveau Procureur, il ne doit point être donné copie du dernier errement de la procédure, à la
différence de ce qui s'obſerve dans les aſſignations en repriſe d'Inſtance.

Dans les Juriſdictions & cauſes où l'on peut
ſe paſſer du miniſtere des Procureurs, il n'eſt pas
néceſſaire que la Partie qui avoit conſtitué un
Procureur (qui vient à décéder ou a réſigner)
en conſtitue un nouveau, ſi elle veut ceſſer de
ſe ſervir du miniſtere de ces Officiers. Il ſuffit
alors que cette Partie ſe préſente elle même ſur
cette aſſignation, & éliſe domicile dans le l'eu
de la Juriſdiction, dans le cas où elle eſt De-
mandereſſe. (Voyez ce qui a été dit à ce ſujet,
tit. 17, art. 7, ci-deſſus, avec les notes, pag.

357.) Elle peut même se présenter & faire cette élection de domicile, sans attendre qu'elle soit assignée.

L'action en reprise d'instance, ou en constitution de nouveau Procureur, se prescrit par trente ans, comme toutes les autres actions.

Outre le changement qui peut arriver dans l'Instance par le décès de la Partie, ou par celui du Procureur, il peut aussi en arriver dans les Procès par écrit de la part du Rapporteur, quand le Procès est distribué.

Lorsque cela arrive, & que le Rapporteur vient à décéder, ou à résigner son Office, ou à se déporter de la connoissance de l'affaire; il faut faire distribuer le Procès de nouveau, & que la Partie qui veut aller en avant, en signifie l'acte au procureur adverse.

L'article 5 du tit. 14, part. 2, du nouveau Réglement touchant la procédure du Conseil du 28 Juin 1738, porte : » Que dans le cas où il » y aura changement de Rapporteur, les Avo- » cats des Parties seront tenus de faire les dili- » gences nécessaires pour obliger les Clercs des » Rapporteurs ou leurs héritiers à remettre le » Procès au Greffe ; faute de quoi, eux, leurs » héritiers ou ayants cause, demeureront ga- » rants & responsables en leur propre & privé » nom envers les Parties pendant trente ans de » la perte desdites pieces, & des dommages & » intérêts qui en pourroient résulter.

Cet article peut recevoir son application à l'égard des Procureurs des Cours, Bailliages & autres Justices.

ARTICLE III.

Le Procureur *qui sçaura le décéds* (1) *de sa Partie* (2), *sera tenu* (3) de le faire ſignifier à l'autre , & *ſeront les pourſuites valables* (4) juſques au jour *de la ſignification du décéds* (5).

1. *Qui ſçaura le décès.*] Il en eſt de même ſi la Partie avoit changé d'état , comme une fille ou veuve qui viendroit à ſe marier , &c. (Voyez la note 2 , ſur l'article précédent , pag. 154.

2. *De ſa Partie.*] La mort ou le changement d'état du Procureur ne pouvant être ignorés dans la Juriſdiction , n'ont pas beſoin d'être juſtifiés au Procureur adverſe.

3. *Sera tenu.*] Mais il faut des preuves par écrit , comme il ſavoit le décès de ● Partie , & en avoit été averti.

4. *Et ſeront les pourſuites valables.*] *Quid ?* s'il intervient alors Sentence , ſera-t-elle valable tant que le décès de la Partie n'a point été ſignifié ? Il ſemble qu'on doit dire que non , parceque c'eſt un Jugement rendu *contra non exiſtentem* ; & l'on prétend qu'il a été ainſi jugé par un Arrêt de la Cour des Aides.

Si le Jugement eſt rendu en faveur du défunt , il paroît qu'il doit être valable ſuivant la Loi : *Cum quaſi* in pr. ff. *de fideicomm. liber* , parceque la diſpoſition portée en cet article 3 de l'Ordonnance a été introduit uniquement en faveur du condamné ou de ſes héritiers , qu'on peut croire avoir été mal défendus : or , ce qui a été introduit en faveur de quelqu'un , ne peut être rétorqué contre lui. (Voyez Deſpeiſſes , tom. 2 , tit. 11 , ſect. 2 , n. 20)

5. *De la ſignification du décès.*] Mais depuis la ſignification du décès toutes les procédures ſont nulles , juſqu'à ce qu'il y ait repriſe d'inſtance par le mari , la veuve commune en biens , ou par les héritiers.

ARTICLE IV.

Si celui à qui la signification du déceds a esté faite, soutient que la Partie n'est décédée, il pourra continuer sa procédure ; mais si le déceds se trouve véritable, tout ce qui aura esté fait depuis la signification, *sera nul & de nul effet* (1), sans que les frais puissent entrer en taxe, ni mesme estre employez par le Procureur & sa Partie dans son mémoire de frais & salaires, si ce n'est qu'elle eust donné un pouvoir spécial, & par écrit, de continuer la procédure nonobstant la signification du déceds.

1. *Sera nul & de nul effet.*] Comme fait au préjudice du décès de la Partie, & de la signification qui en a été faite.

ARTICLE V.

Celui qui aura presidé (1), verra à l'issue de l'Audience, ou dans le même jour, ce que le Greffier aura rédigé, *signera le plumitif* (2) *& paraphera* (3) chacune Sentence, Jugement ou Arrest.

1. *Celui qui aura présidé.*] Même celui qui a présidé à une cause particuliere en cas de parenté, ou autre empêchement de celui qui préside ordinairement.

2. *Signera le plumitif.*] L'Ordonnance en-

tend ici par plumitif le regiftre fur lequel le Greffier rédige la Sentence, quoique dans la plupart des Sieges ce terme foit employé pour fignifier le regiftre fur lequel les Greffiers écrivent les Jugements par abrégé & pour la premiere fois, à mefure qu'ils font prononcés, avant qu'ils foient tranfcrits & mis au net fur le regiftre ordinaire des Sentences, qui eft celui dans lequel le Juge vife & paraphe chaque Sentence.

3. *Et paraphera*] Et au cas que le Greffier ait omis quelque chofe, ou rédigé le Jugement autrement qu'il n'a été prononcé, le Juge, avant de le vifer, aura foin de le faire réformer, d'approuver les ratures & de parapher les renvois.

Lorfque les Jugements n'ont pas été ainfi vifés, le Greffier n'en peut délivrer d'expédition. (Ordonnance du mois de Juillet 1493, art. 6.

Il faut auffi obferver que les Greffiers font tenus d'écrire à la fin des Jugements d'Audience qu'ils expédient, les noms des Juges qui y ont affifté, foit que le Jugement ait été rendu préfidialement & en dernier reffort, ou à la charge de l'appel, à peine de faux, nullité, & de tous dépens, dommages & intérêts, dont ils demeureront refponfables envers les Parties. (Arrêt de la Cour du 10 Juillet 1665, art. 27 : Edit des Préfidiaux, art. 6.

Article VI.

Toutes Sentences, Jugemens ou Arrefts fur productions des Parties, qui condamneront à des intérefts, ou à des arrérages, en contiendront *les liquidations ou calcul* (1).

1. *Les liquidations ou calcul.*] Mais fi la Sen-

tence eſt rendue à l'Audience, il ſuffit que le
Juge en prononçant condamne le Défendeur au
paiement des intérêts par lui dus, à compter du
jour de la demande.

A l'égard des dépens, voyez ce qui eſt marqué dans les art. 32 & 33 du tit. 31 ci-après.

ARTICLE VII.

Abrogeons en nos Cours, & dans toutes Juriſdiƈtions, *les formalitez des prononciations des Arreſts & Jugemens* (1),
& des ſignifications pour raiſon de ce,
ſans que les frais puiſſent entrer en taxe,
ni dans les mémoires de frais & ſalaires
des Procureurs.

1. *Les formalités des prononciations des Arrêts
& Jugements.*] Il · a encore des Sieges où l'on
fait cette prononciation, ou du moins dans leſquels on fait mention au bas des Sentences qu'elles ont été prononcées aux Parties, quoiqu'en
effet elles ne l'aient pas été : c'eſt un double
abus.

ARTICLE VIII.

Les Sentences, Jugemens & Arreſts (1)
ſeront dattez (2) *du jour qu'ils auront eſté
arreſtez* (3), ſans qu'ils puiſſent avoir
d'autre date, *& ſera le jour de l'Arreſt* (4)
écrit de la main du Rapporteur *enſuite du*
diƈtum *ou diſpoſitif* (5) *avant que de le
mettre au Greffe* (6), à peine des dépens,
dommages & intérêts des Parties.

1. *Les Sentences , Jugements & Arrêts.*] Tant ceux rendus en l'Audience qu'en procès par écrit.

2. *Seront datés.*] Autrement ils ne peuvent faire foi.

3. *Du jour qu'ils auront été arrêtés.*] S'ils font rendus fur inftance & procès par écrit ; & du jour de la prononciation, s'ils font rendus à l'Audience.

4. *Et sera le jour de l'Arrêt , &c.*] C'est-à-dire , que dans les Sentences & autres Jugements rendus en procès par écrit , le jour auquel ils ont été arrêtés & rendus doit être écrit de la main du Rapporteur enfuite du *dictum* , &c.

5. *Enfuite du* dictum *ou difpofitif.*] Ce *dictum* doit être écrit de la main du Rapporteur , qui doit mettre en marge les noms de ceux qui ont affifté au Jugement. (Ordonnance de Moulins , art. 36; Ordonnance de 1629 , art. 84.)

6. *Avant que de le mettre au Greffe.*] Lorfque ce *dictum* a été remis au Greffe , le Greffier dreffe la minute du Jugement fur ce *dictum* , & fur le vû du Rapporteur , fi ce vû a été fait par lui ; & enfuite cette minute doit être fignée de tous les Juges qui ont été préfents au Jugement , s'il s'agit d'une Sentence, même rendue préfidialement. (Arrêt du premier Septembre 1629 , rapporté par Filleau , tom. 1 , page 151 , & autres. Edit d'Ampliation des Préfidiaux du mois de Mars 1551, art. 46.) Mais s'il s'agit d'un Arrêt, il fuffit qu'il foit figné du Préfident & du Rapporteur. (Ordonnance de Moulins , art. 64.) Les Greffiers ne peuvent délivrer d'expéditions des Jugements , à moins qu'ils n'aient été ainfi fignés , à peine de privation de leur état. (Ordonnance de Moulins , art. 64. Voyez la Rocheflavin , traité des Parlements, liv. 2, chap. 8 & 9 , art. 67 & 68.)

TITRE XXVII.

De l'exécution des Jugements.

ARTICLE PREMIER.

CEUX qui auront esté condamnez par Arrest ou Jugement, *passé en force de chose jugée* (1), à délaisser la possession d'un héritage, *seront tenus de ce faire* (2) quinzaine après la signification de l'Arrest ou Jugement faite à personne ou domicile, à peine de deux cents livres d'amende, moitié envers Nous & moitié envers la Partie, qui ne pourra estre remise ni modérée.

1. *Passé en force de chose jugée.*] Voyez l'explication de ces mots, *infra*, art. 5.

Il sembleroit aux termes de cet article, que l'obligation de délaisser n'a pas lieu à l'égard de ceux qui n'ont été condamnés que par provision à faire ces sortes de délais, *v. g.* en matiere de complainte, &c. cependant ce sont les mêmes raisons ; mais ce qui fait que l'Ordonnance n'en parle point ici, c'est qu'elle s'est suffisamment expliquée à cet égard au titre des complaintes, art. 7. Et à l'égard des autres cas où l'on est condamné par provision à délaisser la possession d'un héritage, elle s'en est aussi suffisamment expliquée au titre des Matierrs Sommaires, article 15. (Voyez le Procès-verbal de l'Ordonnance page 419, art 9.)

2. *Seront tenus de ce faire.*] A peine d'y être condamnés par corps. (*Infrà*, art. 3.)

ARTICLE II.

Les Arrests ou Sentences ne pourront estre signifiez à la Partie, s'ils n'ont esté *préalablement signifiez* (1) *à son Procureur* (2), *en cas qu'il y ait Procureur consti-tué* (3).

1. *Préalablement signifiés.*] Les Jugements qui ont été rendus contradictoirement à l'Audience entre les Parties, n'ont pas besoin d'être signi-fiés, même à Procureur, & ils ont tout leur effet dès l'instant qu'ils ont été prononcés, à moins qu'ils ne gissent en exécution, c'est-à-dire, à moins qu'il ne s'agisse de faire quelque pour-suite en conséquence, & qu'on veuille poursui-vre cette exécution contre la Partie condamnée. Mais à l'égard des Jugements rendus par défaut à l'Audience, même ceux rendus sur productions respectives des Parties en procès par écrit, ils n'ont effet que du jour qu'ils ont été signifiés à domicile de Procureur, en cas que la Partie en ait constitué un, sinon au domicile de la Partie. (*Infrà*, tit. 36, art. 11.)

Cette signification ne doit être faite qu'aux Parties qui ont un intérêt opposé à celui de la Partie qui fait la signification, ou à leurs Pro-cureurs. (Voy. ci-dessus, tit. 14, art. 12, n. 3, pag 317.)

Au reste on ne peut signifier aucun Jugement qu'il n'ait été expédié par le Greffier en forme, ou du moins par extrait. (Voyez les Réglemens touchant les Greffes, & en particulier celui du 4 Juin 1615, rendu pour le Bailliage d'Orléans, art. 9, 10, 11, 12, 13 & 14, rapporté dans le second tome de Néron, pag. 548 de l'édition de 1720.)

2. *Signifiés à son Procureur.* Un Arrêt du Conseil rendu contre une Partie, ne peut être mis contre elle à exécution, s'il n'a été préalablement signifié à l'Avocat au Conseil qui aura occupé pour cette Partie, & ce quand même il auroit été signifié à cette partie, à peine de nullité de toutes les procédures & exécutions qui seront faites avant la signification de l'Arrêt audit Avocat. (Voyez le nouveau Réglement touchant la procédure du Conseil du 28 Juin 1738, part. 2, tit. 13, art. 9.)

Cette disposition a été établie, afin que le Procureur puisse mieux veiller à l'intérêt de sa Partie, comme étant plus en état de la défendre qu'elle-même.

Si le Procureur vient à décéder ou à résigner, &c. avant que le Jugement lui ait été signifié, en ce cas il faudra signifier le Jugement au domicile de la Partie ; (Voyez le même Réglement du Conseil, *ibidem*, art. 9,) ce qui a pareillement lieu dans le cas où la Partie n'auroit pas constitué en tout de Procureur.

3. *En cas qu'il y ait Procureur constitué.*] Ainsi quand le Procureur est décédé depuis le Jugement rendu, & avant qu'il lui ait été signifié, la signification peut en être faite au domicile de la Partie ; ce qui résulte de la disposition de l'article 2, du titre 26 de cette Ordonnance.

ARTICLE III.

Si quinzaine après la premiere sommation

tion , les Parties n'obéissent à l'Arrest ou Jugement , *ils pourront estre condamnez par corps* à (1) délaisser la possession de l'héritage , & en tous les dommages & intérests de la Partie.

1. *Ils pourront être condamnés par corps.*] La contrainte par corps & l'amende de 200 livres dont il est parlé en l'article ci-dessus , sont deux peines différentes , & qui ne s'excluent point. L'amende est pour obliger le détenteur de l'héritage à délaisser dans la quinzaine du jour de la signification du Jugement , & de la sommation qui lui est faite de délaisser. Mais la contrainte par corps ne s'ordonne que contre ceux qui persistent dans leur contumace après la quinzaine expirée.

ARTICLE IV.

Si l'héritage est éloigné de plus de dix lieües du domicile de la Partie , il sera adjouté au délai ci-dessus *un jour pour dix lieues* (1).

1. *Un jour pour dix lieues.*] Voyez la note 3 , sur l'art. 3 du tit. 3 ci-dessus.

ARTICLE V.

Les Sentences & Jugemens qui doivent passer en force de chose jugée , sont ceux rendus en dernier ressort , & dont il n'y a appel , ou dont l'appel n'est pas recevable , soit que les Parties *y eussent*

Tome II.   H

formellement acquiefcé (1) , *ou qu'elles n'en euffent interjetté appel dans le temps (2), ou que l'appel ait efté déclaré péri* (3).

1. *Y euffent formellement acquiefcé.*] Il n'eft pas befoin pour cela d'un acquiefcement formel ; il fuffit qu'il puiffe fe préfumer par la conduite de la Partie , comme fi cette Partie demande du temps pour payer , ou pour exécuter la Sentence de condamnation , même après l'appel qu'elle auroit interjetté ; (Voyez la loi 5. code *de judiciis.*) fi ce n'eft dans le cas où la Sentence feroit exécutoire par provifion afin d'éviter des contraintes, mais en proteftant. (Voy. la loi 5 , au code *de re judiciis.*)

Celui qui fignifie une Sentence fans fe réferver le droit d'en appeller , eft cenfé l'approuver en entier , & on peut lui oppofer une fin de non-recevoir, dans le cas où il en appelle dans la fuite vis-à-vis de celui à qui la Sentence a été fignifiée ; mais il peut en confentant d'exécuter cette Sentence fur certains articles , faire des réferves fur les chefs qui lui font préjudice , & fe conferver par là la liberté d'appeller.

De même celui qui paie en vertu d'une Sentence exécutoire par provifion , ne doit payer que comme contraint , & en conféquence du commandement qui lui en eft fait, & fans préjudice de l'appel qu'il a interjetté , ou qu'il eft près d'interjetter. S'il avoit omis de faire des réferves , le Procès-verbal de l'Huiffier qui conftate la contrainte qui lui eft faite , fuffit pour lui conferver le droit d'appeller , & il n'eft pas néceffaire qu'il laiffe faifir & exécuter fes meubles & effets. S'il paie , il eft préfumé le faire uniquement pour prévenir la faifie dont il eft menacé.

Lorsqu'on eſt Appellant indéfiniment d'une Seutence, on peut par ſes griefs déterminer les chefs dont on eſt Appellant ; & quand même on les auroit reſtreints par des premieres requêtes, on peut néanmoins par les ſuivantes attaquer les autres chefs qui peuvent faire préjudice, mais dans le cas où l'Appellant a reſtreint ſon appel, ou n'auroit appellé que de certains chefs, l'Intimé peut demander acte de la reſtriction faite par l'Appellant, ou de ce qu'il n'a appellé que de certains chefs, & dans ce cas l'Appellant ne peut plus appeller ſur d'autres chefs, parcequ'a-lors il s'eſt formé en Juſtice un contrat entre les deux Parties, qui fait que l'Appellant ne peut plus rétracter ſes premieres requêtes, ni ajouter à ſon appel.

L'Intimé avec lequel l'Arrêt de concluſion a été rendue en ſa qualité d'Intimé, & qui a con-clu vis-à-vis de l'Appellant à la confirmation de la Sentence, peut lui-même, pendant le cours de l'inſtruction du procès ſur l'appel, appeller de la Sentence dans les chefs qui peuvent lui faire préjudice, juſqu'à ce que l'Arrêt ou le Ju-gement ſoit rendu : telle eſt la Juriſprudence conſtante. Mais quand le Jugement a été une fois rendu, il paroît que la Partie qui a obte-nu la confirmation du Jugement ſur l'appel qui en avoit été interjetté par la Partie adverſe, n'eſt plus recevable à en interjetter elle-même appel vis-à-vis de cette Partie adverſe. Voici cependant une eſpece où il a été jugé autrement, & où cet appel a été reçû.

Les Sieur & Dame du Vicquet étoient pro-priétaires de la Ferme de Fleuri qui fut incen-diée le 10 Décembre 1755, ils ſe pourvurent contre Rouget, Fermier ſortant, & Duclos, Fermier entrant, qui étoient tous les deux de-meurants dans la Ferme, à ce qu'ils fuſſent con-

damnés solidairement à réparer le dommage.
La Sentence de Chaumont en Vexin, du 22 Août
1757, condamna les deux Fermiers à payer chacun par moitié les dommages & intérêts. Le
Sieur du Vicquet fit signifier la Sentence aux
deux Fermiers avec protestation d'en appeller.
Les deux Fermiers appellerent & le procès fut
conclu entre les deux Fermiers Appellants, &
les Sieur & Dame du Vicquet Intimés. L'Arrêt du
22 Août 1759 sur l'appel de Rouget, mit l'appellation & Sentence au néant, émendant, dé-
chargea Rouget, Fermier sortant, des condamnations contre lui prononcées; sur l'appel de
Duclos, Fermier entrant, mit l'appellation au
néant, ordonna que la Sentence sortiroit son
plein & entier effet, sauf aux propriétaires à se
pourvoir ainsi qu'ils aviseront pour la moitié du
dommage causé à leur ferme, défenses & fins de
non-recevoir réservées au contraire.

Depuis cet Arrêt les Sieur & Dame du Vicquet interjetterent appel de la Sentence par actes
des 17 Septembre & 2 Octobre 1759, & inti-
merent Duclos sur leur appel. Duclos conclut à
ce que les Sieur & Dame du Vicquet fussent déclarés non-recevables en leur appel, sur quoi
intervint Arrêt le 1 Mars 1760, qui reçut les
Sieur & Dame du Vicquet Appellants de la Sentence du 22 Août 1757, émendant, condamna
Duclos à payer l'autre moitié des dommages & intérêts, & en tous les dépens des causes principales & d'appel. Ces deux Arrêts
ont été rendus en la troisieme Chambre des Enquêtes, au rapport de M. Coste de Champeron.
On peut observer que le premier Arrêt fit une
réserve en faveur des propriétaires, afin qu'on
ne pût leur opposer la fin de non-recevoir ré-
sultante de l'Arrêt.

En matiere criminelle, les procédures faites

avec les Accufés volontairement , & fans pro-
teftation depuis leur appel , ne peuvent leur être
oppofées comme fins de non-recevoir , (Ordon-
donnance de 1670 , tit. 25 , art. 3.)

2. *Ou qu'elles n'en euffent interjetté appel dans
le temps.*] Voyez *infrà* , art. 12 & fuivants , jufques & compris l'art. 17.

3. *Ou que l'appel ait été déclaré péri.*] Il n'en
eft pas de même des appels déferts ; car la Partie
dont l'appel a été déclaré défert peut interjetter
un nouvel appel. (Voyez ce qui a été dit , tome
1 , pag. 196 & fuiv. touchant les défertions d'appel.) Car la péremption en caufe d'appel emporte de plein droit la confirmation de la Sentence dont eft appel ; (Arrêt de Réglement du
2 Août 1692 , touchant les péremptions , art 2.)
ce qui a lieu , même à l'égard des appels interjet-
tés pardevant les Baillis & Sénéchaux , & autres
Juges d'appel. (Ainfi jugé par deux Arrêts du
premier Février 1605 , & 18 Juillet 1615 rapportés par Bouchel en fa Bibliotheque du Droit
François , au mot *Péremption. Ità etiam* Louet ,
lettre P, fommaire 15 ; ce qui réfulte auffi de l'article 2 du Réglement de 1692 , qui ne fait aucune diftinction à cet égard.)

Les inftances fur Lettres de refcifion , reftitution , & même de Requête Civile , s'expriment
par 3 ans comme les autres inftances. (Voyez
Boniface , tom. 1 , pag. 80 , n. 11 ; & les Arrêts
de Lamoignon , n. 3 & 17.)

Les inftances tombent en péremption , quoiqu'elles ne foient pas conteftées , ainfi que les
affignations , quoique non fuivies de conftitution de Procureur , ni de préfentation par aucune des Parties. C'eft la difpofition précife de
l'article premier de l'Arrêt de Réglement de la
Cour du 28 Mars 1692, dont on vient de parler;
ce qui a lieu non-feulement pour les Inftances

en cause principale, mais encore pour les Instances d'appel. (Ainsi jugé par Arrêt du 5 Juin 1703. Voyez cet Arrêt, & le fait sur lequel il est intervenu, au nouveau Recueil tom 2, pag. 318 & 321, Recueil des Réglements de Justice, tom. 2, pag. 105 & 107 de l'édition de 1739.)

Mais la péremption ne peut avoir lieu sur une Sentence rendue par défaut, lorsqu'elle n'a pas été signifiée. (Ainsi jugé par Arrêt de la Grand'-Chambre du 22 Décembre 1616 sur les conclusions ds M. Chauvelin, cité par d'Héricourt en ses Loix Ecclésiastiques, partie 1, tit. 20 de la Procédure civile, n. 112, où il rapporte aussi un autre Arrêt pareil du 26 Février 1697; ce dernier Arrêt est aussi rapporté par Augeard, tom. 2.)

Néanmoins Lacombe en son Recueil de Jurisprudence civile, édition de 1753, au mot *Péremption*, cite un Arrêt du mois de Juin 1731, rendu au rapport de M. l'Abbé Pucelle, qui a jugé qu'un Arrêt rendu par défaut faute de comparoir, non signifié, est sujet à péremption. Voyez aussi Auroux en son Commentaire sur la Coutume de Bourbonnois, addition au tom. I, où il dit qu'il a été décidé par un Arrêt du mois d'Août 1730 qu'une Sentence par défaut non signifiée tomboit en péremption.

Cette péremption, tant en cause principale que d'appel, court même contre les Mineurs, sauf leur recours contre leurs Tuteurs. (Arrêts des 25 Juin 1571, 19 Janvier, & 2 Mars 1574, & du mois d'Août 1608, rapportés par Bouchel en sa Bibliotheque du Droit François au mot *Péremption*. Carondas en ses Réponses, liv. 6, rép. 20. Papon en ses Arrêts, liv. 8, tit. 16, aux additions n. 3. Autre Arrêt de Réglement du 5 Juin 1703.) Elle court aussi contre l'Eglise, à moins qu'il ne s'agisse de la perte du fonds d'un bien d'Eglise. (Ainsi jugé par Arrêt du 13 Avril

1518 & 23 Décembre 1630, rapportés par Brodeau sur Louet, lettre P, sommaire 14.)

Les Mineurs ne peuvent même se faire relever contre cette péremption. (Voyez Papon en ses Arrêts, liv. 12, tit. 13, n. 20 ; & Carondas en ses Réponses, liv. 6, rép. 20) ce qui est une suite de la disposition portée en l'art. 120 de l'Ordonnance de 1539.

Mais elle n'a pas lieu contre le Roi. (Le Bret, de la Souveraineté, liv. 3, chap. 10, sur la fin, pag. 217. (Arrêt du Parlement de Dijon du 23 Février 1737.)

La péremption ne s'acquiert pas de plein droit par discontinuation de procédures pendant trois ans ; mais il faut une Sentence ou Jugement qui déclare l'Instance ou l'appel péri. (Brodeau sur Louet, lettre P, chap. 14. Arrêt de Réglement du 2 Août 1692, art. 4) L'assignation pour voir déclarer cette péremption acquise, est valablement donnée au domicile du Procureur de la Partie adverse.

Lorsque le Demandeur ou Appellant, depuis la péremption acquise par le laps de trois ans, est décédé, le Défendeur ou Intimé doit assigner les héritiers de ce Demandeur ou Appellant, pour voir dire que l'Instance ou l'appel demeurera péri faute de poursuites pendant trois années.

Mais tant qu'il n'y a point eu de Jugement qui ait déclaré l'Instance périe, la péremption n'a pas lieu dans les affaires qui y sont sujettes, si la Partie qui a acquis la péremption, reprend l'Instance, si elle forme quelque demande, fournit de défenses, ou si elle fait quelqu'autre procédure : & s'il intervient quelque appointement, ou Jugement interlocutoire ou diffinitif, pourvu que ces procédures soient connues de la Part tie , & faites par son ordre. (Même Arrêt de Réglement du 2 Août 1692 , art. 4.)

Au reste il faut observer que la mort des Parties , ou le changement d'état de leurs Procureurs , ou de l'un d'eux , interrompt la péremption , jusqu'à ce que l'Instance ait été reprise , ou qu'il y ait un nouveau Procureur constitué , parce que la mort des Parties empêche les Procureurs de pouvoir agir ; & il en est de même lorsque les parties n'ont plus de Procureurs pour les défendre. (Voyez Louet , lettre I, ch. 13 ; le Journ. des Audiences, tom. 5 , pag. 596 ; & Ferrieres sur la Cour. de Paris, tit. 6 , n. 59, pag. 661 de l'édition de 1692 ; & ce qui est dit ci-dessus tit. 26 , art. 2 , p. 154.) ce qui est une suite de la maxime , que *contra non valentem agere non currit præscriptio.* (Voyez Papon en ses Arrêts , liv. 8 , tit. 16 , n. 1 & 2.)

La mort du Rapporteur interrompt aussi la péremption dans les Procès par écrit , à moins que le Procès n'ait été distribué de nouveau ; parce que la partie qui voudroit alors opposer la péremption , doit s'imputer de n'avoir pas fait nommer un autre Rapporteur , & fait procéder à la distribution. Il faut même pour que la péremption puisse avoir lieu dans le cas où le Procès a été distribué de nouveau , que la Partie qui a fait faire cette nouvelle distribution , ait fait signifier à l'autre Partie , que le Procès a été distribué à un nouveau Rapporteur.

Deux Arrêts du Parlement de Dijon , des 26 Janvier 1696 , & 2 Janvier 1727 , ont aussi jugé que les Procès étoient sujets à péremption , même au Parlement , lorsqu'après la mort du Rapporteur , les Parties laissent écouler 3 ans sans poursuite , on si pendant ces 3 ans on ne fait pas nommer un nouveau Rapporteur. (Voy. Raviot quest. 345 , n. 47 , tom. 2 , pag. 767.)

Dans les Cours Souveraines, quand une Instance est appointée, elle ne tombe plus en péremption ; (Arrêt de Réglement du 2 Août 1692, ci-dessus cité, art. 2.) ce qui a pareillement lieu pour les Causes qui ont été mises au rôle dans ces Cours. (Voyez Papon, liv. 12, tit. 3, n. 18, Chenu, Centur. 1, quest. 90 & 94. Carondas en ses Réponses, liv. 4, rép. 353 & liv. 7, rép. 138 ; & il a été ainsi jugé par Arrêt du 19 Avril 1719.)

Il en est de même des Présidiaux, dans les cas où ils jugent en dernier ressort. (Arrêt du 30 Janvier 1637, rapporté par Guénois sur Imbert, liv. 2, chap. 2, n. 5.) Tel est aussi l'usage constant des Présidiaux ; ce qui résulte d'ailleurs de la disposition de l'art. 2 du tit. 25, ci-dessus, pag. 140.

A l'égard des Requêtes du Palais, quoiqu'elles soient du Corps du Parlement, néanmoins les Procès qui y sont appointés, s'y périment comme dans les autres Justices qui ne jugent pas en dernier ressort. (Ainsi jugé par Arrêt du 22 Mai 1586, rapporté par Brodeau sur Louet, lettre P, sommaire 18.) Mais depuis le contraire a été jugé par Arrêt du 6 Mai 1746, rapporté par Lacombe en sa Jurisprudence civile, édition de 1753, au mot *péremption*, qui a décidé que la péremption n'a point lieu aux requêtes du Palais, lorsque la Cause est appointée.

Un Arrêt de Réglement du Parlement de Toulouse du 8 Avril 1739, rapporté au Recueil des Réglements de ce Parlement *in*-8°. tom. 1, pag. 492, porte que lorsqu'une Instance sera conclue & distribuée, & dans laquelle il y aura eu sommation de produire, elle ne tombera pas en péremption par la cessation des poursuites pendant trois ans ; comme aussi que les causes mises au rôle ne seront point sujettes à péremp-

H v

tion pendant tout le tems qu'elles y resteront ; mais que si elles en sont tirées ou appointées, elles suivront le même sort des autres Procès conclus.

Après trente ans tout est péri & prescrit, même dans les Cours (Voyez Brodeau sur Louet, lettre P, chap. 16, n. 6.)

Mais quoique la péremption soit acquise, les Enquêtes & les autres actes probatoires subsistent. (Voy. le Prêtre, cent. 1, chap. 56 ; & Brodeau, sur Louet, lettre P, chap. 38.)

Cette regle cependant n'a pas lieu si la péremption emporte la prescription de l'action, parcequ'alors les actes probatoires étant des accessoires du fond périssent avec lui.

ARTICLE VI.

Tous Arrests seront exécutez dans toute l'étendue de nostre Royaume en vertu d'un *Pareatis* du Grand Sceau, sans qu'il soit besoin d'en demander aucune permission à nos Cours de Parlement, Baillifs, Sénéchaux & autres Juges, dans le ressort ou détroit desquels on les voudra faire exécuter. Et au cas que quelques-unes de nos Cours ou Siéges en empêchent l'exécution, & qu'ils rendent quelques Arrests, Jugemens ou Ordonnances portant défenses ou surséance de les exécuter, *Voulons que le Rapporteur & celui qui aura présidé* (1), soient tenus solidairement des condamnations portées par les Arrêts dont ils auront retardé ou empêché l'exécution , & des dommages & intérefts de la Partie , & qu'ils foient folidairement condamnez en deux cents livres d'amende envers Nous : de laquelle contravention Nous réfervons la connoiffance à Nous & à noftre Confeil. *Sera néantmoins permis aux Parties & Exécuteurs des Arrefts* (2) , hors l'étendue des Parlemens & Cours où ils auront efté rendus , de prendre un *Pareatis* en la Chancellerie du Parlement où ils devront eftre exécutez , que les Gardes des Sceaux feront tenus de fceller à peine d'interdiction , fans entrer en connoiffance de Caufe. Pourront mefme les Parties prendre une permiffion du Juge des lieux au bas d'une requefte , fans eftre tenus de prendre en ce cas *Pareatis* au Grand Sceau & Petites Chancelleries. Mandons à nos Gouverneurs & Lieutenans-Généraux de tenir la main à l'exécution de la préfente Ordonnance fur la fimple repréfentation des *Pareatis* , ou de la permiffion du Juge des lieux.

1. *Voulons que le Rapporteur & celui qui aura préfidé.*] L'Ordonnance ne parle ici que du Rapporteur & du Préfident , parcequ'il n'y a qu'eux qui fignifient les Arrêts dans les Cours. Mais dans les autres Jurifdictions , il femble qu'on peut prendre à partie tous les Juges qui ont figné ces fortes de défenfes.

2. *Sera néanmoins permis aux Parties & Exé-*

H vj

cuteurs des Arrêts, &c.] A plus forte raison
cela doit-il avoir lieu à l'égard des Sentences ;
d'où il fuit qu'on ne peut les mettre à exécution
hors l'étendue de leur reffort, fans prendre un
Pareatis du Juge des lieux, contre la difpofition des anciennes Ordonnances, & notamment
de l'art. 172 de l'Ordonnance de Blois.

Il y a cependant quelques Jurifdictions dont
les Sentences s'exécutent, même par tout le
Royaume, fans qu'il foit befoin de demander un
Pareatis au Juge du lieu où fe fait l'exécution.
Telles font les Sentences émanées des Juges-
Confuls. (Edit de Novembre 1563, art. 8, Dé-
claration du 28 Avril 1565, Arrêt de 1670,
rapporté au nouveau Recueil, tom 1, pag. 218.
Voyez auffi à ce fujet un acte de notoriété du
Châtelet de Paris du 18 Octobre 1715, rap-
porté par Denifart en fon Recueil des actes de no-
toriété, pag 400)

Il en eft de même des Sentences des Juges-
Confervateurs des Priviléges des Foires de Lyon.
(Edit du mois de Juillet 1669.)

Telles font auffi les Sentences des Officiaux
& autres Juges d'Eglife. (Edit du mois d'Avril
1695, art. 44.)

Les Décrets en matiere criminelle, de quelque Juge qu'ils foient émanés, s'exécutent par
tout le Royaume, fans qu'il foit befoin de *Pareatis*. (Ordonnance de 1670, tit. 10, art 12.)

A l'égard des contrats paffés fous le Scel
Royal, ils font exécutoires par tout le Royaume, fans qu'il foit néceffaire de demander un
Pareatis au Juge du lieu où l'on veut les mettre
à exécution ; (Ordonnance de 1539, art. 95.)
ce qui eft fondé fur ce que cette exécution fe
fait alors en vertu du confentement & de la
foumiffion des Parties, & non en vertu d'une
Sentence rendue par un Juge qui n'a point d'autorité hors de fon territoire.

Il en est de même des Sentences arbitrales, lorsque les Parties y ont acquiescé pardevant Notaires, parce qu'alors cet acquiescement donne à la Sentence l'effet d'une transaction.

Mais à l'égard des contrats reçus par les Notaires des Seigneurs, ils ne peuvent s'exécuter hors le ressort de leurs Justices, sans demander permission au Juge du lieu où on veut les mettre à exécution. (Loiseau, Traité des Offices, liv. 1, chap. 6, n. 108.)

Au reste, toutes ces Sentences & Contrats cessent d'être exécutoires par la mort ou changement d'état des obligés & condamnés ; & il faut pour pouvoir les mettre à exécution, faire assigner la veuve ou les héritiers, & faire déclarer ces Sentences exécutoires contre eux. Tel est le Droit commun du Royaume. (Coutume de Paris, art. 168, d'Orléans, art. 433, & autres.) Mais il n'est pas de même en Normandie, suivant l'art. 129 du Réglement du 6 Avril 1666, fait par le Parlement de Rouen. (Voyez Basnage en son Traité des Hypotheques, partie 1, chap. 4.)

Aʀᴛɪᴄʟᴇ VII.

Le Procès sera extraordinairement fait & parfait à ceux, qui *par violence ou voie de fait* (1) auront empesché directement ou indirectement l'exécution des Arrests ou Jugemens, & seront condamnez solidairement aux dommages & intérests de la Partie, & responsables des condamnations portées par les Arrests & Jugemens, & *en deux cents livres d'amende* (2), moitié envers Nous, & moitié envers la

Partie, qui ne pourra eſtre remiſe ni modérée ; à quoi nos Procureurs-Généraux, & nos Procureurs ſur les lieux tiendront la main.

1. *Par violence ou voie de fait.*] La *violence* proprement dite eſt celle qui ſe commet avec armes ou attroupement. La *voie de fait* eſt celle qui n'eſt point accompagnée de ces deux circonſtances, & qui ſe fait ſans autorité de Juſtice.

2. *Et en deux cents livres d'amende.*] Sans préjudice des peines afflictives ou infamantes, s'il y a lieu d'en prononcer.

ARTICLE VIII.

Les héritages & autres immeubles de ceux qui auront eſté condamnez par proviſion à quelque ſomme pécuniaire *ou eſpece* (1), *pourront eſtre ſaiſis réellement* (2), mais ne pourront eſtre vendus & adjugez qu'après la condamnation diffinitive.

1. *Ou eſpece.*] Comme à payer une certaine quantité de grains, &c.

2. *Pourront être ſaiſis réellement.*] Même le Bail judiciaire fait, & la pourſuite ſuivie juſqu'à la vente & adjudication excluſivement.

ARTICLE IX.

Celui qui aura eſté condamné (1) de laiſſer la poſſeſſion d'un héritage en lui rembourſant quelques ſommes, eſpeces, *impenses* (2) ou méliorations, ne pourra eftre contraint de quitter l'héritage, qu'après avoir efté rembourfé ; & à cet effet fera tenu de faire liquider les efpeces, impenfes & améliorations dans un feul délai qui lui fera donné par l'Arreft ou Jugement, finon l'autre Partie fera mife en poffeffion des lieux en donnant caution de les payer, après qu'elles auront efté liquidées.

1. *Celui qui aura été condamné.*] Soit par un Jugement paffé en force de chofe jugée, foit par une Sentence provifoire.

2. *Impenfes.*] Impenfes fe dit en général des dépenfes, foit néceffaires & utiles, foit des voluptueufes.

A R T I C L E X.

Les tiers Oppofans (1) à l'exécution des Arrefts, qui auront efté déboutez de leurs oppofitions, feront condamnez *en cent cinquante livres d'amnde* (2) ; & ceux qui feront déboutez des oppofitions *à l'exécution des Sentences* (3), en foixante-quinze livres : le tout applicable, moitié envers Nous, & moitié envers la Partie.

1. *Les tiers Oppofants.*] Tiers Oppofants font ceux qui n'ont été ni Parties au Procès, ni compris dans le Jugement auquel ils forment oppofition.

Un acquéreur ne feroit pas reçu à former oppofition à une Sentence rendue contradictoirement avec fon vendeur, parcequ'il n'y a que celui qui a un intérêt principal & indépendant qui
puiffe former cette forte d'oppofition, mais non
celui qui n'a qu'un intérêt fecondaire & fubor-
donné, qui n'a pas le même droit. C'eft la diftinction de Dumoulin. Ainfi jugé par Arrêt du
5 Septembre, rendu en la quatrieme Chambre
des Enquêtes fur les Conclufions de M. d'Ormef-
fon, Avocat - Général. Voyez ci-après tit. 35,
art. 3, avec les notes.

2. *En cent cinquante livres d'amende.*] Soit
que les tierces oppofitions aient été formées pour
empêcher l'exécution des Jugements rendus contre des perfonnes qui feroient en poffeffion des
chofes adjugées, ou contre d'autres perfonnes
qui ne les poffederoient pas.

Il n'y a point d'amende contre ceux qui forment des oppofitions à l'exécution des Jugements
où ils n'ont point été Parties, ni duement appellés, dont il eft parlé ci-après en l'article 2 du titre 35. Ce n'eft que contre les tiers Oppofants
que cette amende eft prononcée.

3. *A l'exécution des Sentences.*] Soit qu'il s'a-
giffe des Sentences rendues en dernier reffort,
ou paffées en force de chofe jugée dont il n'y
ait point d'appel, ou qui s'exécutent par provifion nonobftant l'appel.

L'oppofition formée par un tiers à l'exécution
d'un Arrêt ou d'un Jugement dont il n'y a point
d'appel, ou qui s'exécute par provifion nonobftant l'appel, n'empêche pas que le Jugement ne
s'exécute contre le condamné. C'eft la difpofition
de l'article 51 de l'Ordonnance de Moulins, qui
porte : « Que fi à un Jugement portant condam-
» nation de délaiffer un héritage, il furvient
» des oppofitions formées par des tierces per-

» ſonnes , néanmoins celui qui a obtenu le Ju-
» gement , ſera mis en poſſeſſion en laquelle
» étoit le condamné , ſans préjudice des droits
» deſdits Oppoſants. « Voyez auſſi l'article qui
ſuit.

Il en eſt de même dans le cas où le Jugement
condamneroit à délaiſſer la poſſeſſion d'une choſe
mobiliaire.

Mais s'il s'agiſſoit d'une condamnation à quelque ſomme , l'intervention d'un tiers n'empêcheroit pas à la vérité la ſaiſie ou garniſon de
main ; elle empêcheroit cependant de paſſer à
la vente des effets ſaiſis en vertu de la Sentence
ou Arrêt de condamnation , juſqu'à ce que cette
oppoſition eût été terminée.

A R T I C L E   XI.

Les Arreſts & Jugemens paſſez en force
de choſe jugée , portant condamnation
de délaiſſer la poſſeſſion d'un héritage ,
ſeront exécutez *contre le Poſſeſſeur condamné* (1), nonobſtant les oppoſitions
des tierces perſonnes , & ſans préjudice
de leurs droits.

1. *Contre le Poſſeſſeur condamné.*] Voyez la
note 2 ſur l'article précédent.

A R T I C L E   X I I.

Si aucun eſt condamné (1) par Sentence , & qu'elle ait eſté *ſignifiée* (2) avec
toutes les formalitez ordonnées pour les
ajournemens , & *qu'après trois ans écou-
leʒ* (3) depuis la ſignification , celui qui

a obtenu la Sentence l'ait sommé avec pareille solemnité d'en interjetter appel, celui qui est condamné ne sera plus recevable à en appeller six mois après la sommation ; mais la Sentence passera en force de chose jugée : ce qui aura lieu pour les domaines de l'Eglise, Hospitaux, Colléges, Universitez & Maladeries, si ce n'est que le premier délai sera de six ans au lieu de trois.

1. *Si aucun est condamné.*] Cet article ne s'entend pas des Mineurs. (Voyez *infrà* l'art. 16.)

2. *Et qu'elle ait été signifiée.*] C'est-à-dire, signifiée à domicile ; ce qui résulte de ces termes : *avec les formalités prescrites pour les ajournements*, ainsi que de la disposition des articles 13 & 15 ci-après.

Si cette signification étoit faite à un domicile élu, elle n'opéreroit pas la fin de non-recevoir. (Voyez *infrà*, art. 17, note 2, page 191.)

Lorsque les Sentences n'ont été signifiées qu'aux Procureurs, elles ne passent en force de chose jugée qu'après trente ans. (Voyez *infrà*, art. 17, note 2.)

3. *Et qu'après trois ans écoulés.*] Voyez ci-après l'article 14 qui renferme un cas d'exception à la disposition portée en cet article.

ARTICLE XIII.

Si le Titulaire d'un Bénéfice contre lequel la Sentence a esté rendue, décede *pendant les six années* (1), son successeur paisible aura une année entiere, & ce qui reftera des fix pour interjetter appel, après lequel temps celui qui aura obtenu la Sentence, fera tenu de la lui faire fignifier avec fommation d'en interjeter appel, & dans fix mois pourra le fuccef-feur en appeller nonobftant que pareille fommation ait efté faire à fon prédécef-feur, & qu'il fuft décédé dans les fix mois.

1. *Pendant les fix années.*] A lui accordées pour pouvoir appeller depuis la fommation qui lui en eft faite. (Voyez l'article précédent.)

A R T I C L E XIV.

Les délais ci-deffus feront obfervez tant entre préfens qu'abfens, fors & ex-cepté contre ceux qui feront abfens hors le Royaume *pour noftre fervice & par nos ordres* (1).

1. *Pour notre fervice & par nos ordres.*] Com-me font les Ambaffadeurs & Envoyés dans les Cours Etrangeres, ou pour quelque négociation.

A R T I C L E XV.

Si celui qui fera condamné, décéde pendant ces trois années, fes héritiers ou légataires univerfels majeurs auront, outre le temps qui en reftoit à écouler, *une année entiere* (1), après laquelle celui qui aura obtenu la Sentence, fera obligé de la leur faire signifier avec sommation d'en interjetter appel si bon leur semble, nonobstant que pareille sommation eust esté faite au défunt : & dans les six mois à compter du jour de la nouvelle sommation, ils pourront interjetter appel, sans qu'après ce terme ils y puissent estre receus ; & la Sentence passera contre eux en force de chose jugée : ce qui sera aussi observé à l'égard des Donataires, Légataires particuliers, & tiers Détenteurs.

1. *Une année entiere.*] Car il est juste que la condamnation n'étant pas personnellement prononcée contre eux, ils aient un nouveau délai outre celui qui étoit accordé à leur auteur, surtout si cet auteur venoit à décéder à la fin des trois années.

Article XVI.

La fin de non-recevoir *n'aura lieu contre les Mineurs* (1) pendant le temps de leur minorité, & jusqu'à ce qu'ils ayent vingt-cinq ans accomplis, après lesquels les délais commenceront à courir.

1. *N'aura lieu contre les Mineurs.*] Parceque suivant la disposition de Droit, *contra non valentem agere non currit præscriptio.*

Article XVII.

Au défaut des sommations ci-dessus les Sentences n'auront force de choses jugées *qu'après dix ans* (1), à compter du jour *de leur signification* (2), & qu'après vingt années à l'égard des domaines de l'Eglise, Hospitaux, Colléges, Universitez *& Maladeries* (3), à compter aussi du jour de la signification des Sentences : lesquelles dix & vingt années courront, tant entre présens qu'absens.

1. *Qu'après dix ans.*] Ces termes sont trop précis pour vouloir en changer la disposition, en étendant jusqu'à trente ans la faculté d'appeller. (Ainsi jugé par Arrêt du Parlement de Paris du 26 Mai 1696, R. au Journal des Audiences, liv. 12, ch. 15. *Idem*, par Arrêt du Parlement de Dijon du 3 Janvier 1747.)

Néanmoins Lacombe en son Recueil d'Arrêts imprimé en 1743, rapporte un Arrêt du 26 Juillet 1741, rendu au Parlement de Paris, qui a jugé que l'appel d'une Sentence étoit recevable après dix ans. Le même Auteur en son Recueil de Jurisprudence civile au mot *appel*, dit que l'Arrêt du 26 Mai 1696, rapporté au Journal des Audiences, a jugé suivant l'Ordonnance, que l'appel après dix ans n'étoit pas recevable ; mais il ajoute que l'usage y est contraire nonobstant cet Arrêt. On trouve à la fin du tome 2 du Journal des Audiences du Parlement de Bretagne, imprimé à Rennes en 1740, une consultation de quinze anciens Avocats de ce Parlement, en date du 15 Mars 1712, par laquelle

ils certifient que l'appel d'une Sentence rendue
entre Majeurs qui a été duement fignifiée à Procureur & à Partie ou à domicile , n'eft point
recevable après dix ans , à compter du jour de
la fignification à Partie ou à domicile , & que
l'article 17 du tit. 27 de l'Ordonn. de 1667, eft
obfervé à la rigueur dans la Province de Bretagne.

Suivant l'Ordonnance des Eaux & Forêts du
mois d'Août 1669, tit. des appellations, art. 1,
les appellations des Grueries aux Maîtrifes doivent être relevées & pourfuivies dans la quinzaine de la condamnation ; finon la Sentence
doit s'exécuter par provifion; & fi on laiffe écouler le mois fans appeller , ou fans pourfuite ,
alors la Sentence de la Gruerie paffera en force de
chofe jugée en dernier reffort.

Et fuivant l'art. 4 du même titre les appellations des Maîtrifes aux Siéges des Tables de
Marbre doivent être interjettées dans le mois
de la Sentence prononcée ou fignifiée à la Partie , & mife en état de juger dans les trois mois
de la prononciation ou fignification , finon la
condamnation doit être exécutée en dernier reffort , foit qu'il y ait appel ou non.

Mais ces délais n'ont lieu que pour les condamnations prononcées au profit du Roi. (Voyez
M. Segault en fes Additions fur la Conférence
de l'Ordonnance des Eaux & Forêts , tit. des
appellations , art. 3 , édition de 1752 , où il
traite cette queftion. Il cite l'ufage de la Table de Marbre de Paris & de celle de Dijon.)

Il faut auffi obferver que lorfqu'il s'agit des
droits dus au Roi , les redevables qui ont été
condamnés au payement de quelque fomme,
foit par Sentence des Elections , Greniers à Sel ,
ou Traites Foraines , &c. pour un fait purement
civil , font tenus de relever leur appel dans les

trois mois du jour de la signification de la Sentence à leur personne ou à leur domicile, sinon, ledit tems passé, l'appel n'est plus recevable, & la Sentence doit passer en force de chose jugée ; & lorsqu'ils ont relevé leur appel dans les trois mois, ils sont tenus de le mettre en état de juger dans les neuf mois suivants, sinon, le tems passé, la Sentence demeure confirmée de plein droit avec amende & dépens. (Ordonnance des Fermes du mois de Juillet 1681, titre commun des Fermes, art. 47 & 48, rapportés au nouveau Recueil, tom. 1, pag. 491.)

2. *De leur signification.*] Cette signification doit être faite au vrai domicile de la Partie : car si elle avoit été faite au domicile du Procureur, ou à un domicile élu par un acte passé entre les Parties, elle ne pourroit opérer la fin de non-recevoir qu'après trente ans. (Voyez *suprà*, art 12, note 2, pag. 186.) Mais ce terme de trente ans est fatal, & quand il est écoulé, on ne peut plus appeller, l'appel est prescrit, quand même il s'agiroit d'une action hypothécaire.

3. *Et Maladeries.*] Les Mineurs ne sont point compris dans cet article ; la fin de non-recevoir ne court contre eux qu'après leur majorité. (Voyez l'art. 16.)

On prétend aussi que cette péremption de dix ans n'a pas lieu contre les femmes qui sont en puissance de mari. (Ainsi jugé par Arrêt du Parlement de Dijon du 21 Mars 1730.)

Article XVIII.

Voulons que les sommes pour condamnations, taxes, salaires, redevances, & autres droits soient exprimées à l'avenir dans les Jugemens, conven-

rions & autres actes par deniers, fols &
livres, & *non par parifis ou tournois* (1);
& encore que les actes portent le parifis, la fomme n'en fera pas augmentée,
fans néantmoins rien innover pour le
paffé.

1. *Et non par parifis ou tournois.*] La livre
tournois vaut vingt fols ; la livre parifis en va-
loit vingt-cinq.

TITRE XXVIII.

Des Réceptions de Caution.

ARTICLE PREMIER.

Tous Jugemens qui ordonneront de
bailler caution, *feront mention du Juge* (1)
devant lequel les Parties fe pourvoiront
pour la réception de la caution (2).

1. *Feront mention du Juge.*] Cela ne s'obferve
point dans les Bailliages, Prévôtés, Juftices de
Seigneurs, Préfidiaux, &c. car dans ces Juftices la réception de caution appartient de plein
droit au Juge qui a l'inftruction des Caufes, favoir dans les Bailliages & Sieges Préfidiaux, au
Lieutenant-Général, ou à celui qui le repréfente ; dans les Prévôtés & Juftices fubalternes,
au Prévôt ou Baillif, & ainfi des autres ; ce qui
ne s'entend cependant que des Caufes d'Audience

dience : car dans les Procès de rapport, la réception de caution appartient aux Rapporteurs.
(Arrêt du Conseil du 31 Août 1689, rendu
pour le Présidial d'Orléans, art. 9.

2. *Pour la réception de la caution.*] Car une
Sentence de provision, ou exécutoire par provision, ne peut être mise à exécution sans que
la caution ait été auparavant présentée & reçue,
quand même cette caution ne seroit point requise
par la Partie condamnée ; autrement l'exécution
seroit déclarée injurieuse. (Ainsi jugé par Arrêt
du 12 Juillet 1519. Voyez Imbert, liv. 1,
chap. 71, n. 2, aux notes.) Voyez cependant
une distinction faite à ce sujet, ci-dessus tit. 17,
art. 17, note 5, pag. 379.

Quand la somme pour laquelle la condamnation a été prononcée par provision est fort modique, & que celui au profit duquel elle a été
prononcée est notoirement solvable, le Juge peut
ordonner qu'il touchera cette somme à sa caution juratoire, en faisant par lui ses soumissions
au Greffe ; & si c'est une Communauté, soit
Laïque ou Ecclésiastique, on ordonne qu'elle touchera la somme à la caution de son temporel.

Pour l'exécution provisoire des Sentences rendues dans les Présidiaux au second chef de l'E-
dit, il suffit aussi que celui au profit duquel la
condamnation a été prononcée se constitue lui-
même caution. (Edit des Présidiaux du mois de
Janvier 1551, art. 4.)

ARTICLE II.

La caution sera présentée par acte
signifié à la Partie ou au Procureur, &
fera sa soumission au Greffe (1), si elle
n'est point contestée.

Tome II. I

1. *Et fera sa soumission au Greffe.*] C'est la soumission ainsi faite au Greffe, qui établit la contrainte par corps contre celui qui est reçu caution en Justice.

Un autre effet de cette soumission est que celui qui s'est rendu caution est obligé de plaider devant le Juge où il a fait ses soumissions. Saëfve dans son recueil d'Arrêts, tom. 2, Centur. 1, chap. 50, dit que la caution judiciaire est obligée de plaider en la Jurisdiction du Juge devant lequel elle a donné son cautionnement, soit qu'elle demeure dans la même Province où est pendant le Procès, ainsi qu'il est requis au regard de la caution judiciaire, suivant ce qui a été remarqué par Carondas en ses Pandectes, liv. 1, chap. 36, & en ses observations au mot *Caution* ; & par Ferrerius sur la question 26, de Gui-Pape; soit qu'elle ait son domicile en une autre Province, ainsi qu'il a été jugé par un Arrêt du Parlement de Paris du 9 Janvier 1557, rapporté par Carondas au même endroit. (Voyez Papon en ses Arrêts, liv. 10, tit. 4, n. 10.)

Cette soumission se fait par un acte, par lequel celui qui se rend caution, s'oblige sous les peines ordinaires de restituer la somme portée par la condamnation provisoire, au cas que par la suite la restitution en soit ordonnée. Cette soumission emporte de droit la contrainte par corps contre celui qui s'oblige de cette maniere. Il n'y a point de serment pour ces sortes de soumissions; mais quand la caution est prononcée à la caution juratoire de celui qui a obtenu, alors il doit prêter serment, & ce serment doit être reçu par le Juge qui a l'instruction, s'il s'agit de l'exécution d'une Cause d'Audience, ou par le Rapporteur, si l'affaire a été jugée en Procès par écrit. Il faut aussi que cette soumission soit signifiée au Procureur de la Partie adverse.

A R T I C L E   III.

Si la caution est contestée (1), *sera donné copie de la déclaration de ses biens* (2), & les pieces justificatives *seront communiquées sur le récépissé du Procureur* (3), & sur la premiere assignation à comparoir pardevant le Commissaire, sera procédé sur le champ *à la réception ou rejet de la caution* (4) : & seront les ordonnances du Commissaire exécutées nonobstant oppositions ou appellations, *& sans y préjudicier* (5). Défendons à tous Juges de donner aucuns appointemens à mettre, en droit, ou de contrariété, sur leur solvabilité.

1. *Si la caution est contestée.*] Car la caution présentée doit être solvable. Pour qu'une caution soit solvable, il faut, 1°. qu'elle possede des immeubles dans le ressort du Juge qui a ordonné la caution. (Voyez Louet, lettre C, chap. 9 ; & Papon, liv. 10, tit. 4, n. 29.) Elle doit être contraignable par la voie ordinaire des cautions judiciaires, c'est-à-dire par corps : ainsi les femmes, & les Ecclésiastiques constitués dans les Ordres Sacrés ne peuvent être reçus cautions judiciaires. La caution doit aussi être résidente sur le lieu ; & si elle n'a pas ces qualités, elle peut être valablement contestée.

2. *Sera donné copie de la déclaration de ses biens.*] Dans les Jurisdictions Consulaires, si celui qui se présente pour caution est un Marchand ou Négociant notoirement solvable, on ne l'o-

blige point de donner la déclaration de ses biens, tant meubles qu'immeubles. (Ainsi réglé pour la Conservation de Lyon par un Arrêt du Conseil du 3 Août 1668, art. 9.)

3. *Seront communiquées sur le récépissé du Procureur.*] Si le Procureur refusoit de prendre cette communication à l'amiable, il faudroit la lui offrir par un acte.

4. *A la réception ou le rejet de la caution.*] La caution seroit valablement rejettée, si par la déclaration de ses biens & par la communication de ses Pieces justificatives, il n'étoit pas suffisamment justifié qu'elle fût solvable pour répondre de la somme dont elle veut être caution.

Celui qui ne possede que des meubles, n'est pas regardé comme caution suffisante, si ce n'est dans quelque cas & par des considérations particulieres. Ce ne seroit pas non plus offrir une caution valable, que de présenter pour caution une femme, ou un Ecclésiastique, ou un Mineur, parceque ces persones ne peuvent être contraintes par corps. (Voyez *infrà*, tit. 34, art. 8 ; & la note sur l'art. 9 du même titre.)

Mais lorsque la caution est valable, & que la Partie condamnée en empêche mal-à-propos la réception, l'autre Partie doit l'assigner devant le Juge ou le Rapporteur, pour faire ordonner que cette caution sera reçue nonobstant l'opposition de cette Partie condamnée.

Quelque fois le Juge ou Commissaire, au lieu de rejetter la caution, ordonne qu'elle sera renforcée, ou que la Partie sera tenue de justifier ses qualités par d'autres titres que ceux qui ont été communiqués. Le Procès-verbal qu'il dresse à cet effet doit contenir les dires & contestations des Parties. Souvent le Juge ou Commissaire met au bas de ce Procès-verbal son ordonnance de référé, c'est-à-dire, qu'il en sera référé au Siége pour juger si la caution sera reçue ou rejettée.

On ne préfente point de Certificateur, fi le Juge ne l'ordonne.

5. *Et fans y préjudicier.*] Car on peut toujours fe pourvoir par la voie d'appel ou d'oppofition au Siége contre les Ordonnances des Commiffaires.

Article IV.

La caution eftant receue, & l'acte fignifié à la Partie ou au Procureur, *elle fera fa foumiffion au Greffe* (1).

1. *Elle fera fa foumiffion au Greffe.*] Voyez ci-deffus art. 2, aux notes, page 194, quel eft l'effet de cette foumiffion, & comment elle doit fe faire.

TITRE XXIX.
De la reddition des Comptes.

Article premier.

LES Tuteurs, *Protuteurs* (1), Curateurs, *Fermiers judiciaires* (2), Séqueftres, Gardiens & autres qui auront adminiftré le bien d'autrui, feront tenus de rendre compte auffi-toft que leur geftion fera finie ; & *feront toujours réputez comptables* (3), encore que le compte foit clos & arrefté, jufqu'à ce qu'ils ayent payé le reliquat, s'il en eft deu, & remis toutes les pieces juftificatives.

I iij

1. *Protuteurs.*] Comme font ceux qui fans titre légitime ont adminiftré les biens d'un pupille. L. 1. §. 1. *ff. de eo qui pro Tutore, &c.*

2. *Fermiers judiciaires.*] Depuis qu'il y a des Commiffaires aux Saifies-réelles en titre d'office, les Fermiers judiciaires des biens faifis réellement ne font plus comptables. Ils payent feulement le prix de leurs Baux aux Commiffaires aux faifies réelles ; & ce font ces Commiffaires qui rendent comptent de leur régie aux Créanciers & à la Partie faifie.

3. *Seront toujours réputés comptables.*] Et par conféquent ils feront fujets aux actions ordinaires des comptes. Ainfi s'il s'agit d'un compte de tutele, le Tuteur pourra être contraint par corps au paiement du reliquat de fon Mineur, quoique ce Mineur foit devenu majeur, & ainfi des autres Adminiftrateurs.

ARTICLE II.

Le Comptable pourra eftre pourfuivi de rendre compte pardevant le Juge qui l'aura commis ; & s'il n'a pas efté nommé par autorité de Juftice, il fera pourfuivi *pardevant le Juge de fon domicile* (1) ; fans que fous prétexte de faifie ou intervention de Créanciers privilégiez de l'une ou de l'autre des Parties, *les comptes puiffent eftre évoquez* (2) *ou renvoyez en autre Jurifdiction.*

1. *Pardevant le Juge de fon domicile.*] Dans le cas même où le Comptable a été nommé par autorité de Juftice, il peut être valablement pourfuivi pardevant le Juge de fon domicile.

Quelques Auteurs prétendent que les Tuteurs

doivent rendre compte devant le Juge de la Tutele. Voyez Raquet, Traité des droits de Justice, chap. 8, n. 30, où il rapporte à ce sujet un Arrêt célebre. (Voyez aussi l'Auteur du Traité des Minorités, imprimé à Paris en 1735, in-4, pag. 305, où il traite cette question assez au long: il rapporte même à la pag. 660 un Arrêt du 6 Février 1613, lors duquel la Cour s'étant déterminée sur des motifs particuliers à décider que le compte seroit rendu devant un autre Juge que celui de la Tutele, M. le Premier Président expliqua les motifs de l'Arrêt, afin qu'on ne crût pas que l'Arrêt qui venoit d'être rendu fût contre la disposition du Droit & des Arrêts. Mais il est difficile d'admettre cette opinion, le texte de cet article de l'Ordonnance étant clair & précis)

Lorsqu'une des Parties est privilégiée, soit le Comptable, soit celui à qui le compte doit être rendu, elle peut porter ou faire évoquer l'affaire devant le Juge de son Privilege : car cette action en reddition de compte est une action personnelle, qui par conséquent est sujette au Privilege comme toutes les autres actions personnelles, (Ordonnance du mois d'Août 1669, titre des *Committimus*, art. 1), & qui n'est pas mise au nombre des exceptions marquées dans les articles 24 & 25 du même titre.

2. *Les comptes puissent être évoqués.*] Sauf aux Créanciers privilégiés qui veulent intervenir, à se pourvoir contre leurs Débiteurs pardevant le Juge de leur Privilege pour raison de leurs créances ; mais s'ils interviennent dans l'instance de compte, ils doivent nécessairement procéder en la Jurisdiction où se poursuit la demande en reddition de compte. (Voyez l'article 17 du titre des Evocations de l'Ordonnance du mois d'Août 1669.)

ARTICLE III.

Le Défendeur à la demande en reddition de compte *sera tenu de comparoir* (1) à la premiere assignation ; sinon sera donné défaut contre lui , & pour le profit , condamné à rendre compte ; & s'il compare , & qu'au jour qui lui aura esté signifié par un simple acte de venir plaider, aucun Avocat ou Procureur *ne se présente* (2) *en l'Audience pour défendre* (3), sera condamné sur le champ à rendre compte sans autre délai ni procédure.

1. *Sera tenu de comparoir.*] C'est-à-dire de se présenter , ou de constituer Procureur dans les délais marqués ci-dessus. (Voyez tit. 5 , art. 3 , pag. 171.)

2. *Ne se présente.*] Si le Défendeur comparoît au jour indiqué, ou quelqu'un pour lui, la Cause sera plaidée, & on la jugera à l'Audience, au cas qu'elle puisse y être jugée définitivement.

3. *En l'Audience pour défendre.*] Et par conséquent dans ces sortes de demandes il n'est pas nécessaire de signifier des défenses par écrit, ainsi qu'on y est obligé dans toutes les affaires qui ne sont pas sommaires. (Voyez *suprà* , tit. 3 , art. 5 , avec les notes, pag. 158.)

ARTICLE IV.

En cas que la Cause estant plaidée ne se puisse juger diffinitivement en l'Audience, les Parties seront *appointées à mettre* (1) dans trois jours sans autre procédure.

1. *Appointée à mettre.*] Et non en droit, parceque la question de sçavoir si une personne doit rendre compte ou non, est une question qui peut se décider en l'Audience, ou tout au plus sur un appointement à mettre.

A R T I C L E   V.

Tout Jugement portant condamnation de rendre compte, *commettra celui qui devra recevoir* (1) la présentation & affirmation du compte ; & s'il est rendu *sur un appointement à mettre* (2) ou sur un Procès par écrit, *le Rapporteur ne pourra estre commis* (3) *pour le compte* (4) , mais en sera commis un autre par celui à qui la distribution appartiendra.

1. *Commettra celui qui devra recevoir, &c.*] Dans les Bailliages, Sénéchaussées, Prévôtés, & autres Jurisdictions, à la réserve des Cours, il n'est pas nécessaire que le Jugement fasse mention de celui qui doit recevoir la présentation & affirmation du compte ; cette fonction appartient de plein droit au Juge qui a l'instruction, ou qui fait les fonctions de Commissaire - Enquêteur. (Edit de Mai 1583, art. 9 ; Déclaration du 27 Décembre 1593,) à moins que le compte n'ait été ordonné à son rapport, comme il est porté à la fin de cet article.

Mais s'il y a plusieurs Commissaires - Enquêteurs dans le Siege, comme au Châtelet de Paris, à Lyon, &c. il faudra que celui qui doit re-

cevoir le compte, foit nommé par le Jugement
qui condamne à le rendre.

Lorfqu'il arrive du contentieux fur ces comptes, les Commiffaires n'en peuvent connoître,
& l'affaire doit être portée au Siege devant les
Juges. (Même Edit de Mai 1583, art. 9.)

2. *Sur un appointement à mettre, &c.*] Savoir
fur un appointement à mettre dans le cas de l'article précédent, & fur un Procès par écrit,
lorfque dans une Inftance appointée en droit
une Partie eft condamnée incidemment à rendre
compte.

3. *Le Rapporteur ne pourra être commis.*] Afin
qu'il ne foit pas difpofé à favorifer une demande
dont il pourroit lui revenir quelque utilité ; &
auffi afin qu'il y ait plus de Juges qui foient inftruits de l'affaire, ou qu'elle foit mieux éclair-
cie, en paffant par différentes mains.

Au furplus il faut obferver, que dans les Pro-
cès, même de rapport, ce font les Commiffaires-
Enquêteurs qui reçoivent ces comptes, à moins
que le compte n'ait été ordonné à leur rapport.
(Arrêt du Confeil du 31 Août 1689, fervant de
Réglement pour le Préfidial d'Orléans, art. 9.)

4. *Pour le compte.*] *Idem* Pour les defcentes de
Juge. Voyez ci-deffus, tit. 21, art. 2.

ARTICLE VI.

La préface du compte (1) ne pourra
excéder fix rolles, le furplus ne paffera
en taxe ; & ne feront tranfcrites dans les
comptes autres pieces que la commiffion
du Rendant, l'acte de tutele, & l'extrait de la Sentence ou Arreft qui condamne à rendre compte.

1. *La préface du compte.*] La préface d'un compte est une exposition du fait, qui se met au commencement du compte pour expliquer les circonstances nécessaires à l'intelligence de ce compte, & pour mettre le Juge en état d'en connoître l'objet ; comme la Commission ou l'acte de Tutele du Rendant, & autres actes dont il est parlé dans cet article.

ARTICLE VII.

Le Rendant sera tenu d'insérer dans le dernier article du compte, la somme à quoi se monte la recepte, celle de la dépense & reprise, distinctement l'une de l'autre ; & si la recepte se trouve plus forte que la dépense & *reprise* (1), l'Oyant pourra *prendre exécutoire de l'excédent* (2), qui lui sera délivré sur l'extrait du dernier article du compte, *sans préjudice des débats formez* (3), ou à former contre la recepte, dépense & reprise, & des soutenemens au contraire.

1. *Et reprise.*] La *reprise* est ce que le Rendant compte étoit chargé de recevoir, & qu'il n'a pas cependant reçu, soit parcequ'il n'a pu être payé malgré ses diligences, soit parceque le Débiteur étoit notoirement insolvable.

2. *Prendre exécutoire de l'excédent.*] Cet exécutoire se donne par le Juge qui a l'Instruction, ou se prend au Greffe.

3. *Sans préjudice des débats formés.*] L'Oyant compte doit, pour plus grande précaution, en

I vj

fignifiant cet exécutoire, déclarer qu'il fe réferve
à former fes débats contre la recette, dépenfe &
reprife du compte, ou dire que c'eft fans préjudice des débats qu'il entend former contre ce
même compte.

ARTICLE VIII.

Les Rendans compte *préfenteront &*
affirmeront leur compte (1), en perfonne,
ou par Procureur fondé de procuration
fpéciale, dans le délai qui leur aura efté
prefcrit par le Jugement de condamnation fans aucune prorogation, *& le délai*
paffé, ils y feront contraints (2) par faifie
& vente de leurs biens, mefme par emprifonnement de leur perfonne, *fi la ma-*
tiere y eft difpofée (3), & qu'il foit ainfi
ordonné.

1. *Préfenteront & affirmeront leur compte.*]
Si le Rendant compte néglige de le préfenter
& affirmer, la Partie adverfe levera le Jugement
qui condamne à le rendre, & le fera fignifier au
Comptable.

Avant de préfenter & affirmer ce compte,
le Rendant doit obtenir du Commiffaire une
Ordonnance pour faire affigner le Défendeur aux
fins de le voir préfenter & affirmer. Si le Demandeur ne fe trouve pas au jour indiqué, le Comif-
faire doit donner défaut contre lui, & pour le
profit donner acte au Rendant de fa préfentation
& affirmation, & en conféquence le compte eft
tenu pour bien & légitimement préfenté & affirmé. Si le Demandeur fe trouve au jour indi-

qué , la préfentation & affirmation fe fait avec lui.

2t *Et le délai paffé , ils y feront contraints ,* &c.] C'eft-à-dire , que le délai érant paffé fans que les Rendans aient préfenté & affirmé leur compte , ils feront contraints de le préfenter & affirmer par faifie , &c.

Lorfque le Condamné refufe ou differe de rendre compte dans ce délai , on le condamne quelquefois à payer à la Partie adverfe une ou Plufieurs provifions telles que de raifon.

3 *Si la matiere y eft difpofée.*] C'eft-à-dire , fi le Comptable eft dans le cas de pouvoir être contraint par corps ; car cette contrainte ne regarde pas les Ecclésiaftiques ni les femmes comptables , telles que font les Meres & Gardiennes , ni les Protuteurs & autres perfonnes qui n'ont pas été chargées par autorité de Juftice. Quelquefois même la contrainte par corps ne doit pas être décernée contre celui qui tient fa charge par autorité de Juftice. (Voyez le Traité des Minorités , imprimé en 1735 , pag. 303.)

Article IX.

Après la préfentation & affirmation , *fera baillé copie* (1) du compte *au Procureur des Oyans* (2) , *& les pieces juftificatives* (3) *de la recepte , dépenfe & reprife* (4) lui feront communiquées fur fon récépiffé , pour les voir & examiner pendant quinze jours , après lefquels il fera tenu de les rendre *à peine de prifon* (5) , de foixante livres d'amende , & du féjour , dépens , dommages & intérefts des Parties en fon nom , fans qu'au-

cunes des peines ci-deſſus puiſſent eſtre
réputées comminatoires, remiſes ou modérées, ſous quelque prétexte que ce ſoit.

1. *Sera baillé copie.*] Par le Rendant compte.

2. *Au Procureur des Oyans.*] Voyez les articles 11 & 12.

3. *Et les pieces juſtificatives.*] Ces pieces doivent être cottées par premiere & derniere, & ap-
pliquées par le compte, ou par un inventaire, à
chaque article où elles ont rapport.

4. *De la recette, dépenſe & repriſe.*] La *recette*
ſe juſtifie par l'inventaire & autres actes qui ont
pû charger le Rendant; la *dépenſe*, par des quit-
tances valables, ou frais qui doivent paſſer en
compte; & la *repriſe*, par les diligences du Rendant, comme aſſignations, commandements,
ſaiſies, Procès verbaux de carence de meubles,
ventes & autres actes, qui prouvent que le
Comptable n'a pu être payé de la dette employée
en repriſe.

5. *A peine de priſon.*] Comme Dépoſitaire en
vertu d'ordonnance de Juſtice. (*Infrà*, tit. 34,
art. 4.)

ARTICLE X.

N'entendons toutefois empeſcher que
le Juge ne puiſſe en connoiſſance de cauſe, & pour conſidérations importantes,
proroger (1) le délai d'une autre quinzaine pour une fois ſeulement; après lequel temps le Procureur qui retiendra les
pieces, ſera contraint de les rendre ſous
les peines, & par les mêmes voies que
deſſus.

1. *Proroger.*] Parties préfentes ou duement appellées.

Article XI.

Si les Oyans ont une mefme intéreft, ils feront tenus de nommer un feul & mefme Procureur ; & à faute d'en convenir, fera permis à chacune des Parties d'en mettre un à fes frais ; auquel cas ne fera donné qu'une feule copie du compte, & une feule communication des pieces juftificatives *au plus ancien* (1).

1. *Au plus ancien*] Car par-là on évite des frais, & l'on abrege l'appurement du compte.

Article XII.

Si les Oyans ont des intérefts différens, le Rendant fera fignifier à chacun des Procureurs une copie du compte, & leur communiquera les pieces juftificatives ; & s'il y a des Créanciers intervenans, ils n'auront tous enfemble qu'une feule communication, tant du compte que des pieces juftificatives, par les mains *du plus ancien des Procureurs qu'ils auront chargé* (1).

1. *Du plus ancien des Procureurs qu'ils auront chargé.*] Ils doivent auffi fournir des débats contre le compte par le miniftere de cet Ancien feulement, au cas qu'il y ait lieu d'en fournir.

ARTICLE XIII.

Après le délai de la communication expiré, *sera pris au Greffe l'appointement* (1) de fournir par les Oyans *leurs confentemens ou débats* (2) dans huitaine, les foutenemens par le Rendant huitaine après, écrire & produire dans une autre huitaine, *& contredire dans la huitaine fuivante* (3).

1. *Sera pris au Greffe l'appointement.*] Car dans ces matieres il n'eft pas néceffaire que l'appointement foit prononcé à l'Audience. (Voyez *fuprà* l'article 10 du titre 11, avec les notes pag. 248 & 249.)

2. *Leurs confentements ou débats.*] Les *confentements* font l'acquiefcement de l'Oyant aux articles qu'il ne contefte point; les *débats* font les moyens pour empêcher qu'un article ne foit alloué ou paffé en compte.

3. *Et contredire dans la huitaine fuivante.*] Si le compte qui eft à rendre eft de peu de conféquence, & pour affaires légeres, les Juges doivent ordonner que les Parties compteront par bref état, foit au Greffe, foit pardevant un des Juges, ou autre qui fera nommé à cet effet.

ARTICLE XIV.

Défendons à tous nos Juges, Commiffaires-Examinateurs, & autres de quelque qualité qu'ils foient fans exception, de faire à l'avenir *aucuns Procès-*

verbaux d'examen de compte (1) , dont Nous abregeons l'ufage en tous les Sieges , mefme en nos Cours de Parlement , & autres nos Cours.

1. *Aucuns Procès-verbaux d'examen de compte.*] Soit en leur Hôtel ou ailleurs. Cette procédure ne ferviroit qu'à augmenter inutilement les frais.

Article XV.

Défendons de s'aſſembler en la maifon du Juge ou Commiſſaire de la reddition du compte , pour mettre par forme d'apoftilles à cofté de chaque article les confentemens , débats & foutenemens des Parties ; & n'entendons néantmoins déroger à l'ufage òbfervé *par les Commiſſaires du Chaſtelet de Paris* (1).

1. *Par les Commiſſaires du Châtelet de Paris.*] Les Commiſſaires du Châtelet de Paris ont droit d'examiner & d'appurer en leur Hôtel les comptes de tutele & autres.

Article XVI.

Si les Oyans ne fourniſſent leurs confentemens ou débats *dans la huitaine* (1) portée par le Réglement, il fera permis au Rendant, après qu'elle fera paſſée, de produire au Greffe fon compte avec les pieces juftificatives , pour eftre diftribué en la maniere accoutumée ; *& s'ils les ont* *fournis* (2), ils pourront au mefme temps *donner leurs productions* (3), fans que pour mettre l'inftance en eftat il foit befoin que d'un fimple acte de commandement de fatisfaire au Réglement, & en conféquence paffé outre au Jugement.

1. *Dans la huitaine.* Ce délai ne s'obferve point à la rigueur. (Voyez ci deffus tit. 1?, art 17, avec les notes, pag. 257.)

2. *Et s'ils les ont fournis.*) C'eft-à-dire, s'ils ont fourni leurs confentements ou débats.

3. *Donner leurs productions.*] Et enfuite prendre communication du Procès. (Voyez ci-deffus tit. 14, art. 9 & 10, pag. 313 & fuivantes.)

ARTICLE XVII.

Les comptes feront écrits en grand papier, *à raifon de vingt-deux lignes pour page, & quinze fyllabes pour ligne* (1), à peine de radiation dans la taxe, des rolles où il fe trouvera de la contravention.

1. *A raifon de vingt-deux lignes pour page, & quinze fyllabes pour ligne.*] Voyez la Déclaration du 19 Juin 1691, art. 3 ; & celle du 24 Juillet de la même année touchant les Ecritures en parchemin ou papier timbré.

ARTICLE XVIII.

Le Rendant ne pourra employer dans la dépenfe de fon compte, les frais de de la Sentence ou de l'Arreſt par leſquels il eſt condamné de le rendre, ſi ce n'eſt qu'il euſt conſenti avant la condamnation : mais pour toutes dépenſes communes emploiera ſon voyage, s'il en échet ; les aſſignations pour voir préſenter & affirmer le compte, la vacation du Procureur *qui aura mis les pieces du compte par ordre* (1), celle du Commiſſaire pour recevoir la préſentation & affirmation, *& des Procureurs, s'ils y ont aſſiſté* (2), *enſemble les groſſes & copies du compte* (3).

1. *Qui aura mis les pieces du compte par ordre.*] Il ne faut point dreſſer d'inventaire pour ces pieces, mais ſeulement les comprendre dans l'inventaire de production dans le cas où les Procès ſont appointés.

2. *Et des Procureurs, s'ils y ont aſſiſté.*] Car l'aſſiſtance des Procureurs eſt inutile pour ces ſortes de redditions de compte.

3. *Enſemble les groſſes & copies du compte.*] Quoique les comptes ſoient rendus **aux** frais des Oyans, néanmoins ſi le Comptable a fait défaut, ou formé de mauvaiſes conteſtations dans le cours de l'Inſtance, il doit être condamné aux dépens à cet égard ſans aucune répétition.

Voyez, touchant la maniere dont les comptes de tutele & autres doivent être rendus, un acte de notoriété du 21 Mars 1690, rapporté par Deniſart en ſon Recueil d'actes de notoriété, pag. 152 & ſuivantes.

Article XIX.

Déclarons toutes Lettres d'Estat qui pourront estre ci-après obtenues par ceux qui sont obligez ou condamnez de rendre compte, *subreptices* (1) : Défendons à tous Juges d'y avoir égard , s'il n'y est par Nous dérogé par clause spéciale , & fait mention dans les Lettres de l'Instance de compte ; & si la clause n'est insérée dans les Lettres , l'Instance du compte pourra estre poursuivie & jugée.

1. *Subreptices*.] La Déclaration du Roi du 23 Décembre 1702 , servant de Réglement pour les Lettres d'Etat , art. 20. (rapportée au nouveau Recueil, tome 2, p. 300.) après avoir confirmé cette disposition, veut : » Que ceux qui » seront tenus de rendre compte , puissent ré- » ciproquement faire les poursuites nécessaires » pour y parvenir , & se libérer, nonobstant » toutes Lettres d'Etat qui leur auront été signi- » fiées.

Article XX.

Le Jugement qui interviendra sur l'Instance de compte , contiendra le calcul de la recepte & dépense , *& formera le reliquat précis, s'il y en a aucun* (1).

1. *Et formera le reliquat précis , s'il y en a aucun.*] On appelle ordinairement ce reliquat , le *finito* du compte.

ARTICLE XXI.

Ne fera ci-après procédé à la révifion d'aucun compte ; mais s'il y a des erreurs, omiffions de recepte ou faux emploi, les Parties *pourront en former leur demande* (1), ou interjetter appel de la clofture du compte, & plaider leurs prétendus griefs en l'audience.

1. *Pourront en former leur demande.*] Pardevant le même Juge qui a rendu la Sentence ; ou interjetter appel devant le Juge fupérieur. Si l'erreur ou omiffion eft de la part du Rendant dans le compte par lui préfenté, il doit la faire réformer à fes dépens ; mais fi cette erreur vient de la part du Juge, elle doit être réformée aux dépens de celui qui vient à fuccomber, ou du moins il faut compenfer les dépens à cet égard, à moins qu'elle n'eût été contestée mal-à-propos, auquel cas ce feroit aux dépens de celui qui auroit donné lieu à cette contestation.

ARTICLE XXII.

Pourront les Parties eftant Majeurs (1) compter pardevant des Arbitres ou à l'amiable, encore que celui qui doit rendre compte ait efté commis par ordonnance de Juftice.

1. *Pourront les Parties étant Majeurs, &c*] Ainfi jugé par Arrêt du 23 Août 1752, rendu en la Grand'Chambre au profit des Notaires de Paris contre les Commiffaires au Châtelet, qui

prétendoient avoir droit de recevoir les comptes
des Tuteurs touchant la liquidation des biens
de leurs Mineurs, quoique non ordonnés par
Juſtice. Dans l'eſpece il s'agiſſoit d'un compte
rendu par un Tuteur *ad hoc*, à un Tuteur à l'a-
miable, & ſans avoir été ordonné par Juſtice,
dans lequel étoit fait partage de la communauté
& ſucceſſion de leur Mineur. Voyez le nouveau
Recueil, tom. 3, pag. 685.

Mais ſi le compte a été ordonné par Juſtice,
& qu'il y ait des Mineurs en Cauſe, alors pour
être valable, il doit néceſſairement être rendu
en Juſtice, c'eſt-à-dire, pardevant un Commiſ-
ſaire-Enquêteur dans les endroits où il y en a
d'établis, ſinon pardevant le Juge.

ARTICLE XXIII.

Si ceux à qui le compte doit eſtre
rendu ſont abſens hors le Royaume d'une
abſence longue & notoire, & qu'à l'aſſignation il ne ſe préſente aucun Procureur, le Rendant après l'affirmation levera ſon défaut au Greffe qu'il donnera
à juger, & pour le profit *ſeront les articles allouez* (1), s'ils ſont bien & deuement juſtifiez : & ſi par le calcul le Rendant ſe trouve débiteur, il en demeurera
dépoſitaire ſans intéreſt *en donnant caution* (2), & ſi c'eſt le Tuteur, *il ſera
déchargé de donner caution* (3).

1. *Seront les articles alloués.*] Les Jugements
ainſi rendus contre des abſens doivent être rendus
avec les Procureurs du Roi ou Fiſcaux.

2. *En donnant caution.*] Si mieux il n'aime offrir de remettre la somme, pour être déposée à qui par Justice il sera ordonné.

3. *Il sera déchargé de bailler caution.*] Parceque ce n'est point en vertu d'un nouvel engagement que les deniers sont laissés entre ses mains.

TITRE XXX.

De la liquidation des fruits.

ARTICLE PREMIER.

S'IL y a *condamnation de restitution de fruits* (1) par Sentence, Jugement ou Arrest, ceux de la derniere année seront délivrez en especes; & quant à ceux des années précédentes, la liquidation en sera faite *eu égard aux quatre saisons & prix commun* (2) de chacune année, *si ce n'est qu'il en ait esté autrement ordonné par le Juge* (3), ou convenu entre les Parties.

1. *S'il y a condamnation de restitution de fruits.*] La disposition portée en cet article, reçoit aussi son application, quand il s'agit de la prestation de quelque redevance en grains ou autres especes.

2. *Eu égard aux quatre saisons & prix commun.*] Pour faire cette liquidation, s'il s'agit, par exemple, de grains, il faut prendre le prix

du grain au commencement des mois de Janvier, Avril, Juillet & Octobre, ajouter ensuite ensemble ces quatre prix, & prendre le quart de la somme totale, & l'on aura le prix commun cherché.

1. *Si ce n'est qu'il en ait été autrement ordonné par le Juge.*] Comme quand il y a eu une demande judiciaire, & que sur cette demande le Débiteur a refusé de payer ; dans ce cas, l'évaluation doit se faire sur le pied du plus haut prix de l'année, à compter du jour que le Débiteur a été constitué en demeure, qui est ce *quanti Debitoris interest.*

A R T I C L E I I.

Les Parties qui auront esté *condamnées à la restitution des fruits* (1), ou leurs héritiers, feront tenus au jour de la premiere assignation donnée en exécution de la Sentence, Jugement ou Arrest, de représenter *pardevant le Juge ou Commissaire* (2), les comptes, papiers de recepte, *& Baux à ferme des héritages* (3) ; & donner par déclaration les frais de labour, semences & récoltes de ce qu'ils auront fait valoir par leurs mains ; ensemble de la quantité des fruits qui en sont provenus, pour après la *déduction faite des frais* (4), estre le surplus, si aucun y a, *payé dans un mois pour tout délai* (5).

1. *Condamnées à la restitution des fruits.*] Cette condamnation est sujette à la contrainte par

par corps après les quatre mois, quand elle excede la somme de deux cents livres. (Voyez *in-* *frà* , tit. 34 , art. 2.)

2. *Pardevant le Juge ou Commiffaire.*] Dans les Jurifdictions où il y a des Commiffaires-Enquêteurs , c'eft devant eux que doivent fe faire les liquidations de fruits. (Edit du mois d'Octobre 1693 , portant création de ces Offices. Arrêt du Conſeil du 31 Août 1689 , rendu entre les Officiers du Préſidial d'Orléans , article 9.)

Mais s'il furvient quelques conteftations fur la déclaration ou valeur de ces fruits , le Commiffaire doit renvoyer au Siege pour les juger.

3. *Et Baux à ferme des héritages.*] Parceque quand l'héritage eft affermé, le rapport des fruits fe fait fur le pied des Baux ; & fi les fruits confiftent en cenfives, rentes, droits feigneuriaux , & autres chofes femblables, ce rapport fe fait fuivant les comptes & papiers de recette, pourvu que le tout ait été fait de bonne foi.

4. *Déduction faite des frais.*] C'eft-à-dire , fous la déduction des frais de labour , femences & récoltes , ou autres néceffaires pour la perception de la redevance.

5. *Payé dans un mois pour tout délai.*] Cela a lieu feulement dans le cas où la Partie au profit de laquelle fe doit faire le rapport des fruits, ne contefte point la déclaration qui lui en eft donnée ; le Commiffaire doit donner acte de ce confentement.

A R T I C L E III.

Si celui qui aura obtenu Jugement à fon profit, foutient que le contenu en la déclaration des fruits donnée par la Partie n'eft véritable , l'une & l'autre des Parties pourront, si le Juge l'ordonne, *faire preuve respectivement* (1) par écrit & par Témoins *de la quantité des fruits* (2); & quant à la valeur, la preuve en sera faite par les extraits des registres des gros fruits *du Greffe plus prochain* (3); & les labours, semences, & frais de récolte seront estimez par Experts.

1. *Faire preuve respectivement.*] Dans les délais prescrits pour les enquêtes. (Voyez *suprà*, tit. 22, art. 2, pag. 64.)

2. *De la quantité des fruits.*] Si les Témoins sont contraires en leurs dispositions, & ne s'accordent pas sur la quantité des fruits perçus, & que les uns déposent d'une plus grande quantité, & les autres d'une moindre, il faudra s'en tenir à la moindre quantité, dans le cas où il y auroit un égal nombre de Témoins de part & d'autre; mais si ceux qui déposent de la plus grande quantité étoient en plus grand nombre, & surpassoient au moins de deux le nombre des Témoins qui déposent de la moindre quantité, alors il faudroit estimer la quantité des fruits par le plus grand nombre.

3. *Du Greffe plus prochain.*] C'est-à-dire, le plus prochain du lieu où sont situés les héritages, dont les fruits doivent être rapportés.

ARTICLE IV.

Si par le rapport des Experts, *ou par autre preuve* (1), la quantité ou valeur des fruits ne se trouve excéder le contenu en la déclaration, le Demandeur en liquidation qui aura insisté, *sera con-*

damné en tous les dépens du Defendeur
(2), qui feront taxez par le mefme Jugement.

1. *Ou par autre preuve.*] Voyez l'article précédent.

2. *Sera condamné en tous les dépens du Défendeur.*] Voyez ci-après l'art. 6 du tit. 31, & l'art.
3 du tit. 32.

A R T I C L E   V.

Si la liquidation excede le contenu en
la déclaration, le Défendeur *sera condamné aux dépens* (1), qui feront auffi
liquidez par le mefme Jugement.

1. *Sera condamné aux dépens.*] Par l'Ordonnance de 1539, art. 100, celui qui avoit fait
une fauffe déclaration, étoit condamné en une
amende confidérable, tant envers la Partie
qu'envers le Roi.

A R T I C L E   V I.

En toutes nos Villes & Bourgs où il
y aura Marché, les Marchands faifant
trafic de bleds & autres efpeces de gros
fruits, ou les Mefureurs, *feront rapport*
(1) par chacune femaine de la valeur &
eftimation commune des fruits, fans
prendre aucuns falaires, à quoi faire ils
pourront eftre contraints par amendes
ou autres peines qui feront arbitrées par
les Juges.

K ij

1. *Feront rapport.*] Ce rapport contient ordinairement deux sortes de prix de chaque espece de grain, savoir du plus haut prix & du plus bas. On fait des deux un prix moyen.

Ces rapports se font pour prévenir les contestations qui peuvent survenir sur le prix & la valeur des grains.

ARTICLE VII.

A cette fin les Marchands ou Mesureurs seront tenus de nommer deux ou trois d'entre eux, qui sans être appellez ni ajournez, feront & affirmeront par serment pardevant le Juge du lieu *le rapport de l'estimation* (1), *dont il sera aussitôt fait registre par le Greffier* (2), sans faire séjourner ni attendre les Marchands, & sans prendre d'eux aucuns salaires ni vacation, à peine d'exaction.

1. *Le rapport de l'estimation.*] Sur le pied que les fruits se vendent au Marché.

2. *Dont il sera aussi-tôt fait registre par le Greffier.*] Afin d'y avoir recours toutes les fois qu'il s'agira de faire des évaluations de grains, & de savoir ce qu'ils ont valu en telle ou telle année.

ARTICLE VIII.

Sera fait preuve de la valeur des fruits dont on fait rapport en Justice, tant en exécution des Arrests ou Sentences, qu'en toutes autres matieres où il sera question d'appréciation , par les extraits des estimations , & *non autrement* (1).

1. *Et non autrement.*] Ainsi on ne pourroit être recevable à prouver le contraire de ce qui est porté dans ces regiſtres ; & toute autre preuve ſeroit rejettée , ſi ce n'eſt que ces regiſtres fuſſent perdus, auquel cas il faudroit avoir recours ou à la preuve teſtimoniale, ou aux regiſtres des Greffes des lieux voiſins.

Aʀᴛɪᴄʟᴇ IX.

Défendons au Greffier ou Commis , de prendre *ni recevoir* (1) plus de cinq ſols de l'expédition de l'extrait du rapport des quatre ſaiſons de chacune année , à peine d'exaction.

1. *Ni recevoir.*] Quand même il lui ſeroit volontairement offert ; c'eſt ce que ſignifie le mot *recevoir.*

TITRE XXXI.

Des Dépens.

Aʀᴛɪᴄʟᴇ ᴘʀᴇᴍɪᴇʀ.

Toute Partie (1), ſoit principale *ou intervenante* ( ), qui ſuccombera , *même* aux renvois déclinatoires , *évocations* (3)

ou réglemens de Juges , *fera condamnée
aux dépens* (4) *indéfiniment* (5) *nonobstant la proximité* (6) , ou autres qualitez des Parties , *sans que sous prétexte
d'équité* (7) , partage d'avis , *ou pour quelque autre cause que ce soit* (8) , elle en
puisse être déchargée. Défendons à nos
Cours de Parlement , Grand-Conseil ,
Cours des Aydes , & autres nos Cours ,
Requestes de nostre Hostel , & du Palais ,
& à tous autres Juges , *de prononcer par
hors de Cour sans dépens* (9). Voulons
qu'ils soient taxez *en vertu de nostre présente Ordonnance* (10) , au profit de celui
qui aura obtenu diffinitivement , encore
qu'ils n'eussent esté adjugez , sans qu'ils
puissent estre modérez , *liquidez* (11) *ni
réservez* (12).

1. *Toute Partie.*] La disposition portée en
cet article n'a pas lieu dans les Causes & Procès
qui se poursuivent à la Requête des Procureurs
du Roi , Procureurs Fiscaux & Promoteurs , tant
en matiere Criminelle que de Police , ou autre
matiere qui intéresse le ministere public : car dans
ces sortes de Procès il n'y a jamais de condamnation de dépens. (Voyez Baquet en son Traité des
droits de Justice , chap. 7 , n. 19 & suivants.
Papon en ses Arrêts , liv. 18 , tit. 2 , n. 28 ; &
aux additions n. 4. Bouvot en ses Arrêts , tom. 1 ,
partie 3 , au mot *Substitut.* Bardet en ses Arrêts ,
tom. 1 , liv. 3 , chap. 104. Feyret en son Traité
de l'Abus , liv. 4 , chap. 3 , n. 34.) Il y a même
à ce sujet pour les Promoteurs des Officialités un

Réglement des Etats du Clergé tenus en 1614,
art. 17, rapporté dans les Mémoires du Clergé,
tit. 2, tom. 5, pag. 656 de l'édit. de 1675.

Cette regle a pareillement lieu dans les Procès
qui se poursuivent à la Requête des Procureurs
du Roi pour raison des domaines & autres droits
domaniaux de Sa Majesté, comme saisies féodales, &c. Mais quand il s'agit de droits utiles pour
raison de ces mêmes domaines & autres droits,
& que ces droits sont affermés, alors comme l'action se donne à la Requête des Receveurs du Domaine ou Fermiers du Roi, on condamne aux
dépens la Partie qui succombe, soit le Fermier
ou Receveur, soit la Partie. Telle est la Jurisprudence, & plusieurs Arrêts l'ont ainsi jugé. (Voy.
les articles 8, 10, 32 & 44 du titre commun des
Fermes de l'Ordon. du mois de Juillet 1681, rapportés au nouveau Recueil, tom. 1, pag. 478.)

A l'égard des Procès concernant les Domaines, droits & revenus ordinaires des Seigneurs
Hauts-Justiciers, quoique pour raison de ces
mêmes droits ces Seigneurs plaident dans leurs
Justices par leurs Procureurs-Fiscaux, néanmoins s'ils viennent à gagner leur Cause, ils
obtiennent alors les dépens contre la Partie
condamnée; & de même s'ils succombent dans
les Instances par eux poursuivies, ils doivent
être condamnés aux dépens envers la Partie.
(*Ità* Bacquet en son Traité des Droits de Justice, chap. 6, n. 22. Voyez aussi S. Yon en sa
Conférence des Ordonnances des Eaux & Forêts, liv. 3, tit. 4, art 78, note 1.)

Il est bon d'observer que quoique les Seigneurs Hauts-Justiciers pour raison des droits
& revenus ordinaires de leurs Domaines plaident dans leurs Justices sous le nom de leurs
Procureurs-Fiscaux; néanmoins lorsqu'il y a
appel des Sentences rendues par leur Juge,

K iv

c'eft le Seigneur & non le Procureur-Fifcal, qui doit plaider en Caufe d'appel pour prendre le fait & caufe de fon Procureur ; ce qui s'obferve pareillement à l'égard des Seigneurs Apanagiftes & Engagiftes du Domaine du Roi ; & fi fur l'appel ils gagnent leurs Caufes, ils obtiennent les dépens, & de même, s'ils fuccombent, on les condamne aux dépens faits fur cet appel. Ainfi quoique M. le Duc d'Orléans plaide fous le nom de fon Procureur pour raifon de fon Domaine dans les Juftices qui dépendent de fon apanage, néanmoins s'il y a appel au Parlement de la Sentence rendue par fes Juges, il doit plaider en fon nom fur cet appel, & non par fon Procureur.

Il en eft de même des Evêques : ils font obligés de plaider en leur nom, & de prendre le fait & caufe de leurs Promoteurs dans les cas où ces Promoteurs font feuls Parties, foit qu'on appelle comme d'abus de la Sentence de leurs Officiaux, foit qu'on fe pourvoie par appel fimple au Métropolitain ou Primat ; (Voyez Héricourt en fes Loix Eccléfiaftiques, partie 1, chap. 25, art. 35. Ainfi jugé par Arrêt du 20 Juin 1704, rapporté au Journal des Audiences, tom. 5.) & alors on condamne l'Evêque aux dépens, s'il y a abus dans le Jugement de l'Official.

2. *Ou intervenante.*] A l'égard des garants, voyez ce qui a été dit ci-deffus, tit. 8, art. 11 & 14. pag. 215 & fuivantes.

3. *Même aux renvois, déclinatoires, évocations, &c.*] Sans pouvoir être réfervés. Cependant fi le Défendeur eft affigné devant le Juge fupérieur de celui de fon domicile, & qu'il demande fon renvoi devant fon premier Juge, ou que la caufe foit revendiquée, il eft d'ufage de réferver les dépens du déclinatoire, parceque le Juge fupérieur étant compétent pour con-

noître de l'affaire, le Demandeur ne doit point être condamné aux dépens ; ce qui doit pareillement avoir lieu dans le cas où un Privilégié étant assigné devant le Juge de son domicile, demande à être renvoyé devant le Juge de son Privilége.

On prétend même que l'usage constant du Parlement de Paris dans tous les appels de Sentences rendues sur déclinatoires, est de condamner l'Appellant aux dépens, quand il confirme la Sentence qui a débouté du renvoi, & de réserver les dépens quand il l'infirme.

Cette condamnation de dépens en matiere de renvoi se prononce par le Juge, même dans le cas où il est entiérement incompétent pour connoître de l'affaire, parceque chaque Juge est compétent pour décider si une affaire est de sa Jurisdiction ou non, suivant la Loi 2, § *Et si dubitetur* 6 ; & L. *si quis ex alienâ* 5, ff. de Judiciis.

En matiere de récusations de Juges & de prises à partie, les Jugemens qui interviennent, doivent aussi prononcer la condamnation de dépens contre celui qui succombe. (Voyez *suprà*, tit. 24, art. 29 ; & tit. 25, art. 4)

4. *Sera condamnée aux dépens.*] La condamnation de dépens est la peine dont les Juges doivent punir ceux qui succombent ; & sous ce mot on comprend non-seulement les frais de contestation, & des Procédures qui se font dans le cours d'une Instance, mais encore tous les frais & mises d'exécution qui se font en vertu d'un titre exécutoire, avant même de procéder & de contester en Justice, comme sont tous les frais de saisie, vente, &c. & ces frais sont dûs du jour du Commandement, y compris même le Contrôle & voyage de l'Huissier qui le fait.

K v

dans le cas où il y a lieu de paſſer ce voyage en taxe.

Lorſqu'une perſonne aſſignée s'en rapporte à Juſtice, il n'en doit pas moins les dépens, ſi l'action procede contre lui : car il doit offrir ſur la demande intentée contre lui, dans le cas où il eſt débiteur.

Cette condamnation de dépens doit ſe prononcer, tant en Cauſe d'appel qu'en Cauſe principale ; & elle a lieu non-ſeulement dans le cas où l'appel eſt interjetté d'une Sentence diffinitive, mais même d'un interlocutoire : le Juge d'appel doit condamner aux dépens de cet interlocutoire, ſans attendre la déciſion du principal différend.

Il faut auſſi obſerver que cette condamnation de dépens doit être prononcée dans les plus petites Cauſes comme dans les grandes. Il faut même en quelque ſorte, que les Juges ſoient plus exacts à prononcer cette condamnation dans les petites Cauſes que dans les grandes affaires, parcequ'il n'eſt pas juſte qu'une Partie ſe ſoit donné impunément la licence d'intenter témérairement un Procès pour une Cauſe légere, qui ſouvent occaſionne des frais beaucoup plus conſidérables que le principal même.

5. *Indéfiniment.*] Sauf les dépens des défauts & contumaces, ou autres dépens fruſtratoires, qui doivent être portés par celui qui les a occaſionnés.

Lorſqu'il y a pluſieurs chefs de demande portés par l'aſſignation, & que le Demandeur obtient ſur les uns & perd ſur les autres, il faut ou les compenſer, ſi le Demandeur perd autant de chefs qu'il en gagne, & que ces chefs n'aient pas occaſionné plus de dépens les uns que les autres, ou condamner la Partie qui perd le plus de chefs en une certaine portion de dépens ; ce qui doit pareillement avoir lieu sur l'appel, lorsqu'il y a plusieurs chefs de condamnation portés par la Sentence dont une des Parties s'est rendue appellante, sur partie desquels l'Appellant vient à obtenir, & à perdre sur les autres.

Dans le cas où il y a des demandes ou des appellations respectives de la part des deux Parties, & où chacune de ces Parties obtient sur son appel, ou sur sa demande, il faut aussi suivre la même regle, compenser les dépens, s'il y a autant de frais faits pour une demande ou pour une des appellations, que pour l'autre ; ou bien condamner en une partie des dépens, même de la cause d'appel, s'il y a eu moins de frais faits pour l'une de ces demandes que pour l'autre.

Quand les dépens sont compensés, la Partie qui a avancé les frais d'un Arrêt ou Jugement interlocutoire, ou d'un Procès-verbal de visite, de rapport, ou de descente sur les titres contentieux, ou des épices, vacations, & coût du Jugement diffinitif, n'en peut rien répéter contre l'autre Partie, si cela n'est porté expressément par l'Arrêt ou le Jugement qui compense les dépens. Elle ne peut pareillement répéter aucuns frais de voyage. Mais celle des Parties qui obtient condamnation de portion des dépens, ne fût-ce que d'un huitieme ou d'une moindre portion, a droit de répéter ces frais & avances à proportion desd. avances contre l'autre Partie.

La Partie qui se désiste du Procès doit aussi les dépens jusqu'au jour du désistement, & non au-delà, ainsi que celui qui fait des offres conformes à la demande de sa Partie adverse, ou du moins qui sont suffisantes. (Voyez *suprà*, titre 30, art. 4 & 5, pag. 510 ; & *infrà*, art. 6 ; & tit. 32, art. 2 & 3.)

Lorsqu'une Partie est condamnée, soit en

K vj

Caufe principale ou d'appel, en une portion des
dépens, elle doit feule le coût du Jugement, &
même les épices des Juges, s'il y en a, ainſi que
celles des Conclufions du Parquet, à moins qu'il
ne ſoit porté autrement par le Jugement ou par
un *retentum* mis au bas de la minute de ce Jugement. (Arrêt de Réglement de la Cour du 10
Avril 1691, touchant les voyages & féjours,
art. dernier. Autre Arrêt du 8 Août 1714.)

6. *Nonobſtant la proximité.*] Quand il s'agit
de conteſtations entre pere & enfants, & quelquefois même entre freres & fœurs, on eſt aſſez
dans l'uſage de compenſer les dépens, ſur-tout
dans le cas où les enfants plaident contre leur
pere.

7. *Sans que fous prétexte d'équité.*] Voyez
l'art. 6 du tit. 1 ci-deſſus.

8. *Ou pour quelqu'autre caufe que ce foit.*] Cependant par l'Edit du mois de Mars 1668, portant Réglement pour les affaires du Roi, art. 5,
(rapporté au nouveau Recueil, tome 1, page
178,) il eſt permis aux Juges, dans le cas où il
s'agit d'impoſition de deniers Royaux, de prononcer ſur les dépens ſuivant la qualité de l'affaire, ſans être obligés d'y condamner celui qui
ſuccombera.

9. *De prononcer par hors de Cour fans dépens.*]
Cette difpoſition n'ôte pas aux Juges la faculté
de compenſer les dépens lorſque la raifon & l'é-
quité femblent l'autoriſer, comme dans les cas
dont on a parlé ci-deſſus, & dans les autres circonſtances particulieres qui peuvent ſe préſenter; par exemple, quand il y a pareille témérité
ou mauvaiſe foi de la part des deux Parties, fuivant la L. *ex hoc edicto* 3, §. *ſi & ſtipulator.* 3.
ff. de eo per quem factum fuerit.]

10. *En vertu de notre préſente Ordonnance.*]
C'eſt-à-dire, que pour obtenir une condamna-

tion de dépens, il n'eſt pas néceſſaire que la
Partie en forme la demande ; cela ſe ſupplée par
le Juge.

11. *Liquidés.*] Si ce n'eſt par les Juges dont il
eſt fait mention en l'art. 33 de ce titre.

12. *Ni réſervés.*] Ce qui doit s'entendre des
Jugements diffinitifs ; car dans les Jugements interlocutoires on doit réſerver les dépens. Il en
eſt de même à l'égard des Sentences de proviſion, pour leſquelles on réſerve ordinairement
à faire droit ſur les dépens par le Jugement diffinitif.

ARTICLE II.

Seront auſſi tenus les Arbitres en jugeant les différends, *de condamner indéfiniment* (1) aux dépens celui qui ſuccombera ; ſi ce n'eſt que par le compromis il y
euſt clauſe expreſſe portant pouvoir de
les remettre, modérer & *liquider* (2).

1. *De condamner indéfiniment.*] Voyez les notes ſur les articles précédents, qui doivent ici
recevoir leur application.

Mais les arbitres ne doivent pas indiſtinctement, ſans un motif particulier, & par cela ſeul
qu'ils ſont Arbitres, compenſer les dépens ; ils
doivent à cet égard ſe conſidérer comme des Juges, ſi ce n'eſt dans le cas où ils ont reçu des
Parties la faculté d'en uſer autrement, comme
il eſt dit en la ſuite de cet article.

2. *Et liquider.*] Quand les Arbitres n'ont pas
reçu par le compromis le pouvoir de liquider les
dépens, alors c'eſt aux Procureurs des Parties à
les liquider, (Voyez le Procès-verbal de l'Ordonnance, pag. 399,) du moins quand il y en
a de cottés.

Article III.

Si dans le cours *du Procès* (1) il survient quelque incident qui soit jugé diffinitivement, les dépens en seront *pareillement adjugez.*

1. *Du procès.*] Soit en Cause principale ou d'appel.

2. *Pareillement adjugés.*] La raison de cet article est que l'une des Parties pourroit gagner sur le différend principal, & néanmoins être mal fondée dans cet incident. C'est pourquoi dans le cas où cet incident est jugé avant le fond, il est juste de faire payer les dépens de cet incident à celui qui l'a occasionné, ou qui a contesté mal-à propos.

Article IV.

Après que le Procès, sur lequel sera intervenue Sentence, Jugement ou Arrest adjudicatif des dépens, aura esté mis au Greffe, les Procureurs *retireront chacun séparément les productions* (1) des Parties pour lesquelles ils auront occupé, qui leur seront délivrées par les Greffiers après les avoir vérifiées, en leur faisant apparoir par le Procureur plus diligent *d'une sommation faite aux autres Procureurs* (2) pour y assister à jours précis, à peine en cas de refus ou de demeure, de trois livres contre le Greffier par cha-

cun jour, *dont il sera délivré exécutoire* (3)
à la Partie.

1. *Retireront chacun séparément les productions.*]
Voyez *suprà* , tit. 11 , art. 16 , pag. 256.

2. *D'une sommation faite aux autres Procu-*
reurs.] Afin que chacun des Procureurs vienne
reconnoître ses Pieces.) Voyez le Procès-verbal
de l'Ordonnance , pag. 369.)

Si les autres Procureurs ne comparoissent pas
sur cette assignation , cela n'empêche pas le Procureur comparant de retirer sa production.

3. *Dont il sera délivré exécutoire.*] Par le
Juge.

ARTICLE V.

Sera donné copie (1) *au Procureur du*
Défendeur en taxe (2) , *de l'Arrest* , Ju-
gement ou Sentence (3) qui les auront
adjugez , *ensemble de la déclaration qui*
en aura esté dréssee (4) , pour dans les
délais réglez pour le voyage & retour
suivant la distance des lieux , *& le do-*
micile du Défendeur en taxe (5) , à raison d'un jour pour dix lieues en cas qu'il
soit absent , prendre communication des
pieces justificatives des articles par les
mains & au domicile du Procureur du
Demandeur , *sans déplacer* (6), *& faire*
par lui huitaine après ses offres (7) au
Procureur du Demandeur , de la somme
qu'il avisera pour les dépens adjugez
contre lui , *& en cas d'acceptation des*
offres (8) , il en sera délivré exécutoire.

1. *Sera donné copie.*] Tout ce qui est dit dans cet article & les suivants, touchant la maniere de taxer les dépens, ne regarde que les dépens considérés entre la Partie qui gagne sa Cause & celle qui la perd, & sur lesquels le Juge a prononcé en prononçant sur le fond; mais à l'égard des frais ou salaires considérés entre le Procureur & la Partie qui l'a employé, la demande s'en fait par action ordinaire, comme toute autre demande, sur un mémoire fourni par le Procureur, qui contient l'état de ses salaires & déboursés, & qu'on appelle mémoire de frais; & pour les régler, le Juge doit renvoyer devant des Arbitres, comme Avocats ou autres, ou devant un ancien Procureur, si la Partie assignée ne fait aucunes offres, ou si le Procureur qui demande ses frais, prétend que les offres qui lui sont faites par cette Partie ne sont pas suffisantes.

C'est ce qui est décidé par le Réglement concernant la taxe des dépens, rendu pour le Châtelet d'Orléans, du 6 Mars 1682, article 33. Cet aricle porte : » Qu'à l'égard des salaires des Pro-
» cureurs contre les Parties, les Procureurs se-
» ront tenus en formant leurs demandes, de
» fournir un sommaire état de leurs salaires, &
» de communiquer les pieces justificatives au
» Procureur constitué à la Partie, pour pouvoir
» faire leurs offres dans le temps de l'Ordon-
» nance : & qu'après la condamnation desdits
» salaires, faute d'avoir fait des offres suffisan-
» tes, le Demandeur donnera son état détaillé,
» pour y être pourvu par les Juges ainsi qu'ils le
» jugeront à propos.

La même chose doit avoir lieu dans le cas où une Partie se porte appellante d'une taxe de dépens, faite dans une Jurisdiction inférieure : car alors les Juges d'appel doivent renvoyer devant des Arbitres ou devant un ancien Procureur, pour régler ces dépens, sans autres frais, avant de prononcer sur cet appel. (Voyez l'arrêté du Parlement du 17 Janvier 1691, rapporté au nouveau Recueil, tom. 2, pag. 95 ; & au Recueil des Réglements de Justice, tom. 1, qui en a une disposition ; & c'est ainsi que nous l'observons au Châtelet d'Orléans.)

Ces raisons font voir avec combien peu de fondement on avoit inféré dans le projet d'un nouveau tarif de dépens pour le Châtelet d'Orléans, dressé au mois de Juin 1737, un article dont voici la disposition ; c'est l'article 144 de ce projet.

» Et quant aux salaires des Procureurs contre
» les Parties, avant de prétendre les mêmes
» droits, » (c'est-à-dire, les droits de déclaration & d'assistance, tant des Procureurs des Parties, que du Procureur tiers dont il est parlé dans les articles précédents) » seront tenus, en
» donnant leurs demandes, de fournir un état
» sommaire de leurs salaires, & communiquer
» leurs pieces justificatives au Procureur qui sera
» constitué, pour pouvoir faire ses offres dans
» le temps de l'Ordonnance ; *& après la condam-*
» *nation desdits salaires, à faute d'offres suffisan-*
» *tes, donneront leur état détaillé, dont seront*
» *dûs les droits de déclaration & assistance comme*
» *dessus pour les dépens.*

Mais heureusement ce tarif qui renfermoit un grand nombre de dispositions à peu près semblables, n'a point eu son exécution.

2. *Au Procureur du Défendeur en taxe.*] Lorsque le Défendeur n'a point de Procureur, cette copie doit être donnée à domicile.

Un Arrêt du Parlement de Dijon, du 20 Novembre 1705, (R. par M. Serpillon en son Code Civil, pag. 579,) porte, que quoique cet art. 5

n'exige pas que la fignification du Jugement foit faite à la Partie, pour procéder à la taxe des dépens, on pourroit cependant le faire avant de le fignifier au Procureur de la Partie condamnée : on a cru que cette fignification étoit néceſſaire, pour mettre la Partie condamnée en retard de faire des offres. Par cet Arrêt une taxe de dépens faite au Bailliage de Charolles fut caſſé par le feul défaut de fignification du Jugement à la Partie condamnée, quoiqu'il eût été fignifié à fon procureur.

La même chofe a depuis été jugée au même Parlement par un Arrêt de Réglement du 7 Avril 1716 (R. *ibidem*, pag. 579) qui défend aux Procureurs de procéder à la taxe des dépens, & d'en obtenir exécutoire, qu'au préalable ils n'aient fait fignifier le Jugement à la perfonne ou au domicile des Parties condamnées, à peine de caſſation de leurs procédures, & d'en répondre en leur propre & privé nom. (Voyez le Recueil des Réglements du Parlement de Dijon, imprimé en 1736, *in*-12, part. 2, pag. 33, où il y a un ſtyle de procédure pour la taxe des dépens.)

Un autre Arrêt de Réglement du Parlement, du 11 Décembre 1747, R. au même Code, pag. 580, fait en l'art. 52 défenfes aux Procureurs, lorfque leurs Parties auront obtenu des adjudications de dépens par une Sentence ou par un Arrêt fufceptible d'oppofition, de dreſſer ni fignifier la Déclaration des dépens adjugés, que 8 jours après la fignification defdites Sentences ou Arrêt, faite au domicile des Parties condamnées. Par ce moyen la Partie condamnée a dix jours pour fe confulter, & fe déterminer fur le parti qu'elle prendra, & fi elle appellera ou non.

3. *De l'Arrêt, Jugement ou Sentence.*] Le

Réglement du 6 Mai 1690, concernant les salaires des Procureurs du Châtelet de Paris, article 38, rapporté au nouveau Recueil, tom. 2, page 75, porte : « Que la déclaration des dépens sera signifiée sans donner de nouveau copie de la Sentence, au cas quelle ait été signifiée. »

4. *Ensemble de la déclaration*, *&c.*] Cette déclaration doit contenir par articles tous les dépens qui doivent être payés par le Défendeur en taxe, commençant par les frais faits devant les premiers Juges, & finissant par ceux faits en cause d'appel ; elle doit aussi être faite par ordre de date, eu égard aux incidents qui y sont employés. C'est pourquoi les expéditions, requêtes & procédures sujettes à la taxe, y doivent être datées, sans qu'on puisse passer en taxe celles qui ne seront point rapportées, si ce n'est qu'elles aient été perdues, & qu'il en soit fait mention dans le vu des Jugements, Sentences & Arrêts. (Arrêt de Réglement du 17 Janvier 1691.) Il n'est dû en général aucun droit au Procureur du Demandeur en taxe, pour la signification de cette Déclaration. En effet pour qu'un débiteur puisse payer des dépens auxquels il est condamné, & dont il ignore le montant, il faut nécessairement qu'on lui donne communication des objets qui lui sont demandés ; & il ne seroit pas juste que cette communication se fît à ses dépens, lorsqu'il fait des offres conformes à cette Déclaration ; puisqu'alors ce débiteur a fait tout ce qui étoit en lui pour acquitter ce qu'on lui demande.

Le droit pour raison des articles jugés *bons*, qui appartient aux Procureurs du Demandeur, est entièrement différent du droit dont on vient de parler, & n'est dû qu'après la taxe.

Il faut aussi observer que lorsqu'il y a plusieurs Parties condamnées aux dépens, qui ont occupé par différents Procureurs, & que les articles les concernent conjointement, la copie de la déclaration ne doit être donnée qu'à l'ancien Procureur, en le déclarant néanmoins aux autres Procureurs par un simple acte ; & en cas que l'intérêt des Condamnés soit distinct & séparé, il ne leur sera donné à chacun copie que des articles qui les regardent, sans que les Procureurs puissent prendre leur assistance qu'à proportion des articles qui concernent les Parties. (Arrêt de la Cour du 17 Janvier 1691, ci dessus cité. Voyez aussi *infrà* article 23.)

Il n'est pas permis aux Procureurs d'arrêter ou de faire arrêter aucunes déclarations de dépens, que les droits de Tiers-référendaires-taxateurs de dépens n'aient été payés ; comme aussi de faire signifier aucunes desdites déclarations, que les droits de Contrôleurs de dépens n'aient été payés, à peine de restitution du quadruple desdits droits, de perte de leurs frais, & de 500 liv. d'amende. (Edit du mois d'Août 1716, Arrêt du Conseil des 15 Janvier 1697, 24 Juillet 1704, 23 Octobre & 20 Décembre 1717.)

Le même Arrêt du Conseil du 23 Octobre 1717 enjoint à tous Procureurs, Demandeurs en taxe, de faire le calcul & de signer le montant des dépens, avant que les déclarations puissent être signifiées, à peine de 300 livres d'amende.

Au reste tout cela n'empêche pas qu'une partie condamnée avec dépens non encore liquidés, ne puisse offrir une somme pour ces dépens avant que la déclaration de ces mêmes dépens lui ait été signifiée ; & en ce cas, si les offres sont suffisantes, tous les frais de contrôle, déclaration, &c. seront portés par celui qui a refusé d'accepter ces offres. (Ainsi jugé au Présidial d'Orléans au mois de Juillet ou d'Août 1744.)

5. *Et le domicile du Défendeur en taxe.*] Ces délais sont établis par l'Ordonnance, afin que

le Défendeur en taxe puiſſe conférer, s'il le juge
à propos, avec ſon Procureur, ou autre Conſeil,
ſur le parti qu'il doit prendre, s'il appellera ou
exécutera le Jugement, ainſi qu'il eſt dit dans le
préambule de la Déclaration du Roi du 12 Février
1696 cité ci-après. (V. Imbert en ſes Inſtitutions
Forenſes, livre 2, ch. 17, n. 4.

6. *Sans déplacer.* [Voyez la note ſur l'article
18 ci après.

7. *Et faire par lui huitaine après ces offres.*]
On peut, en faiſant ces offres, proteſter qu'on
ne ſera pas tenu des frais qui ſeroient faits au
préjudice deſdites offres, ainſi qu'il eſt porté en
l'art. 12 du tit. 16 du Réglement touchant la procédure des Conſeils du Roi du 28 Juin 1738,
partie 2.

Une Déclaration du Roi du 12 Février 1696,
rendue pour le Parlement de Rouen, & rapportée
au Recueil des Edits & Réglements enregiſtrés en
cette Cour, tome 2, fait défenſes aux Procureurs
des Bailliages, Vicomtés & autres Juriſdictions
dudit Parlement, de faire taxer à l'avenir les procédures faites auxdites Juriſdictions, qui auront
été confirmées par Arrêt de cette Cour ; ni même
faire taxer les dépens jugés par les Sentences, que
quinzaine après la ſignification d'icelles à partie
ou domicile, conformément aux Arrêts rendus
en ladite Cour, des 24 Janvier 1690, & 12
Décembre 1695.

Le même Parlement, par un Arrêt de Réglement du 11 Juillet 1758, a ordonné l'exécution
de ces Arrêts, ainſi que la Déclaration ; ce faiſant, a défendu à tous Juges ayant droit de taxer
ſur déclaration de dépens, enſemble aux Procureurs & Avocats faiſant fonction de Procureurs,
d'y procéder s'il y a appel des Jugements, &
avant la quinzaine expirée, à compter de la
ſignification d'iceux à perſonne ou à domicile.

Ce délai de huit jours, pour faire les offres mentionnées en cet article, n'est pas de rigueur & dépend des circonstances & de la prudence du Juge, n'y ayant aucune peine portée contre le condamné aux dépens, pour n'avoir pas fait des offres dans la huitaine.

8. *Et en cas d'acceptation des offres.*] L'article 38 du Réglement du 6 Mai 1690, rendu pour le Châtelet de Paris, porte qu'il sera permis à celui qui doit les dépens, de faire les offres suivant l'Ordonnance, sans aucun droit d'assistance au Procureur, en cas que les offres soient acceptées, ou que les dépens soient payés volontairement par la Partie.

La disposition de cet article s'explique par l'article 13 du titre 16 du Réglement touchant la procédure des Conseils du Roi du 28 Juin 1738, partie 2, qui porte que « dans le cas où les offres » seront acceptées & où la somme offerte n'a pas » été payée, il sera délivré exécutoire de la somme » y contenue, sans qu'il puisse être fait audit cas » aucune taxe de dépens. »

Les frais de cet exécutoire doivent être payés par celui qui a fait ces offres sans les réaliser.

Voyez *infrà*, articles 15 & 16, ce qui doit s'observer, quand le Procureur du Défendeur en taxe ne fait aucunes offres.

Si l'exécutoire étoit signifié sans avoir signifié la déclaration de dépens, il faudroit y former opposition.

ARTICLE VI.

Si nonobstant les offres le Demandeur fait procéder à la taxe, & que par le calcul, *en ce non compris les frais de la taxe* (1), les dépens ne se trouvent excéder les offres faites par le Défendeur, les frais de la taxe *seront portez par le Demandeur* (2), & ne seront compris dans l'exécutoire.

1. *En ce non compris les frais de la taxe.*]
Il suit de ces termes que le Défendeur, pour faire des offres valables, ne doit avoir aucun égard aux frais de la taxe, mais seulement aux articles liquides & légitimes, ou montant des dépens qui lui sont demandés par la déclaration, afin de savoir si les offres qu'il fait ensuite sont suffisantes ou non.

Il faut observer que les droits dûs au Procureur du Demandeur en taxe, pour raison des articles alloués *bons*, (E. G. le droit de 4 sols pour l'original & de 2 sols pour la copie de chacun de ces articles bons, comme il est porté au tarif des dépens des Procureurs du Parlement de Paris, du 23 Mai 1778, au titre de la taxe des dépens,) ainsi que les autres droits de taxe, ne sont jamais dûs quand les dépens se taxent à l'amiable entre les parties. (Voyez le tarif des dépens du Châtelet de Paris du 6 Mai 1690, art. 38.) Aussi ce droit se met-il toujours en blanc dans les déclations de dépens ; ou quand les offres faites par le Défendeur en taxe sont acceptées par le Demandeur ; & que ces droits ne sont dûs que lorsque, sur des offres non faites ou non acceptées, on procede de rigueur à la taxe des dépens; & c'est par cette raison que ces droits sont mis sous le titre de la taxe des dépens dans le tarif dont on vient de parler.

2. *Seront portés par le Demandeur.*] Parcequ'il devoit accepter les offres, & ne pas faire procéder à la taxe des dépens.

Lorsque, dans une taxe de depens faite pour

raison d'offres non acceptées, la taxe du Procureur tiers est au-dessous des offres, le Demandeur en taxe doit se contenter de la taxe faite par le Procureur tiers, & il ne peut demander la somme qui lui a d'abord été offerte.

ARTICLE. VII.

Les Procureurs ne pourront en dressant la déclaration composer plusieurs articles *d'une seule piece* (1) : mais seront tenus de la comprendre toute entiere dans un seule & mesme article, tant pour l'avoir dressée que pour l'expédition, copie, signification & autres droits qui la concernent, à peine de radiation, & d'éstre déduit au Procureur du Demandeur, autant de ses droits pour chacun article qui aura passé en taxe, qu'il s'en trouvera de rayez dans la déclaration.

1. *D'une seule piece.*] Soit piece d'écriture ou de procédure, ou autre quelle qu'elle soit.

ARTICLE VIII.

Ne sera aussi employé dans les déclarations, ni fait aucune taxe aux Procureurs, *que pour un seul droit de conseil* (1) pour toutes les demandes, tant principales qu'incidentes, & un autre droit de conseil, en cas qu'il soit fait aucune demande ; soit principale ou incidente, par les Parties contre lesquelles ils occuperont ;

peront ; à peine de vingt livres d'amende
contre le Procureur en son nom pour
chacun autre droit qui auroit esté par lui
employé dans sa déclaration.

1. *Que pour un seul droit de conseil.*] Par une
Déclaration du Roi du 16 Mai 1693 , les droits
de conseil ayant été rétablis en faveur des Procureurs du Parlement de Paris , le Parlement, par
un Arrêt de Réglement du 17 Juillet de la même
année , a fixé les cas où ce droit de conseil doit
avoir lieu. Aux termes de ce Réglement, ce droit
n'est dû aux Procureurs que sur les renvois, déclinatoires, titres & pieces à communiquer, défenses, répliques, moyens d'opposition, requêtes
en jugeant, ou communiquées à parties, sur les
requêtes portées aux Audiences, sur le décès de la
Partie , & sur la reprise. Le même Arrêt fait défenses aux Procureurs de passer en taxe , ni de
souffrir que pour un dire il soit pris un droit de
conseil. Voyez le nouveau Recueil , tom. 2 ,
pag. 132. (Même disposition par l'article 3 de
la Déclaration de la Communauté des Procureurs du Parlement du 20 Novembre 1693 , rapportée au Recueil des Réglements concernants
cette Communauté, imprimé en 1694 , p. 266.)

L'article 4 de ce même Réglement de 1693 ,
fait par la Communauté des Procureurs , porte :
« Que le droit de consultation ne sera taxé que
» sur les appellations, demandes principales , &
» sur lesquelles il y aura Réglement, sur les
» criées , & pour produire , sans qu'on puisse
» taxer plus de quinze sols sur les actes d'oppo-
» sition, soit aux criées, soit à l'exécution des
» Arrêts & Jugements, même sur productions
» nouvelles. »

Comme ce droit de conseil n'a point été re-

Tome II.   L

tabli dans les autres Jurisdictions, il faut s'en tenir exactement à la disposition portée en cet article 8 de l'Ordonnance.

Ainsi il ne doit être taxé aucun droit de conseil aux Procureurs sur les oppositions qu'ils forment aux Jugements pris contre eux par défaut à l'Audience, où ils ont été appellés. (Délibération des Procureurs du Parlement de Paris du 11 Janvier 1692, article 10.) Cette déclaration est rapportée au Recueil des Réglements concernant cette Communauté, pag. 262.

Il ne doit pareillement leur être taxé aucun droit de conseil sur les requêtes données en jugeant, de quelque qualité qu'elles soient, ni sur des assignations données en constitution de nouveau Procureur. (Article 11 du même Réglement)

Ni pour obtenir des Sentences d'évocation ou de cassation. (*Ibidem*, art. 8.)

Ni sur les demandes pour avoir communication, ou rendre des pieces ; pour satisfaire, ou faute d'avoir satisfait à des Sentences diffinitives ou préparatoires, ou pour autres incidents concernant la procédure, (Réglement du 6 Mai 1690, rendu pour le Châtelet de Paris, art. 2, rapporté au nouveau Recueil, tome 2, pag. 67, & au Recueil des Réglements de Justice, tom.)

C'est encore un plus grand abus de faire payer le droit de conseil sur un commandement : car, aux termes de cet article 8 de l'Ordonnance, ce droit n'est dû que pour les demandes judiciaires. Or on ne peut jamais regarder comme tel un commandement qui par lui-même n'est point un acte introductif d'Instance : le ministere du Procureur y est même inutile tant qu'il n'y a point d'Instance sur le commandement.

Il en est de même dans le cas où il seroit fait une demande en dénonciation à une Partie dans une chose où elle n'auroit point un intérêt direct.

Au Châtelet de Paris, il n'eſt dû aucun droit de Conſeil aux Cauſes de la Chambre Civile. (Même Réglement du 6. Mai 1690 , art. 59.) Les Cauſes de cette Chambre Civile ſont toutes celles où il s'agit de vuider les lieux , & du paiement des loyers , des ſaiſies & exécutions de meubles faites en conſéquence, des établiſſements & décharges des Gardiens & Commiſſaires , des réparations des bâtiments , des ſalaires des Régents , Précepteurs & Maîtres d'Ecole, de ceux des Médecins , Apoticaires , Chirurgiens , Huiſſiers , Sergents , & autres Officiers de cette qualité , des gages des domeſtiques & ſerviteurs , des penſions, nourritures, ventes faites pour proviſion de maiſons, ſalaires & peine d'ouvriers & d'artiſans quand il n'y a point de marché par écrit , ports de hardes & de paquets , ventes , louages & nourritures de chevaux , ventes de marchandiſes par les Marchands Forains , ſans jour & ſans terme , ſans écrit & autres matieres , dont les demandes principales & incidentes n'excédent la ſomme de mille livres. (Edit de Janvier 1685 , art. 13.)

ARTICLE IX.

N'entrera pareillement en taxe *aucun autre droit de conſultation* (1) , encore qu'elle fuſt rapportée & ſignée des Avocats.

1. *Aucun autre droit de conſultation.*] La différence entre le droit de conſeil & le droit de conſultation, eſt que le droit de *conſeil* eſt celui qui ſe prend par le Procureur du Défendeur, à cauſe des défenſes qu'il faut fournir ſur une demande ; au lieu que le droit de *conſultation* eſt

celui qui fe paffe au Procureur du Demandeur
pour les demandes qu'il forme , & cette confultation eft proprement du fait de l'Avocat , & non
du Procureur au Parlement de Paris ; le droit de
confultation eft de 3 livres , & celui de confeil de
15 fols , mais ces droits ont depuis été augmentés. (Voyez le Procès-verbal de l'Ordonnance,
pag. 373.) Aujourd'hui ces mots font regardés
comme fynonymes dans la plupart des Jurifdictions , & l'on n'y fait aucune diftinction entre le
droit de confeil & le droit de confultation. Au
Parlement de Paris on nomme *droit de confultation*, le droit de confeil qui fe perçoit fur les
demandes & appellations principales , pour lefquelles ils perçoivent un écu ; & *droit de confeil*,
celui qu'ils perçoivent fur les requêtes, oppofitions
ou autres actes du Défendeur , pour lefquels il
ne leur eft dû que le quart du droit de confultation , fuivant les Réglements qui les autorifent à
percevoir ce droit.

ARTICLE X.

Toutes écritures & contredits (1) *féront rejettées des taxes de dépens* (2) , fi
elles n'ont efté faites & fignées par un
Avocat plaidant , du nombre de ceux
qui feront infcrits *dans le Tableau* (3)
qui fera dreffé tous les ans , & qui feront
appellez au ferment qui fe fait aux ouvertures , & feront tenus *de mettre le
reçû* (4) au bas des écritures.

1. *Toutes écritures & contredits.*] Les écritures qui font du miniftere des Avocats, font les
griefs , caufes d'appel , moyens de requêtes civi

les, réponses, contredits, salvations, avertissements dans les matieres où il est nécessaire d'en
donner; & en général toutes les autres écritures
qui sont de leur ministere. (Arrêt de Réglement
du 17 Juillet 1693, rendu pour le Parlement de
Paris, rapporté au nouveau Recueil, tom. 2,
pag. 141.)

Celles que les Procureurs peuvent faire, sont
les inventaires, causes d'oppositions, productions nouvelles, comptes, brefs états, déclarations de dommages & interêts, & autres écritures
de leurs fonctions. (Même Arrêt.)

Enfin celles que les Avocats & les Procureurs
peuvent faire par concurrence entr'eux, sont les
débats, soutenemens, moyens de faux, de nullité, reproches & conclusions civiles. (*Ibidem.*)

Ce même Réglement fait défenses aux Procureurs de faire aucunes écritures du ministere des
Avocats, même par requête.

2. *Seront rejettées des taxes de dépens.*] Les
factums ne sont point mis au nombre des écritures, & ils n'entrent point en taxe, lors même
qu'ils ont été signifiés. (Délibération de la Communauté des Avocats & Procureurs du Parlement
de Paris du 11 Mai 1692, article 6, rapporté au
Recueil des Réglemens de cette Communauté,
page 262.)

3. *Dans le tableau.*] Un Avocat n'est inscrit
sur le tableau que lorsqu'il a suivi les Audiences
pendant quatre ans, & il ne peut signer des écritures qui passent en taxe qu'après ce temps. (Ainsi
réglé pour le Parlement de Paris par un Arrêt de
Réglement du 5 Mai 1751.) Avant ce dernier
Arrêt il ne falloit que deux ans. (Arrêt du Parlement du 17 Juillet 1693. Voyez le nouveau
Recueil, tom 2, pag. 141, & tom. 3, pag. 677.)

4. *De mettre le reçu.*] *Idem*, par l'article 18
de l'Edit du mois de Mars 1673, rapporté aussi

L iij

au nouveau Recueil, tom. 1, pag. 325, qui ajoute, « à peine de reftitution & de rejet de la » taxe des dépens. » Cependant les Avocats du Parlement de Paris fe font toujours maintenus dans le droit de ne point mettre ces fortes de reçus (Voyez le Procès-verbal de l'Ordonnance, pag. 377. Voyez auffi les Opufcules de Loifel en fon Dialogue des Avocats, p. 439 & fuivantes.)

A R T I C L E X I.

Lorfqu'au Procès il y aura des écritures & avertiffemens, *les préambules des inventaires* (1) faits par les Procureurs, en feront diftraits & n'entreront en taxe, ni pareillement les rolles des inventaires & contredits, dans lefquels il aura efté tranfcrit des pieces entieres ou chofes inutiles ; ce que Nous défendons à tous Avocats & Procureurs, à peine de reftitution du double envers la Partie qui l'aura avancé, & du fimple envers la Partie condamnée. Comme auffi défendons aux Procureurs, & à tous autres, de refaire des écritures, ni d'en augmenter les rolles après le Procès jugé, à peine de reftitution du quadruple contre les contrevenans, qui ne pourra eftre modérée, & de fufpenfion de leur Charge. Enjoignons à nos Cours, & autres nos Juges, d'y tenir la main, dont Nous chargeons leur honneur & confcience.

1. *Les préambules des inventaires, &c.*] C'eft-

à dire, que dans les inventaires de production qui se font après les écritures & avertissements, les Procureurs ne pourront répéter, dans les préambules de ces inventaires, ce qui aura été dit dans les avertissements ou écritures : c'est ainsi que s'en explique M. Pussort. (Voyez le Procès-verbal de l'Ordonnance sur cet article, pag. 378.)

ARTICLE XII.

Ne sera taxé aux Procureurs *pour droit de révision des écritures* (1), que le dixiéme de ce qui entre en taxe pour les Avocats, & sans que ce droit de révision puisse estre pris dans les Cours, Siéges & Jurisdictions dans lesquelles il n'a eu lieu jusques à ce jour. Faisons défenses aux Procureurs d'employer dans leur mémoire de frais qu'ils donneront à leurs Parties, autres plus grands droits que ceux qui leur sont légitimement dûs, *& qui entreront en taxe* (2), à peine de répétition contre eux, & de trois cens livres d'amende.

1. *Pour droit de révision des écritures.*] L'ancien droit de révision abrogé par cet article a été rétabli, mais seulement en faveur des Procureurs du Parlement de Paris, par une Déclaration du Roi du 16 Mai 1693.

Ce droit ne peut être pris par les Procureurs que sur les écritures qui sont faites par les Avocats ; & les Procureurs sont tenus de marquer, dans les copies qu'ils en font signifier, le nom.

des Avocats qui les ont faites. (Arrêt de Réglement du Parlement du 17 Juillet 1693.)

2. *Et qui entreront en taxe.*] Il y avoit autrefois plusieurs choses qui entroient en taxe avant
l'Ordonnance de 1667 , & qui ont été rejettées
par cette Ordonnance.) Voyez ci-dessus , tit. 2 ,
art. 6 ; tit. 5 , art. 2 ; tit. 13 , art. 1 ; tit. 14 ,
art. 3 ; tit. 15 , art. 5 ; tit. 26 , art. 7 ; tit. 29 ,
art. 6 , 14 & 15 , & les articles 8 , 9 , 10 , 11
12 & 14 du présent titre.)

On ne doit passer en taxe aux Procureurs aucuns moyens , défenses , répliques & autres écritures qui ne peuvent être données qu'après qu'il
y a en un Réglement entre les Parties , à la réserve des demandes principales sur lesquelles il
n'est nécessaire de défendre avant que la Cause
soit portée à l'Audience. (Délibération de la
Communauté des Procureurs du Parlement de
Paris du 5 Mai 1687 , rapportée au Recueil des
Réglements concernant cette Communauté, pag.
248.) Dans ces demandes principales ne font pas
même comprises les matieres sommaires , sur
lesquelles il est inutile de signifier des défenses
par écrit. (Voyez ce qui a été observé ci-dessus
tit. 17 , art. 7 , note 1 , pag. 246.)

On ne doit pas non plus signifier , dans les
Causes d'appel qui sont portées à l'Audience ,
aucuns moyens d'appel , ni réponses ; mais ces
moyens doivent se déduire en plaidant. (Arrêt
de Réglement du 2 Juillet 1691 , rapporté au
Recueil des Réglements de Justice , tom. 1.)

Une autre observation bien importante en
cette matiere , est celle tirée du nouveau Réglement du 28 Juin 1738 , touchant la procédure
du Conseil , part. 2 , tit. 4 des requêtes & productions , art. 24 , & qui peut servir de regle
dans les autres Jurisdictions pour tous les cas où
les écritures, sentences, actes & autres procé-

dures doivent être signifiées ou non. La voici.

« Les requêtes, pieces & autres actes de pro-
» cédure, ne pourront être signifiées dans les
» Instances où il y aura plusieurs Parties, qu'à
» celles qui auront un intérêt opposé à celui de
» la Partie à la requête de laquelle la significa-
» tion sera faite, & non à celles qui n'auront
» que le même intérêt que ladite Partie ; ce qui
» sera observé, à peine de nullité desdites signi-
» fications. »

Ainsi dans les Instances où il y a des Sommés
& des contre-Sommés, c'est une très-mauvaise
procédure de signifier tous les actes aux différentes
Parties qui sont dans l'Instance ; & pour savoir
à quoi l'on doit s'en tenir à cet égard, il faut
observer qu'il peut arriver plusieurs cas. Car 1°.
ou le Sommé conteste la garantie, & refuse de
défendre au fond. 2°. Ou il reconnoît cette garantie, & défend au fond sans prendre le fait &
cause du Défendeur originaire. 3°. Enfin ou il
prend le fait & cause de ce Défendeur originaire.

Dans les deux premiers cas,

1°. Les actes de procédure du Demandeur ou
Appellant ne doivent être par lui signifiés qu'au
Défendeur ou Intimé seulement, & non au Sommé ; parce que ce Demandeur originaire ou
Appellant n'a alors de conclusions à prendre que
contre le Défendeur, & non contre les contre-
Sommés ; & ce quand bien même le Sommé ou
les contre-Sommés lui signifieroient des moyens
au fond.

2°. Il n'est pas nécessaire que le Défendeur
originaire ou Intimé conteste sur la demande
principale avec le Demandeur originaire ; &
par conséquent il est inutile que le Défendeur
originaire signifie aucuns moyens sur le fond au
Demandeur ou Appellant. Tout ce que le Défendeur originaire doit faire, est de dénoncer

L v

ou infinuer au Sommé les actes qui lui ont été fignifiés par le Demandeur ou Appellant, pour y répondre par le Sommé, s'il le juge à propos.

Mais quoique ce Défendeur ne foit pas obligé de défendre au fond contre le Demandeur originaire ou Appellant, néanmoins il le peut faire s'il le juge à propos ; & en ce cas, il doit fignifier fes moyens au Demandeur ou Appellant ; mais il ne doit point les fignifier au Sommé, ces moyens étant alors fignifiés furabondamment pour l'intérêt particulier du Défendeur originaire.

A l'égard des actes & moyens fur la garantie, ils doivent être fignifiés au Sommé feulement ; & fi les mêmes actes contiennent en même temps des moyens du fond contre le Demandeur originaire, & des moyens de garantie contre le Sommé, on ne doit fignifier à chacun que ce qui le concerne.

Mais le Défendeur originaire n'ayant rien à conclure contre les contre-Sommés, ne doit jamais leur rien fignifier, ni dénoncer.

3°. Les actes ou moyens du Sommé fur la garantie prétendue du Défendeur originaire ne doivent être fignifiés par ce Sommé qu'au Défendeur originaire, & non aux contre-Sommés à qui ces actes font étrangers.

A l'égard des moyens de la contre-fommation, ils ne doivent être fignifiés par le Sommé qu'aux contre-Sommés feulement ; & fi les mêmes actes ou écritures contiennent en même temps des moyens de défenfes fur la demande en garantie, & des moyens de demandes fur la contre-fommation, le Sommé ne doit fignifier à chacun que ce qui le concerne, c'eft-à-dire, au Défendeur originaire les moyens fur la premiere demande en garantie, & aux contre-Sommés les moyens de la demande en contre-fommation.

Mais les actes touchant les moyens du fond

qui ont été infinués ou dénoncés au Sommé par
le Défendeur, doivent auffi être infinués par le
Sommé ou Garant aux contre-Sommés, foit que
le Sommé reconnoifle la garantie ou non.

4°. A l'égard des actes particuliers de procédure des contre-Sommés, s'ils refufent de reconnoître qu'ils font garants du premier Sommé, il
fuffit qu'ils conteftent avec lui fur la demande
en contre-fommation; cependant s'ils reconnoif-
fent être garants, ils pourroient défendre au fond
contre le Demandeur originaire. Mais alors il
eft inutile qu'ils fignifient ces moyens au Défendeur originaire ou au Sommé; & même ils ne
doivent point le faire, cette défenfe au fond étant
uniquement pour l'intérêt des contre-Sommés.

Et fi les mêmes actes contiennent des moyens
du fond contre le Demandeur originaire, & des
moyens de défenfes fur la contre-fommation, ils
ne doivent être fignifiés à chacun que pour ce qui
le concerne feulement, c'eft-à-dire, les moyens
du fond au Demandeur originaire, & ceux pour
la défenfe à la contre-fommation au Sommé.

Dans le troifieme cas où le Sommé prend le
fait & caufe du Défendeur, les fignifications ne
doivent être faites qu'entre le Demandeur originaire & le garant, ou autre prenant le fait &
caufe, & non entre le Demandeur & le Défendeur originaire, ou entre ce Défendeur & le garant; & s'il s'en fait quelqu'autre, elle doit être
rejettée, & ne pas paffer en taxe.

Quand il s'agit de garantie fimple, il faut
fuivre la même regle qu'à l'égard des garanties
formelles, tant que le Demandeur originaire n'a
pris de conclufions que contre celui des Co-obligés qu'il a mis en Caufe.

Mais fi la demande a été donnée tout d'un
coup contre plufieurs Co-obligés, il fuffit que les
actes du Demandeur foient fignifiés à chacun de

L vj

ces Co-obligés , ou à leur Procureur , s'ils n'en ont qu'un ; & s'ils en ont plusieurs , comme ils n'ont tous qu'un seul & même intérêt , ils doivent signifier leurs actes au Demandeur originaire, & *vice versâ ;* mais les Co-obligés entre eux ne se doivent rien signifier.

Dans les interventions , l'Intervenant ne doit signifier qu'à celui ou ceux contre qui il prend des conclusions ; & de même il n'y a que celui ou ceux contre qui l'Intervenant prend des conclusions , qui doivent lui signifier , & ceux-ci ne doivent se rien signifier entre eux.

Enfin il faut observer ,

1º. Que dans le cas où plusieurs Défendeurs comparoissent par un même Procureur pour une même Cause , il n'est dû qu'un seul droit de présentation , conformément à l'article 4 du Réglement imprimé concernant la perception des droits de présentation du Bailliage & Siége Présidial d'Orléans du 11 Mars 1626 ; & la Déclaration du Roi du 5 Novembre 1661 , touchant les Greffes , article 2.

2º. Que les procureurs ne peuvent rien prendre pour le reçu qu'eux ou leurs Clercs mettent au bas des actes & pieces qu'il leur est permis de s'entre communiquer sans le ministere des Huissiers , ainsi qu'il a été jugé par Arrêt du Conseil du 18 Avril 1671 , contre les Procureurs du Parlement d'Aix. (Voy. Boniface, tom. 1, p. 185.)

A R T I C L E XIII.

Et pour faciliter les taxes de dépens , & empescher qu'il ne soit employé dans les déclarations autres droits que ceux qui sont légitimement dûs , & qui doivent entrer en taxe , sera dressé à la dili-

gence de nos Procureurs-Généraux, &
de nos Procureurs fur les lieux, & mis
dans les Greffes de toutes nos Cours,
Siéges & Jurifdictions, *un Tableau ou
Regiftre* (1), dans lequel feront écrits
tous les droits qui doivent entrer en taxe,
mefme ceux des déclarations, affiftances
des Procureurs, & antres droits néceffaires pour parvenir à la taxe ; *enfemble
les voyages & féjours* (2), lefquels pourront y eftre employez & taxez, fuivant
les différents ufages de nos Cours & Siéges, qualitez des Parties, & diftance des
lieux.

1. *Un Tableau ou Regiftre*] Ce Tableau ou
Regiftre qui devoit être mis dans les Greffes des
différentes Cours & Jurifdictions, & dans lequel
devoient être écrits tous les différents droits qui
doivent entrer en taxe au defir de cet article, n'a
point été dreffé, excepté dans quelques Juftices.
Mais il y a différents Arrêts de Réglements qu'il
faut confulter en cette matiere, & qui doivent
fervir de regle, lorfqu'il eft queftion de taxer les
dépens.

C'eft pourquoi lorfqu'il s'agit de régler les
droits qui appartiennent aux Juges, Avocats,
Commiffaires, Notaires, Procureurs, Greffiers,
Huiffiers & Sergens, il faut fuivre ce qui fe pratique en chaque Jurifdiction, conformément aux
tarifs qui y font dreffés ; & à défaut, il faut s'en
tenir au Réglement du Parlement de Paris du 26
Août 1765, rendu tant pour la taxe des dépens
adjugés par Arrêt de ladite Cour, que par Sentences des Juftices Royales & fubalternes du

reſſort du même Parlement. (Voyez Réglemens de Juſtice , tom. 1 , pag. 27.) Et à l'égard des voyages & ſéjours, il faut auſſi ſuivre les tarifs ou l'uſage de chaque Province : & à défaut, il faut recourir à l'Arrêt du 10 Avril 1691 , qui ſert de Réglement à Paris ſur cette matiere. (Voy. *ibid.* tom. 1 , pag. 346.)

Des Lettres-Patentes du 23 Mai 1778 , portent un nouveau tarif pour les Procureurs du Parlement de Paris.

Pour le Châtelet de Paris, voyez 1°. le tarif arrêté au Conſeil le 21 Mars 1690 , concernant les droits des Greffiers de ce Châtelet. (Même Recueil des Réglemens de Juſtice, tom. 1 , pag. 284.) 2°. Le tarif arrêté auſſi au Conſeil le 6 Mai 1690 , touchant les ſalaires des Procureurs. (*Ibidem* , pag. 300 , & au nouveau Recueil , tom 2 , pag. 67.) 3°. Pour les ſalaires , droits, & vacations des Commiſſaires , Notaires, Huiſſiers , Sergens , & autres Officiers dudit Siege, voyez les Arrêts du Parlement des 24 Février & 4 Décembre 1688 , & le tarif qui eſt à la fin. (Même Recueil des Réglemens de Juſtice, tom. 1 , pag. 212 , 217 , 222.) Voyez auſſi pour les droits de ces mêmes Officiers l'extrait des Edits & Arrêts du Conſeil qui les concernent. On trouve ces extraits, avec le tarif des droits , à la fin du Praticien de Lange , pag. 398 de la ſeconde partie, juſqu'à la pag. 413 de la huitieme édition.

Les Bailliages , Sénéchauſſées , & Siéges Préſidiaux qui n'ont point de tarifs particuliers pour leurs Sieges , ou du moins dans les tarifs deſquels il manque pluſieurs articles , peuvent ſe régler (toutes proportions gardées) ſur les tarifs dont on vient de parler , rendus pour le Châtelet de Paris.

Pour le Châtelet d'Orléans , nous avons un

tarif de dépens arrêté en la Cour le 6 Mars 1682, qui sert de Réglement sur cette matiere dans l'étendue de ce Bailliage ; & au défaut de ce tarif, il faut recourir aux Réglements généraux de la Cour ci dessus cités, & subsidiairement à ceux rendus pour le Châtelet de Paris.

Nous avons aussi un Arrêt de Réglement concernant les droits des Greffiers du Châtelet d'Orléans du 4 Juillet 1615, qui doit être suivi exactement en ce qui n'a point été abrogé par les Edits & Réglements postérieurs. (Cet Arrêt est rapporté par Néron en son Recueil d'Ordonnances, tom. 2, pag. 548, de l'édition de 1720.)

Avant ce tarif des dépens fait pour le Châtelet d'Orléans, il y en avoit un autre arrêté au Bailliage de la même Ville le 23 Mars 1668, qui y servoit de Loi, conformément à l'article 13 du présent titre de l'Ordonnance ; & par une Sentence postérieure rendue au même Siége le 13 Février 1669, les droits des Juges & Officiers subalternes des Châtellenies du ressort dudit Siége avoient été réglés aux deux tiers de ceux du tarif arrêté pour le Châtelet d'Orléans, & ceux des Juges subalternes non Châtellenies, au tiers seulement de ce qui est porté par le même Réglement. Aujourd'hui l'usage du Châtelet d'Orléans est de taxer les dépens de toutes les Justices Seigneuriales indistinctement aux deux tiers de ce qui est réglé par le tarif du 6 Mars 1682.

A l'égard des dépens concernant les Pairies & & les droits des Officiers qui en dépendent, outre l'Arrêt de la Cour du 26 Août 1665, ci-dessus cité, on peut voir un Réglement encore plus général rendu au Parlement le 23 Juillet 1676, touchant les taxes des Officiers de Justice des Duchés-Pairies de Mazarin, la Meilleraye & de Mayenne, & des Prévôtés & Justices subalternes qui en dépendent. Ce Réglement est rapporté au

Journal des Audiences. A Orléans, l'usage du Châtelet est de taxer les dépens des Pairies sur le pied des deux tiers de ceux portés par le tarif du 6 Mars 1682, ainsi que pour les autres Justices de Seigneur.

2. *Ensemble les voyages & séjours.*] L'Arrêt de Réglement du 10 Avril 1691, fixe ce qui doit être taxé de voyage & de séjour, & la somme à laquelle il le doit être suivant la qualité des personnes.

Dans les affaires du Conseil, ces voyages & séjours sont taxés par le nouveau Réglement touchant la procédure du Conseil du 28 Juin 1738, partie 2, tit. 25.

ARTICLE XIV.

Les voyages & séjours (1) qui doivent entrer en taxe, ne pourront estre employez ni taxez, s'ils n'ont esté véritablement faits & deus estre faits, & que celui qui en demandera la taxe, ne fasse apparoir d'un acte fait *au Greffe de la Jurisdiction* (2) en laquelle le Procès sera pendant, lequel contiendra son affirmation qu'il a fait exprès le voyage pour le fait du Procès, & que l'acte n'ait esté signifié au Procureur de la Partie aussi-tost qu'il aura esté passé, & le séjour ne pourra estre compté que du jour de la signification.

1. *Les voyages & séjours.*] Le tarif du 6 Mars 1682, dressé pour le Châtelet d'Orléans, porte : » Qu'il sera taxé deux voyages aux Par-

» ties en toutes Caufes verbales , & en Procès par
» écrit trois, lorfqu'ils auront été faits fuivant
» l'Ordonnance, le tout à raifon de vingt fols
» par lieue pour les Ecclésiaftiques, Gentilshom-
» mes & Officiers de Judicature , & dix fols pour
» les autres , & que pour le féjour des préfents,
» il fera taxé la moitié du voyage.

Ces voyages & féjours s'adjugent même à un
héritier éloigné, qui a pourfuivi une inftance au
lieu où demeuroit le défunt. (Ainfi jugé par un
Arrêt du 28 Janvier 1670, rapporté par Boniface, tom. 3 , liv. 3, tit. 6, chap. 1.

Quand la Partie qui a gagné fon Procès eft
étrangere, & demeure hors du Royaume, on ne
lui adjuge le voyage qu'à commencer depuis
l'extrémité de la Province. (Arrêts des 16 Juin
1639 , & 21 Janvier 1672, rapportés par le
même Boniface , tom. 1, liv. 8, tit. 21 ; &
tom. 3 , liv. 3, tit. 6 , chap. 3.)

1. *Au Greffe de la Jurifdiction.*] Par un Edit
du mois d'Août 1669 , il a été créé dans toutes
les Cours & Siéges Royaux qui ont pouvoir de
taxer les dépens, des Offices de Greffiers pour
recevoir les actes d'affirmation mentionnés en
cet article , privativement & à l'exclufion de
tous autres Greffiers.

ARTICLE XV.

Si après que la déclaration des dépens
aura efté fignifiée & copie laiffée , il n'a
efté fait aucunes offres , ou qu'elles ne
foient acceptées *dans les délais ci-devant
ordonnez* (1) , elle fera mife par le Procureur du Demandeur en taxe ès mains *du
Procureur tiers* (2) , avec les pieces jufti-

ficatives : & à cet effet voulons que dans
nos Cours, Siéges & Justices où il ne se
trouvera point de Procureurs-tiers en titre d'Office, il soit nommé & commis
par la Communauté des Procureurs par
chacun mois, ou tel autre temps qu'il sera
par eux avisé, nombre suffisant d'entre
eux pour régler & taxer les dépens en la
forme & maniere ci-après ordonnée ; si
ce n'est dans les Sieges *où il y a des Com-*
missaires-Examinateurs. (3)

1. *Dans les délais ci-devant ordonnés.*] Voyez
suprà, l'art. 5 de ce tit. pag. 231.

2. *Du Procureur tiers.*] Par Edit du mois de
Novembre 1680, le Roi avoit créé dans toutes
les Cours, Présidiaux, Bailliages & Sénéchaussées, & autres Jurisdictions Royales, des Offices
de Tiers-Référendaires taxateurs de dépens, qui
depuis ont été supprimés par un autre Edit du
mois d'Août 1716, avec permission aux anciens
Titulaires de ces Offices qui avoient été créés
avant 1689, de rentrer dans leurs droits ; & c'est
en vertu de cet Edit de 1716 que la Communauté
des Procureurs du Châtelet d'Orléans, qui avoit
acquis en 1642, les quatre Offices de Tiers Ré-
férendaires de dépens, créés pour le Châtelet
d'Orléans en 1639, jouit aujourd'hui du droit
attaché à ces Offices ; mais c'est au Lieutenant-
Général en qualité de Commissaire-Examinateur
à taxer les dépens, & à en arrêter le calcul aux
termes de cet article.

3. *Où il y a des Commissaires-Examinateurs.*]
Parceque dans ces Siéges, c'est aux Commissaires-Examinateurs qu'appartient le droit de régler

les dépens, ainsi qu'il s'observe au Châtelet de
Paris.

Si le Procureur-tiers n'a pas fait son devoir en
arrêtant les dépens, c'est au Juge ou Commissaire à y remédier avant d'arrêter le calcul, & de
signer l'exécutoire; autrement le Juge ou Commissaire, qui arrête les dépens, & qui doit pour
son travail gagner la taxe qui lui est accordée
par chaque article, devient complice de la pré-
varication des Procureurs. (Voyez l'art. 32 de ce
titre, ci-après.)

ARTICLE XVI.

Le Procureur-tiers (1) sera tenu de
cotter de sa main au bas de la déclaration le jour qu'elle lui aura esté délivrée
avec les pieces.

1. *Le Procureur-tiers.*] Voyez la note 1 sur
l'art. précédent.

ARTICLE XVII.

Sera signifié par acte au Procureur du
Défendeur en taxe, le jour que la déclaration & pieces justificatives auront
esté mises entre les mains du Procureur-
tiers, avec sommation d'en prendre communication *sans déplacer* (1).

1. *Sans déplacer.*] Cela ne s'observe point
dans l'usage. Le Procureur du Défendeur en taxe
prend la Déclaration & les pieces justificatives
des dépens sur son récépissé; & souvent même
sans récépissé, afin de faciliter l'exécution, &

d'examiner plus commodément l'état de ces dépens.

ARTICLE XVIII.

Trois jours après la premiere sommation il en sera fait une seconde , par laquelle le Procureur du Demandeur en
taxe sommera celui du Défendeur *de se
trouver en l'Estude du Procureur-tiers* (1)
à certain jour & heure précise , pour voir
arrester les dépens contenus en la déclaration , & la signer ; autrement il y sera
procédé tant en présence qu'absence.

1. *De se trouver en l'étude du Procureur-tiers.*]
Au lieu de cette comparution , l'usage des Procureurs dans la plupart des Siéges est de s'envoyer
la déclaration des dépens avec les pieces justificatives pour les examiner , & y mettre leurs appos-
tilles sur la déclaration en conformité du mémoire du tiers.

ARTICLE XIX.

Si le Procureur du Défendeur (1) compare , seront les dépens arrêtez par le
Procureur-tiers en sa présence.

1. *Si le Procureur du Défendeur.*] Lorsque le
Procureur du Défendeur en taxe est décédé , ou
a résigné son Office , il faut assigner la Partie en
constitution de nouveau Procureur. (Voyez le
nouveau Réglement du Conseil du 28 Juin 1738,
part. 2, tit. 16 , art. 19.)

Article XX.

A faute par le Procureur du Défendeur en taxe de comparoir à l'assignation, *le Procureur-tiers sera tenu d'arrester les dépens* (1), pour ce fait estre les arrestez par lui mis sur la déclaration conformément à son mémoire, lequel y demeurera attaché, & ne sera le premier article passé que pour un seul.

1. *Le Procureur-tiers sera tenu d'arrêter les dépens.*] Le Procureur-tiers avant d'arrêter les dépens, doit lire les écritures, requêtes & inventaires, & en retrancher tout ce qui est inutile, soit qu'elles aient été faites au principal, ou sur les incidents, même en cas que les lignes & syllabes ne soient pas remplies conformément aux Réglements. (Délibération de la Communauté des Procureurs du Parlement de Paris du 5 Mai 1687, art. 8, rapportée au Recueil imprimé des Réglements concernant cette Communauté, pag. 248.)

Lorsqu'il s'agit sur un appel de taxer les dépens des Jurisdictions qui ressortissent par appel en la Cour, les Procureurs-tiers en fònt la taxe conformément aux Réglements généraux dont il a été parlé ci-dessus ; mais à l'égard des Jurisdictions qui ont des tarifs particuliers vérifiés en la Cour, ils sont tenus de suivre ces tarifs en taxant les dépens. (Même Délibération des Procureurs du Parlement de Paris, article 13. Voyez aussi *infra*, l'art. 32, qui en a une disposition.)

Article XXI.

Le Procureur-tiers fera tenu d'arrefter les dépens qui contiendront deux cents articles & au-deffous, huitaine après qu'il en aura efté chargé ; & ceux qui contiendront plus grand nombre d'articles, *dans la quinzaine* (1), à peine de répondre des dommages & intérefts des Parties.

1. *Dans la quinzaine.*] Sans qu'on puiffe augmenter le délai, quelque confidérable que foit le nombre des articles.

Article XXII.

Le Procureur du Défendeur en taxe ne pourra prendre *aucun droit d'affiftance* (1), s'il n'a écrit de fa main fur la déclaration *les diminutions* (2), à peine de faux & d'interdiction.

1. *Aucun droit d'affiftance.*] *Affifter*, aux termes de l'Ordonnance, eft fe trouver en l'Etude du Procureur-tiers pour être préfent à la taxe des dépens. Aujourd'hui les Procureurs perçoivent le droit d'affiftance lorfqu'ils ont pris chez eux la déclaration de dépens, & qu'ils ont mis leurs apoftilles ou diminutions.

Il faut obferver au fujet de ces frais de déclaration,

1°. Que le droit de douze deniers qui appartient au Procureur du Demandeur, pour chaque article de dépens, ne lui appartient que fur les articles alloués & déclarés *bons*, fuivant l'arti.

tle 39 du Tarif du Châtelet de Paris ci-deſſus
cité; & ſuivant l'article 31 du Tarif des dépens
du Châtelet d'Orléans du 6 Mars 1682.

2°. Que ce droit du Procureur-Demandeur
n'eſt dû que dans le cas où il y a conteſtation ſur
les dépens, & où ils ſe reglent par le Procureur-
tiers, ou bien lorſqu'il n'y a point eu d'offres
faites de la part du Défendeur. (*Suprà*, art. 15,
pag. 257.) Mais lorſqu'il y a des offres, ces
droits de déclaration & d'aſſiſtance ne ſont point
dûs, à moins que le Demandeur ne conteſte ces
offres, & qu'il ne faille en conſéquence les faire
régler par le Procureur-tiers, auquel cas le droit
d'aſſiſtance du Procureur-tiers & des autres Procureurs, tant celui du Demandeur que du Défendeur, lorſqu'ils comparent, ne doit ſe payer que
pour les articles conteſtés; & c'eſt à celui qui a
conteſté mal-à-propos à payer ce droit, ou au Défendeur lorſqu'il n'y a point eu d'offres. (Voyez
le nouveau Réglement de 1738, touchant la
Procédure du Conſeil, part. 2, tit. 16, art. 12,
13, 14 & 17,) & ce qui a été dit ci-deſſus,
art. 6, note 1.

3°. Que le droit d'aſſiſtance du Procureur du
Défendeur n'a lieu que dans le cas où les dépens
ſe reglent par le Procureur tiers; & qu'alors
même le Procureur du Défendeur ne peut percevoir aucun droit d'aſſiſtance, à moins qu'il
n'ait écrit de ſa main ſur la déclaration les diminutions, à peine de faux, &c. ainſi qu'il eſt dit
en cet article 22.

4°. Que le droit d'aſſiſtance du Procureur-
tiers ne doit ſe payer que ſur les articles conteſtés, c'eſt-à-dire, ſur ceux où le Procureur du
Défendeur a écrit de ſa main les diminutions,
parceque les fonctions de ces tiers ſont inutiles à
l'égard des articles conſentis, & quand le Procureur du Défendeur n'a mis aucune diminution
de ſa main ſur ces articles.

Il y a cependant une exception à cette regle ; c'est lorfque le Procureur du Défendeur, qui n'a écrit ni fait fignifier aucune diminution fur les articles de la Déclaration, fait défaut, & que les dépens font taxés par le tiers, fuivant l'article 20 ci-deffus : car alors, comme il n'y a aucun article qui foit préfumé confenti de la part du Défendeur, & que pour cette raifon le miniftere du Procureur tiers devient néceffaire pour les régler, ce Procureur-tiers eft bien fondé à prendre le droit d'affiftance pour tous les articles de la déclaration. Par la même raifon le Procureur du Demandeur peut prendre le même droit ; mais, dans tous ces cas, les droits d'affiftance font dûs par le défaillant. (Même Réglement du Confeil de 1738, qui vient d'être cité, part. 2, tit. 16, art. 14.)

Il feroit à fouhaiter qu'on ôtât au Procureur du Défendeur en taxe le droit d'affiftance que plufieurs perçoivent dans le cas où il ne leur appartient point : cela les rendroit plus exacts à faire des offres pour leurs Parties, & éviteroit fouvent bien des frais ; au lieu qu'il n'arrive prefque jamais qu'on faffe ces offres, ce qui eft un grand abus.

2. *Les diminutions.*] On appelle *apoftilles*, ce qui s'écrit par le Procureur tiers ; & *diminutions*, ce qui s'écrit par le Procureur du Défendeur. (Voyez le Procès - verbal de l'Ordonnance, pag. 388.)

A R T I C L E XXIII.

S'il y a plufieurs Procureurs (1) *des Dé-fendeurs en taxe condamnez par mefme Jugement, ils ne prendront affiftance que pour les articles qui les concerneront :*

&

& à l'égard des frais ordinaires & extraor-
dinaires de criées, reddition de compte,
de Tuteurs, Héritiers bénéficiaires, Curateurs aux biens vacans, Commissaires
& autres, les Parties qui auront un in-
térest commun *y assigneront par le plus*
ancien Procureur (2). Pourront néantmoins les autres Procureurs y estre présens, sans prendre aucun droit d'assistance, & sans la pouvoir employer dans
leurs mémoires de frais & salaires ; si
ce n'est qu'ils ayent pouvoir par écrit
pour y assister.

1. *S'il y a plusieurs Procureurs.*] Voyez la
note 4 sur l'article 5 ci-dessus, pag. 235.
2. *Y assisteront par le plus ancien Procureur.*]
Lequel aura seul le droit d'assistance.

Aʀᴛɪᴄʟᴇ XXIV.

Après que la déclaration aura esté arrestée par le tiers, sera signifié un troi-
siéme acte au Procureur du Défendeur,
par lequel on lui dénoncera que les dépens ont esté arrestez, & sera sommé
de les signer, avec protestation qu'à faute
de ce faire, le calcul en sera signé *par*
le Commissaire (1), par défaut ; ce qui
sera exécuté en cas de refus, & passé
outre, en faisant mention dans l'arresté
& calcul de la sommation.

Tome II.   M

1. *Par le Commissaire.*] C'est-à dire, par le Rapporteur ou par le premier Juge, dans les Cours & Jurisdictions où il n'y a point de Commissaires-Examinateurs, sinon par ces derniers. Dans les Cours ce sont les Procureurs qui font le calcul des sommes auxquelles montent les dépens, qui en dressent l'exécutoire, & en mettent la minute au Greffe, sur laquelle les Greffiers délivrent ensuite l'exécutoire en forme.

ARTICLE XXV.

Le tiers sur chacune piece qui entrera en taxe, sera tenu *de mettre* taxé, *avec son paraphe* (1).

1. *De mettre* taxé, *avec son paraphe.*] Afin de connoître les articles qui ont été alloués.

ARTICLE XXVI.

Les Commissaires signeront les déclarations sans prendre aucun droit, & *auront seulement leurs Clercs le droit de calcul* (1), lorsqu'ils l'auront fait & écrit de leur main, suivant la taxe qui sera arrestée dans le Tableau ou Registre des droits pour les dépens ci-dessus mentionnés. Leur défendons de prendre autres ni plus grands droits, à peine du quadruple.

1. *Et auront seulement leurs Clercs le droit de calcul.*] Ce droit de calcul avoit été ôté aux Commissaires par un Edit du mois de Novembre

1689 ; mais par une Déclaration du 27 Décembre
1693 , ces Officiers ont été conservés dans leurs
anciennes fonctions & perceptions de droits.

ARTICLE XXVII.

Dans les exécutoires de dépens (1) *se-*
ront aussi employez les frais pour les le-
ver (2) , avec ceux du premier Exploit,
& de la signification qui sera faite, tant
des exécutoires que de l'Exploit.

1. *Dans les exécutoires de dépens.*] Après que
la déclaration a été signée par le Commissaire,
il faut faire expédier par le premier Juge qui a
l'instruction, ou au Greffe, si c'est au Parlement,
l'exécutoire de dépens, & y employer les frais
pour le lever, & autres dont il est parlé dans cet
article. Cet exécutoire ne doit point être délivré,
que le Procureur du Demandeur n'ait mis & signé
la certification du calcul véritable au pied de la
déclaration de dépens. (Délibération de la Communauté des Procureurs du Parlement de Paris
du 5 Mai 1687, article 15, rapportée au Recueil
des Réglemens concernant cette Communauté,
pag. 249.)

Il faut aussi observer qu'on ne peut délivrer
aucun exécutoire de dépens que sur le mémoire
du tiers qui doit demeurer annexé à la déclaration de dépens. (Délibération de la même Communauté du 20 Décembre 1684, rapportée au
même Recueil, page 245.

2. *Les frais pour les lever.*] Ces frais ne sont
dûs par le Défendeur en taxe, que dans le cas où
il n'a fait aucunes offres, ou qu'il n'en a pas fait
de suffisantes.

Lorsque les dépens se taxent à l'amiable entre

M ij

les Procureurs des Parties, on évite les droits de taxe & ceux de l'exécutoire. (Voyez ci-deffus la note 7 fur l'article 5 de ce titre, page 237.)

ARTICLE XXVIII.

Si la Partie qui a fuccombé *interjette appel* (1) de la taxe des dépens, fon Procureur fera tenu de croifer dans trois jours fur la déclaration les articles dont il eft appellant ; & à faute de ce faire fur la premiere requefte, il fera déclaré non-recevable en fon appel.

1. *Interjette appel.*] Quand les dépens d'un Procès font une fois arrêtés, la Partie Demanderefse en taxe n'eft plus recevable à demander d'autres frais du même Procès. (Arrêt du Parlement de Tournai du 28 Novembre 1695, rapporté par Pinault, tom. 1, Arrêt 8.)

Il n'eft pas permis au Juge ou Commiffaire, qui a délivré l'exécutoire, de le changer, non plus qu'au Juge de rétracter fa Sentence ; & il n'y a alors d'autre voie à celui qui fe trouve léfé, que d'appeller de la taxe.

Dans les Bailliages, Sénéchauffées, & autres Sieges où l'exécution des dépens fe décerne par le Juge d'inftruction, l'appel de l'exécutoire fe porte au Siege. (Ainfi jugé par Arrêt du 28 Août 1563, rendu pour Moulins, & rapporté par Joli en fon Recueil de Réglemens, tom. 2, p. 1017, & par un autre Arrêt du 5 Juin 1659, rendu pour Montdidier, rapporté au Journal des Audiences, tome 2, ce qui a été auffi réglé pour le Châtelet de Paris par Arrêt du 5 Juillet 1692, rapporté au nouveau Recueil, tom. 2, pag. 128, portant que les dépens dudit Châtelet feront taxés par les Commissaires par appel devant le Lieutenant-Civil.) Ces sortes d'appels se portent à l'Audience. (*Infrà*, art. 30.)

Quand il s'agit de la taxe des dépens d'une Sentence Présidiale qui est dans l'un des deux cas de l'Edit, l'appel de l'exécutoire se porte aussi au même Siege. (Voyez l'Edit de Follembrai du mois de Juillet 1552, article 11.)

Cet appel empêche l'effet de l'exécutoire; (Ainsi jugé par Arrêt du 24 Août 1518, rapporté par Papon en ses Arrêts, liv. 18, tit. 2, n. 25. Autre du 3 Juillet 1615, rapporté par Basset, tome 1, liv. 2, tit. 31, chap. 16.) ce qui résulte aussi des termes qui sont à la fin de l'article 29 qui suit.

Lorsque des dépens ont été prononcés dans une Justice de Seigneur, ou dans une Prévôté royale, ou autre Justice dans laquelle les dépens doivent être liquidés par la Sentence même, si la Partie condamnée trouve que ces dépens sont trop considérables, & veut se pourvoir contre, sans attaquer le Jugement du fond dont elle ne se plaint pas; outre la voie d'appel de cette taxe, à laquelle elle n'a point été appellée, & dont elle n'a point eu communication, elle peut se pourvoir par opposition au même Siége qui a prononcé ces dépens: & pour cela, & pour pouvoir faire des offres valables, elle peut demander aux Procureurs adverses communication des Pieces, ou faire ces offres sur les copies de ces mêmes Pieces qui ont été signifiées à son Procureur. En formant ainsi opposition on évite la voie d'appel; & les frais qui se font sur cette opposition doivent être portés par celui qui succombe: mais il paroît que pour régler ces dépens il suffit de renvoyer, sur ces offres, pardevant un ancien Procureur. Si l'on prend la voie d'appel de la taxe devant le Juge supérieur,

il semble qu'alors la taxe des dépens doit se faire
de la même maniere que dans les Bailliages
royaux , & dans les Cours.

Article XXIX.

Après que le Procureur de l'Appellant aura croisé sur la déclaration les articles dont il sera appellant , pourra l'Intimé se faire délivrer exécutoire du contenu aux articles non croisez *dont il n'y
aura point d'appel* (1).

1. *Dont il n'y aura point d'appel.*] Il résulte
de ces termes , que l'appel d'un exécutoire de dépens en suspend l'effet , ainsi qu'il a été observé
sur l'art. précédent.

Article XXX.

Les appellations des articles *croisez
sous deux croix seulement* (1) , *seront portées à l'Audience* (2) , & *quand il y en
aura davantage* (3) sera pris un appointement au Greffe.

1. *Croisés sous deux croix seulement.*] On
peut sous une même croix croiser divers articles , quand l'appel est fondé sur les mêmes
moyens.
2. *Seront portés à l'Audience.*] Voyez la note
sur l'art. 28 ci-dessus , pag. 268.
Au Parlement , ces sortes d'appel se renvoient
pour l'ordinaire devant le plus ancien Procureur ,
comme étant plus au fait de ces sortes de taxes.
La même chose s'observe dans plusieurs autres
Siéges.

3. *Et quand il y en aura davantage.*] Lorsqu'il y a dix croix, le Procès peut être jugé dans les Cours par Commiſſaires, pourvu que ce dont il eſt queſtion au Procès excede la ſomme de mille livres. (Edit de Mars 1673, art. 20.)

ARTICLE XXXI.

L'Appellant ſera condamné en autant d'amendes qu'il y aura de croix, & chefs d'appel, ſur leſquels il ſera condamné ; ſi ce n'eſt qu'il ſoit appellant des articles croiſez par un moyen général : & néantmoins les dépens adjugez pour raiſon des appellations des taxes, ſeront liquidez *par le même Jugement* (1) qui prononcera ſur les appellations.

1. *Par le même Jugement.*] S'il y a appel de ce Jugement, dans le cas où il n'eſt pas rendu en dernier reſſort, cet appel ſe porte au Tribunal ſupérieur, ſoit au Parlement, ſoit au Préſidial, dans les affaires qui ſont dans les deux cas de l'Edit. La Sentence dont on interjette appel, eſt dans le cas des Sentences ordinaires, & elle s'exécute par proviſion, lorſque les dépens ne montent qu'à la ſomme de cent livres & au-deſſous pour les Sentences rendues dans les Bailliages & Sénéchauſſées royales, & ainſi des autres. (Voy. *ſuprà*, tit. 17, art. 13, pag. 364.)

ARTICLE XXXII.

Les dépens qui ſeront adjugez, ſoit à l'Audience ou ſur les Procès par écrit,

par les Baillifs , Sénéchaux & Préfidiaux
feront taxez *en la mefme forme* (1) &
maniere *qu'en nos Cours* (2) , & tous
les droits réglez fuivant l'ufage des Siéges *dans lefquels les condamnations feront
intervenues* (3) , ainfi qu'ils feront employez dans le Tableau & Regiftre ci-
deffus mentionné ; & *feront les dépens
taxez* (4) par les Juges *ou Commiffaires Examinateurs des dépens* (5) créez
& eftablis à cet effet ; auxquels Commiffaires Examinateurs Nous défendons
de prendre plus grands droits fous prétexte d'attributions & ufages contraires , que ceux qui feront arreftez, à peine
de concuffion , & d'interdiction de leurs
Charges.

1. *En la même forme.*] C'eft-à-dire , par déclaration , &c. (Voyez *fuprà* , article 5 & fuivants.)

Il y a cependant des cas où les dépens doivent
fe liquider fur - le - champ , & par la Sentence
même , dans les Cours , Bailliages & Siéges Préfidiaux ; fçavoir ,

1°. En matiere de déclinatoires & de renvois.
(Voyez *fuprà* , tit. 6 , art. 4 , pag. 192.)

2°. En matiere de liquidation de fruits. (Voyez
ci-deffus tit. 30 , art. 4 , pag. 218)

3°. Lorfqu'il s'agit de l'appel d'une taxe de
dépens. (Voyez l'article 31 de ce titre.)

4°. En matiere de dommages & intérêts. (Voy.
infrà , tit. 32 , art. 3 , pag. 278.)

Il y a auffi des procédures pour lefquelles on

arbitre une somme fixe pour les dépens en général, sans en faire la taxe. Ainsi au Parlement,
dans les Instances d'appointement à mettre,
tous les frais qui se font, y compris le déboursé
même de l'Arrêt de Réglement, & tout ce qui se
fait jusqu'à celui qui doit prononcer sur ces Instances, ne peut excéder la somme de vingt livres, pour quelque cause & prétexte que ce
puisse être, soit pour le Demandeur ou pour le
Défendeur ; & le Procureur ne peut compter ni
faire payer une plus grande somme à sa Partie.
(Arrêt de Réglement du 25 Novembre 1685.)

De même dans les Instances de saisies & arrêts,
on ne passe à l'Arrêté pour ses frais d'arrêt que la
somme de trois livres. (Voyez l'art. 24 de l'Arrêt
de Réglement du 10 Juillet 1665.)

2. *Qu'en nos Cours.*] Il y a un Réglement particulier touchant la maniere de faire la taxe des
dépens des Procès qui se poursuivent au Conseil.
(Voyez le nouveau Réglement touchant la procédure du Conseil du 28 Juin 1738, part. 2,
tit. 16.)

5. *Dans lesquelles les condamnations seront intervenues.*] Voyez la note sur l'art. 20 ci-dessus, pag. 261.

4. *Et seront les dépens taxés.*] Les dépens d'un
Procès se taxent en la Jurisdiction, où la Sentence qui les prononce a été rendue ; mais s'il y
a appel de cette Sentence, ou que l'affaire soit
évoquée par le Tribunal supérieur, ou renvoyée
dans un autre Siége avant d'avoir été jugée au
fond, alors c'est dans ce Tribunal d'appel ou de
renvoi que se fait la taxe des dépens après le Jugement du fond, tant celle de la cause d'appel,
que des dépens faits en cause principale, & avant
le renvoi ou l'évocation. Ainsi au Parlement, on
taxe sur un appel tous les dépens faits, tant en
la Cour que dans les Jurisdictions précédentes,

M v

où l'affaire a d'abord été jugée, & l'on en use de même dans les Bailliages.

Au reste cela ne doit avoir lieu que dans le cas, où fur l'appel la Sentence est infirmée en quelque chef : car si elle est confirmée, c'est au Siége où la Sentence a été rendue, que se doit faire cette taxe. Il n'y a que les dépens de la cause d'appel qui doivent être taxés par le Juge supérieur.

On trouve cependant des Arrêts qui ont jugé que dans ces cas les dépens de la cause principale devoient être taxés en la Cour, conjointement avec les dépens de la cause d'appel. (Arrêts des 27 Août & Septembre 1735, rapportés au Recueil des Réglements de Justice, *in*-12, tome 2, édition de 1737. Autre Arrêt du . . Mars 1749, rendu en la quatrieme Chambre des Enquêtes, au rapport de M. Murard ; ce qui a été établi pour éviter les frais qu'occasionneroit une nouvelle taxe.)

L'article 23 de la Déclaration du Roi du 20 Août 1732, rendue pour le Parlement de Bretagne, & citée ci-dessus pag. 144, renferme une pareille disposition.

5. *Ou Commissaires-Examinateurs des dépens.*] (Voyez ci-dessus art. 15, avec les notes, page 257, 258.)

A R T I C L E XXXIII.

Les Juges subalternes (1), tant Royaux que des Seigneurs particuliers, seront tenus en toutes Sentences, soit en l'Audience ou Procès par écrit, *de liquider les dépens* (3), eu égard aux frais qui auront esté légitimement faits, sans au-

cunes déclarations de dépens, à peine
contre les contrevenans de vingt livres
d'amende, & de reſtitution des droits
qui auront eſté perceus, dont ſera délivré
exécutoire aux Parties qui les auront dé-
bourſez.

1. *Les Juges ſubalternes.*] Comme les Prévôts,
Châtelains, Vicomtes & Viguiers royaux, les
Maîtriſes des Eaux & Forêts, Juge - Conſuls,
Elections, Greniers à Sel, Amirautés, Juges de
Seigneurs, &c.

Il y a cependant des endroits où quelques-uns
de ces Siéges taxent les dépens par déclaration,
comme à Orléans l'Election.

2. *De liquider les dépens.*] Les Greffiers de ces
Siéges ſont tenus de remplir ſur les minutes des
Sentences les ſommes auxquelles montent les dépens qui ont été adjugés, en même-temps qu'ils
dreſſent ces minutes ; & il leur eſt défendu de
laiſſer ces ſommes en blanc, à peine de cinq
cents livres d'amende & d'interdiction. (Arrêt
du Conſeil du 28 Août 1717, rapporté au nouveau Recueil, tom. 3, pag. 114, & au Recueil
des Réglements de Juſtice, tom. 2.)

TITRE XXXII.

De la Taxe & liquidation des dommages & intérêts.

ARTICLE PREMIER.

LA déclaration des dommages & intérests (1) sera dressée , & copie donnée (2) au Procureur du Défendeur , ensemble de la Sentence , Jugement ou Arrest qui les auront adjugez , & lui seront communiquées sur son récépissé les pieces justificatives , pour les rendre dans la quinzaine , à peine de prison , soixante livres d'amende , & du séjour , dépens , dommages & intérests des Parties en son nom , sans qu'aucune des peines puisse estre réputée comminatoire , ni remise ou modérée sous quelque prétexte que ce soit.

1. *La déclaration des dommages & intérêts.*] Les dommages & intérêts sont la récompense , que celui qui cause quelque perte ou quelque dommage à un tiers , soit par un fait , soit par l'inexécution d'une convention , est tenu de faire à celui qui la souffre ; comme dans le cas de complainte , réintégrande , emprisonnement , saisie & exécution , refus d'accomplir un marché , &c.

Il arrive le plus souvent , que les Juges estiment d'office ces dommages & intérêts, & les fixent par le Jugement qui y condamne, sur-tout quand ces dommages & intérêts ne sont pas de grande conséquence ; mais si les Juges ne se croient pas en état de liquider sur-le-champ ces dommages & intérêts, & que la liquidation dépende d'un examen long & pénible, alors il faut les liquider par déclaration, suivant la Procédure établie dans ce titre. (Voyez les articles 88 & 89 de l'Ordonnance de 1559.)

La Partie qui a gagné son Procès avec dépens, dommages & intérêts, peut comprendre l'un & l'autre dans une même déclaration, quoiqu'elle puisse le faire par un Libelle séparé. (Arrêt du 24 Décembre 1696, rapporté par Pinault, tom. I, Arrêt 132.)

On peut comprendre dans cette déclaration de dommages & intérêts, non-seulement les pertes & les dommages qu'on a soufferts, mais souvent aussi les gains & les profits qu'on a manqué de faire. (Voyez Imbert en ses institutions, liv. 1, chap. 53, n. 8.)

2. *Et copie donnée.*] Par le Procureur de celui qui a obtenu la condamnation.

Aʀᴛɪᴄʟᴇ II.

Pourra le Défendeur dans les délais pareils à ceux ci-dessus réglez en l'article cinquiéme du Titre de la taxe des Dépens, faire ses offres ; & en cas d'acceptation, en sera passé *appointement de condamnation* (1) qui sera reçu en l'Audience.

1. *Appointement de condamnation.*] La condamnation de dommages & intérêts peut être

prononcée par corps après les quatre mois , lorſque les dommages & intérêts montent à plus de deux cents livres. (*Infrà*, tit. 34 , art. 2.)

ARTICLE III.

Si le Défendeur ne fait point d'offres , ou qu'elles ſoient conteſtées , ſera pris *appointement à produire dans trois jours* (1); & en cas qu'elles ſoient conteſtées , *ſi par l'événement* (2) les dommages & intérêts n'excédent la ſomme offerte , le Demandeur *ſera condnmné en tous les frais & dépens , depuis le jour des offres* (3) leſquels ſeront liquidez par le meſme Jugement.

1. *Appointement à produire dans trois jours.*] C'eſt-à-dire , appointement à mettre.

2. *Si par l'événement.*] C'eſt-à-dire , par le rapport des Experts nommés pour la liquidation des dommages & intérêts. Il faut pour faire faire cette eſtimation ſuivre la Procédure établie ci-deſſus tit. 21 , art. 8 & ſuivants , pag. 47 & ſuivantes.

3. *Sera condamné en tous les frais & dépens , depuis le jour des offres.*] Voyez ci-deſſus , tit. 30 , art. 4 ; & tit. 31 , art. 6.

ARTICLE IV.

Les Procureurs , qui auront occupé dans les Inſtances principales , *ſeront tenus d'occuper* (1) dans celle de liquidation des dommages & intérêts , ſans qu'il ſoit beſoin de nouveau pouvoir.

1. *Seront tenus d'occuper.*] Voyez *infrà*, titre 35, art. 6. Voyez aussi l'Ordonnance de Roussillon du mois de Janvier 1563, art. 7, qui porte: » Que les Procureurs qui ont occupé dans les » Instances principales, seront tenus d'occuper » dans les Instances d'exécution des Arrêts & Ju- » gements rendus sur lesdites instances principa- » les sans nouveau pouvoir.

Ces mots, *Exécution des Jugements*, ne doi- vent pas s'entendre des saisies & Arrêts, ou exé- cutions qui se font en vertu desdits Jugements: car ces saisies forment une nouvelle Instance toute différente de la premiere; mais seulement des cas où il s'agit de procéder en exécution des Jugements, comme au cas de l'art. 9 du tit. 27 ci-dessus, page 182.

TITRE XXXIII.

Des Saisies & exécutions, & ventes des meubles, grains, bestiaux & choses mobiliaires.

ARTICLE PREMIER.

Tous Exploits *de saisies & exécutions* (1) de meubles *ou choses mobiliaires* (2) contiendront *l'élection de domicile du Sai- sissant* (3) dans la Ville où la saisie & exé- cution sera faite; & si la saisie & exé- cution n'est faite dans une Ville, Bourg ou Village, le domicile *fera élu dans le Village ou la Ville qui eft plus proche* (4).

1. *De faisies & exécutions.*] *Saisies & exécutions* font prefque fynonymes. Néanmoins la *faisie* s'entend, à proprement parler, de la faisie fans enlévement; au lieu que *l'exécution* eft la faisie fuivie d'enlévement.

2. *Ou chofe mobiliaire.*] Comme bled, vin, & autres fruits de la Terre, uftenciles de Maifons ou Fermes, toutes efpeces de Marchandifes, & en général tous les effets mobiliers qui appartiennent au Débiteur qu'on veut faisir.

Les efclaves de l'Amérique font auffi regardés comme meubles, & peuvent être faisis & vendus comme les autres chofes mobiliaires. (Voy. l'Edit du mois de Mars 1685, touchant la Police des Efclaves de l'Amérique, art. 44, 46, 47 & 48, rapportés au nouveau Recueil, tome 1, pag. 569.)

Les faisies de fruits pendants par les racines font auffi regardées comme mobiliaires, pourvu qu'elles foient faites peu de temps avant la récolte, *quia tendunt ad aliquid mobile.* Ce temps eft réglé fuivant les ufages des lieux. A Orléans, l'ufage eft de ne point faire ces fortes de faisies avant la Magdeleine pour les Vignes, & avant la Saint Barnabé pour les Bleds.

3. *L'élection de domicile du Saififfant, &c.*] A peine de nullité. (*Infrà*, art. 19.)

Cette élection de domicile du Saififfant eft requife, non feulement afin que le Débiteur connoiffe le lieu où il doit s'adreffer pour faire les oppofitions & fignifications néceffaires; mais elle donne encore au Saifi & aux autres oppofants, le droit d'affigner le Saififfant pardevant le Juge du lieu du domicile élu, pour décider fur les contestations qui peuvent arriver au fujet de cette saisie. C'est ce qui résulte de la comparaison de cet article avec l'art. 13 du tit. 13 de l'Ordonn. Criminelle de 1670; & avec l'art. 13 du tit. 10 de la même Ordonn. L'art. 13 du tit. 13 de l'Ordonnance de 1670, porte : » Que les écroues & » recommandations feront mention du domicile » qui sera élu par la Partie qui les fera faire au » lieu où la prison est située, à peine de nul- » lité; » & l'art. 13 du tit. 10 de la même Ordonnance, porte : » Que ceux à la requête desquels » les Décrets feront exécutés, feront tenus d'élire » domicile dans le lieu de la Jurisdiction. « Mais cet article ajoute ensuite *sans attribuer toutefois aucune Jurisdiction au Juge du domicile élu ;* ce qui fait connoître que l'effet ordinaire de ces sortes d'élections de domicile, est d'attribuer Jurisdiction au Juge du lieu où cette Election a été faite ; & comme cet article 1 du présent titre de l'Ordonnance Civile, & l'art. 13 du titre de 13 de l'Ordonnance de 1670, ne renferment point une exception pareille à celle portée dans l'art. 13 du tit. 10 de la même Ordonn. de 1670, on peut en conclure avec justice, que l'esprit de l'Ordonnance est qu'en matiere de saisies & exécutions, ainsi qu'en matiere d'emprisonnement fait à la requête & sur la poursuite d'une Partie privée en matiere civile, l'effet de l'élection de domicile est d'attribuer Jurisdiction au Juge du domicile élû.

L'article 7 de l'Edit du mois de Janvier 1685, rendu pour l'administration de la Justice au Châtelet de Paris, en a une disposition précise. Cet article porte : « Que ceux qui feront saisir à Paris » des carrosses, chevaux, bestiaux, & autres » meubles pour dettes, ou qui formeront quel- » que opposition, feront tenus d'y constituer Pro- » cureur, & d'élire domicile par lesdites saisies » ou oppositions, & qu'en conséquence ils pour-

» rout être assignés aux domiciles qu'ils auront
» ainsi élûs.

L'article 8 du titre 7 de l'Ordonnance Criminelle du mois d'Août 1670, porte : Que les Op-
» posants à la publication des Monitoires seront
» tenus d'élire domicile dans le lieu de la Juris-
» diction du Juge qui en aura permis l'obten-
» tion, à peine de nullité de l'opposition, &
» que les Opposants pourront même y être assi-
» gnés sans commission ni mandement.

Cette regle d'ailleurs, que l'élection de domicile en matiere de saisies & oppositions est attri-
butive de Jurisdiction, est fondée en grande
raison. En effet si dans ces sortes d'Instances il
falloit plaider devant un autre Juge que celui du
lieu où la saisie, exécution, ou emprisonnement
est fait, il faudroit avoir autant de Juges que
d'Opposants & arrêtants, lorsque ces Opposants
& arrêtants demeurent en différentes Jurisdictions.

Néanmoins comme cette question peut souffrir difficulté, je crois, tout bien considéré, que
les Saisies mobiliaires peuvent être considérées
comme de vraies Saisies réelles ; & comme dans
les saisies réelles ordinaires on peut se pourvoir,
ou devant le Juge du domicile du Débiteur, ou
devant le Juge qui a rendu le Jugement qui donne
lieu à la Saisie réelle, il en doit être de même en
fait de Saisies mobiliaires, & qu'il y a alors concurrence ; de maniere que dans ce ce cas on peut
se pourvoir ou devant le Juge du Débiteur saisi,
ou devant celui qui a rendu le Jugement, ou devant le Juge du lieu de la situation des effets saisis
& exécutés. (Voyez ce qui est dit ci-après, art.
3, n. 1.)

Il paroît même que ce n'est uniquement que la
voie d'autorité qui a fait que dans l'usage, on
peut se pourvoir devant le Juge qui a rendu le

Jugement, & que cette voie est irréguliere, à moins que ce Juge ne soit le même que celui du domicile du Saisi, ou de la situation des choses saisies.

Plusieurs Huissiers sont dans l'usage dans leurs Exploits de ne faire pour leurs Parties cette élection de domicile que pour vingt-quatre heures seulement; mais il est évident que c'est par abus & sans aucun fondement, & qu'ils seroient également fondés à la faire pour un temps encore plus court. Ces sortes d'élections de domiciles doivent être faites indéfiniment, & sans aucune limitation de temps, & durent jusqu'à ce que l'Instance pour raison de la saisie & emprisonnement soit terminée.

A Paris, outre l'élection de domicile, il faut encore que le Saisissant cotte Procureur par la saisie, ainsi qu'il est porté en l'art. 7 de l'Edit du mois de Janvier 1685 qu'on vient de citer.

4 *Sera élu dans le Village ou la Ville qui est plus proche.*] Cette regle, que les saisies doivent contenir l'élection du domicile du Saisissant dans la Ville, Bourg ou Village où la saisie est faite, ou du moins dans le Village ou la Ville la plus prochaine, lorsque cette saisie est faite à la campagne, reçoit une exception dans le cas des saisies & exécutions qui se font pour deniers royaux: car alors les Fermiers, Receveurs & autres personnes employées à recouvrer ces deniers, peuvent faire ces élections de domicile en leur Bureau, sans être obligés d'en élire dans la Ville, Village ou Bourg le plus proche. (Edit du mois de Mars 1668, art. 2, rapporté au nouveau Recueil, tom. 1, pag. 177.)

ARTICLE II.

Les saisies & exécutions ne se feront

que pour chose certaine & liquide, en de-
niers ou en especes (1) ; & si c'est en es-
peces, sera sursis à la vente, jusques à ce
que l'apprétiation en ait esté faite (2).

1. *Que pour chose certaine & liquide, en denier*
ou en especes.] C'est-à-dire, que cette dette doit
être d'une somme d'argent fixe & déterminée, ou
bien d'une espece qui consiste en nombre, poids
& mesure, comme de bled, orge, vin, &c. &
qui soit déterminée en quantité, *v. g.* de quatre
muids de bleds, de deux tonneaux de vin, &c.
comme dans le cas de redevanees en grains, vins,
& autres denrées.

Une dette est certaine, lorsqu'elle est exigi-
ble, & qu'elle ne dépend point d'une condition.
C'est pourquoi si la dette n'est pas encore échue,
il n'y a pas lieu à la saisie & exécution; & c'est
en ce sens qu'on peut dire, que celui qui a terme
ne doit rien, parcequ'on ne peut le contraindre
de payer avant le terme échu. Mais on peut saisir & arrêter en vertu d'une condamnation de dépens quoique non encore liquidés. (Arrêt du 14
Décembre 1681, rendu en la Grand'Chambre.)

Il faut aussi pour qu'une saisie & exécution
soit valable, qu'elle soit faite en vertu d'un titre exécutoire : c'est-à-dire, 1°. En vertu d'un
Contrat ou d'une Obligation en forme authentique passé sous Scel royal ou de Seigneur : 2°.
Ou en vertu d'un Jugement dont il n'y a point
d'appel, ou qui s'exécute par provision nonobstant l'appel. (Coutume d'Orléans, art. 436.)

Pour que les obligations passées sous le scel
des Seigneurs emportent exécution sur les biens
de l'Obligé, il ne suffit pas que le Notaire ins-
trumente dans son ressort : il faut encore, aux
termes de l'Ordonnance de 1539, art. 66, que

les Parties qui subissent ces Obligations, soient demeurantes dans l'étendue de la Jurisdiction où ces Sceaux sont authentiques. Les nouveaux Réglements y ont même ajouté une troisieme condition ; c'est que les Contrats que ces Notaires peuvent recevoir, ne doivent concerner que les biens situés dans l'étendue de cette même Jurisdiction. Telle est la disposition de plusieurs Edits & Arrêts, & notamment de l'Edit du mois d'Octobre 1705. Mais on prétend que cette derniere disposition n'est plus observée dans l'usage, & que telle est la Jurisprudence du Parlement de Paris. (Voyez à ce sujet le Recueil d'Arrêts rendus en la quatrieme Chambre des Enquêtes, imprimé à Paris en 1750, pag. 203 ; & le Recueil de Jurisprudence civile de Lacombe, édition de 1753, au mot *Notaires*, n. 14.

Les Jugements & Contrats passés en Pays étranger, quoique munis du Sceau du Souverain dans la Seigneurie duquel ils ont été passés, ne sont point exécutoires en France. (Arrêt du 3 Août 1534, rapporté par Chopin. Autre du 27 Mars 1599. Voyez aussi les Commentateurs de la Coutume de Paris, qui en rapportent plusieurs Arrêts postérieurs. L'Ordonnance de 1629, art. 121, en a une disposition expresse ; ce qui est fondé sur ce que l'autorité des Souverains ne s'étend point au-delà des Provinces soumises à leur puissance.)

Outre les conditions dont on vient de parler, il faut encore pour qu'une Obligation soit exécutoire, 1° Qu'elle soit scellée. (Edit du mois de Novembre 1696.) 2°. Qu'elle soit contrôlée. (Edit de Mars 1693.) 3°. Qu'elle soit mise en grosse, & expédiée en parchemin timbré ; (Edit du mois de Juin 1580. Déclarations du 19 Juin 1691, art. 19, & 16 Juillet 1697.) avec cette limitation cependant, qu'il suffit que ces Actes

aient été expédiés une fois en parchemin, pour
pouvoir ensuite être mis à exécution, pourvu
qu'il soit fait mention de cette premiere expédition, tant sur la minute que sur les autres expéditions qui en sont ensuite délivrées. (Déclaration du 24 Juillet 1691, rapporté au nouveau
Recueil, tom. 2, pag. 112.)

Ces formalités sont essentielles non seulement
aux obligations passées devant Notaires pour
pouvoir être mises à exécution, mais encore aux
Sentences & Jugements émanés, tant des Juges
royaux que des Juges de Seigneurs; (à la réserve
seulement du contrôle, qui n'a pas lieu pour les
Jugements.) car les maximes qui regardent les
Contrats, s'appliquent aussi aux Sentences & Arrêts. Il en faut cependant excepter la formalité
du parchemin timbré, à laquelle les Edits &
Réglements rendus sur cette matiere n'ont assu-
jetti que les Arrêts & Jugements, soit diffinitifs,
soit interlocutoires, émanés des Cours supérieures, (Déclaration du Roi du 19 Juin 1691, article 1.) & les Sentences définitives sujettes à
exécutions rendues par les Bailliages, Sénéchaussées, Châtellenies, Prévôtés, Eaux & Forêts,
Amirautés, Elections, Greniers à Sel, & autres
Jurisdictions royales. (*Ibidem*, art. 7.) A l'é-
gard des Sentences rendues par les autres Juges,
il suffit de les expédier en papier timbré; à l'exception cependant de celles des Juges-Consuls,
lesquelles doivent être expédiées en papier ou
parchemin timbré, suivant l'usage des lieux,
aux termes de la même Déclaration article 7. A
Orléans l'usage est de les expédier en papier
timbré.

Il n'est pas toujours nécessaire pour pouvoir
saisir & exécuter, d'avoir un titre authentique
& en bonne forme; on le peut aussi quelquefois
en vertu de la Coutume. Ainsi par les art. 406,

415 de la Coutume d'Orléans, les Propriétaires des maisons, métairies & rentes foncieres, peuvent saisir & enlever par exécution les meubles de leurs Locataires, Fermiers & Débiteurs, pour sureté de leurs loyers, rentes & fermages ; & c'est ainsi qu'on l'observe dans l'usage, sans même prendre à cet effet une permission de Justice.

2. *Jusqu'à ce que l'appréciation en ait été faite.*] Car jusqu'à ce que l'appréciation ait été faite, on ne peut pas dire précisément la somme qui est dûe au Saisissant ; il faut, pour faire cette appréciation, que le Saisissant ajourne le Saisi. (Voyez le Procès-verbal de l'Ordonnance, pag. 415, article 5.)

S'il s'agit de bled ou de grains, l'appréciation se fait sur les extraits des registres de la valeur des gros fruits, ainsi qu'il est établi ci-dessus. (Voyez ci-dessus, tit. 30, art. 8, avec la note, pag. 220.) Et si c'est du vin ou d'autres fruits, il faut en prendre le prix moyen pour chaque année, eu égard au canton où ils ont été achetés ; c'est-à-dire, prendre un milieu entre les différens prix que ces vins ou autres fruits y ont été vendus pendant chacune de ces années, suivant les certificats de ceux qui font commerce de ces sortes de marchandises, ou à défaut, en faisant faire cette estimation par Experts, ou gens à ce connoissans. Mais si par l'obligation ou par des reconnoissances le Débiteur s'étoit engagé de livrer le meilleur vin, ou autres meilleurs fruits de cet endroit, alors il faudroit estimer le vin ou autres fruits sur le prix que les plus chers du canton y ont été vendus pendant chaque année de la redevance.

A l'égard de la derniere année de redevance, tant en grains, vins, qu'autres fruits, comme elle doit toujours se payer en especes, (*supra*,

tit, 30, article 1, pag. 215,) si le Débiteur a
été mis en demeure de la payer, il faudra en
faire l'estimation sur le pied de l'augmentation
qui a pu survenir à ces grains ou autres fruits
depuis la sommation, parcequ'alors le dommage
que souffre le Créancier par ce défaut de livrai-
son, est ce plus haut prix auquel il eût pu le
vendre. (*Ita* Coquille, question 206.) Il en est
de même, s'il y avoit eu à la fin de chaque
année une interpellation faite à ce Débiteur.

A R T I C L E   I I I.

Toutes les formalitez des ajournemens
(1) *seront observées dans les Exploits*
de saisie & exécution, & sous les mes-
mes peines.

1. *Toutes les formalités des ajournemens.*]
Voy. ci-dessus, tit. 2, art. 1 & suivants avec les
notes, pag. 115. Sur quoi il faut remarquer que,
quoiqu'en observe le plus souvent dans l'usage
de se servir de Records pour les saisies & exécutions mobiliaires, néanmoins leur assistance paroît y être entièrement inutile, & un Débiteur
saisi seroit bien fondé à prétendre que le salaire
de ces Records ne doit point passer en taxe.
(Voyez ce qui a été dit à ce sujet, tit. 2, art. 2,
note 1, p. 117, 118.) On pourroit dire néanmoins
que la Déclaration du 11 Mars 1671 dont il a
été parlé en cette note sur l'art. 2 du tit. 2 qui
conserve l'usage des Records pour les Exploits
de saisies féodales, réelles, criées & appositions
d'affiches, doit recevoir ici son application pour
les saisies de meubles, parceque ces sortes de
saisies sont regardées comme des saisies réelles.
(Voyez Fevret, Traité de l'abus, liv. 7, chap. 3,
n. 13.)

Outre

Outre ces formalités, il faut encore que la saisie & exécution soit précédée d'un commandement, à peine de nullité. (Ordonnance de 1539, art. 74. Papon en ses Arrêts, liv. 18, tit. 5, n. 25. Voyez aussi *infrà*, tit. 34, art. 10.)

Ce commandement doit être fait au domicile du Débiteur, & il ne suffit pas de le faire à sa personne s'il est hors de sa maison, parcequ'il n'est pas obligé de porter de l'argent sur lui. (Voy. le Grand sur la Coutume de Troie, art. 122, tit. 7, n. 25, part. 2, pag. 130.)

Quelques personnes pensent que pour qu'une saisie soit valable, il faut que le commandement ait précédé de 24 heures cette saisie ; mais ce sentiment n'est fondé sur aucune autorité ; il suffit que le commandement soit fait par le Procès-verbal même de saisie ; autrement ce seroit donner au Débiteur le temps de détourner ses meubles.

Il y a à Orléans un Réglement imprimé de la Communauté des Procureurs au Châtelet d'Orléans, en date du 6 Novembre 1700, qui porte en l'article 5, qu'à l'égard des significations des Sentences, Jugements contradictoires ou par défaut, avant de pouvoir user de contrainte contre une Partie domiciliée à Orléans, il lui sera donné un délai de 24 heures, afin qu'elle puisse se pourvoir pendant ce temps, ou par opposition ou autrement ; mais cela a été établi par un arrangement particulier fait entre les Procureurs de cette Communauté, qui ne peut servir de regle à l'égard des Créanciers qui veulent poursuivre leurs Débiteurs par voie de saisie & exécution, & qui ont intérêt de ne pas attendre.

Il n'est pas nécessaire que la saisie suive de près le commandement ; quand une fois il a été fait, on peut passer, quand on veut, à la saisie, même pendant trente ans, sans qu'il soit besoin de faire un itératif commandement. (Acte de notoriété du Châtelet de Paris du 23 Juillet 1707, rapporté au nouveau Recueil, tom. 2, pag. 406.

L'opposition qui se fait par le Débiteur à ce commandement n'empêche pas de procéder par provision à la saisie & exécution. (Ordonnance du mois d'Août 1536, article 41. Imbert en ses Institutions Forenses, liv. 1, chap. 4, article 4. Plusieurs Coutumes en ont des dispositions. Voy. Orléans, article 430. Berri, tit. 19, art. 1. Auvergne, chap. 4, art. 51, & autres.)

ARTICLE IV.

Avant d'entrer dans une maison pour y saisir des meubles ou effects mobiliaires, l'Huissier ou Sergent sera tenu *d'appeller deux voisins au moins* (1) pour y estre présens, auxquels il fera signer son Exploit ou Procès-verbal, s'ils sçavent ou veulent signer, sinon en fera mention, comme aussi du tems de l'Exploit, *si c'est avant ou après midi* (2), & le fera aussi signer *par ses Records* (3) ; & s'il n'y a point de voisin, sera tenu de le déclarer par l'Exploit, & de le faire parapher *par le plus prochain Juge* (4) incontinent après l'exécution.

1. *D'appeller deux voisins au moins.*] A peine de nullité. (*Infrà*, article 19.) Mais il est défendu au Saisissant d'être présent à la saisie. (Ordonnance de Moulins, article 32. Voy. l'art. 4, du tit. 2 ci-dessus.)

2. *Si c'eſt avant ou après-midi.*] Non à peine de nullité. (Voyez auſſi *ſuprà* l'art. 15 du tit. 19, note 1 , pag. 405.)

3. *Par ſes Records.*] Voyez ce qui a été dit à ce ſujet , tit. 2 , art. 2 , note 1 , pag. 118.)

4. *Par le plus prochain Juge.* [Lorſqu'il s'agit des deniers du Roi , l'exploit doit être paraphé par un Officier de l'Election du grenier à ſel , ou autre , qui doit connoître de la ſaiſie & exécution. (Edit du mois de Mars 1668 , portant Réglement pour les procédures concernant les affaires de Sa Majeſté , article 3.)

ARTICLE V.

Si les portes de la maiſon ſont fermées , & qu'il n'y ait perſonne pour les ouvrir , ou que ceux qui y ſeront n'en veulent faire l'ouverture , l'Huiſſier ou Sergent *ſe retirera devant le Juge du lieu* (1) , lequel au bas de l'Exploit ou Procès-verbal du Sergent *nommera deux perſonnes* (2) , en préſence deſquelles l'ouverture des portes , & la ſaiſie & exécution ſeront faites , & ſigneront l'Exploit ou Procès verbal de ſaiſie avec les Records.

1. *Se retirera devant le Juge du lieu.*] Le tout à peine de nullité. (*Infrà* , article 19.)

Par les articles 4 & 6 de l'Edit du mois de Mars 1668 , qui vient d'être cité , lorſqu'il s'agit des droits d'Aydes , Tailles , Gabelles , &c. & autres matieres qui ont le privilege des deniers royaux , l'Huiſſier , au lieu de ſe retirer devant le Juge ordinaire du lieu, doit se pourvoir devant un Officier de l'Election, Grenier à Sel, ou autre Siege qui doit connoître de la matiere, lequel, au bas de l'exploit ou procès-verbal, ordonnera l'ouverture des portes en présence de deux Records ou personnes qui signeront au procès-verbal de saisie & exécution.

Lorsque l'Huissier se retire devant le Juge pour avoir permission de faire faire l'ouverture des portes, il doit avoir la précaution de laisser des Records autour de la maison pour veiller au détournement qui pourroit être fait des meubles pendant ce temps.

2. *Nommera deux personnes.*] A peine de nullité. (*Infrà*, article 19.)

Si ces personnes refusoient d'être présentes à l'ouverture des portes, & à la saisie & exécution, le Juge pourra ordonner que, vu le refus, il sera procédé purement à l'ouverture des portes & à la saisie. Dans les endroits où il y a des Commissaires, comme à Paris, le Juge, au lieu de deux témoins, nomme ordinairement un Commissaire pour être présent à cette ouverture.

Si le Juge refusoit cette permission de faire ouvrir les portes, il pourroit être pris à partie. (Arrêt du Conseil du 6 Août 1668, contre le Prévôt & le Lieutenant Général de Gisors.) C'est un déni de Justice.

La Partie saisissante ne peut être présente à la saisie. (Ordonnance de Moulins, art. 32,) mais non à peine de nullité de la saisie. Cette Partie seroit seulement amendable. (V. l'Arrêt du 21 Mars 1712, R. au Journ. des Aud.)

ARTICLE VI.

Les Exploits ou Procès-verbaux de saisies & exécutions, contiendront *par le*

menu & en détail (1) tous les meubles
faifis & exécutez.

1. *Par le menu & en détail.*] Tant pour la
fûreté du Créancier que pour celle des Oppofants
& du Débiteur faifi ; afin qu'ils puiffent connoître par-là la caufe de la faifie , la qualité & la
quantité des meubles & effets qui ont été faifis.

Même difpofition *fuprà*, titre 19, article 15,
page 405.

Si , en procédant à la faifie , l'Huiffier trouve
des armoires ou des coffres ouverts , il peut en
faire la defcription & exécuter ce qui s'y trouve ;
& s'ils font fermés , & qu'on les ouvre volontairement , il peut en faire de même. Mais fi le Débiteur faifi refufe d'en faire l'ouverture , l'Huiffier ne peut les faire ouvrir fans permiffion du
Juge ; & pour cet effet il doit donner affignation
au Débiteur en l'Hôtel du Juge pour dire les
caufes de fon refus , finon qu'il fera permis de
faire ouvrir ces coffres & armoires en préfence
de deux témoins ou d'un Commiffaire. Ces fortes
d'affignations fe donnent d'une heure à l'autre.

Lorfqu'il ne fe trouve aucuns effets dans la
maifon dans le temps que l'Huiffier procede à la
faifie , il doit dreffer un procès-verbal de carence
de meubles.

ARTICLE VI.

Sera laiffé fur le champ au Saifi (1)
copie de l'Exploit , ou Procès-verbal
*figné des mefmes perfonnes qui auront figné
l'original* (2).

1. *Sera laiffé fur le champ au Saifi , &c.*] A
peine de nullité. (*Infrà*, article 19.)

N iij

Lorsqu'il y a plusieurs Saisis, il faut donner copie de l'exploit à chacun d'eux. Cette copie doit être laissée à personne ou à domicile, même dans le cas où le Saisi a son domicile dans un autre endroit que celui où la saisie est faite.

Si, après avoir fait la saisie, il ne se trouve personne dans la maison, l'Huissier doit attacher à la porte la copie de l'exploit de saisie, &c. suivant qu'il est porté en l'article 4 du titre 2 ci-dessus, pag. 134.

L'Huissier ou Sergent qui établit un Gardien à une saisie, doit aussi lui donner copie du Procès-verbal de la saisie & exécution; ce qui doit avoir lieu, même dans le cas où le Gardien s'est volontairement chargé des effets saisis sans les déplacer. (Acte de notoriété du Châtelet de Paris du 22 Septembre 1688, rapporté au nouveau Recueil, tom. 2, pag. 27.) En effet, il est juste que le Gardien ait l'état détaillé des choses dont il est chargé, & qu'il est obligé, même par corps, de représenter.

2. *Signé des mêmes personnes qui auront signé l'original.*] A peine de nullité, &c. (*Infrà*, article 19.)

Cette saisie doit être signée du Gardien ou Commissaire, s'il a volontairement accepté la garde, & qu'il sache signer; sinon il doit être interpellé de le faire, & il doit être fait mention qu'il n'a voulu signer; & ce à peine de nullité. (Argument tiré de ce qui est porté en l'article 8 du titre 19 ci-dessus à l'égard des Séquestres.) Mais cette nullité se couvre lorsque le Gardien ou Commissaire a depuis veillé à la garde des effets saisis. Au surplus cette nullité ne peut être opposée que par le Gardien, & non par le Saisi, cette formalité n'ayant point été introduite en faveur de ce dernier, mais uniquement en faveur des Gardiens.

Si le Gardien refuse d'accepter la garde, l'Huſ-
ſier en doit faire mention par ſon Procès-verbal,
& lui donner aſſignation en Juſtice, pour voir
ordonner qu'il demeurera chargé des effets. (Voy.
ſuprà, tit. 19, art. 15, note 4, pag. 406.)

Quand le Gardien ou Dépoſitaire a ſigné l'original de la ſaiſie, il doit auſſi ſigner la copie, à
peine de nullité, aux termes de cet article.

Article VIII.

Le nom & le domicile de celui *en la
garde duquel auront eſté miſes les choſes
ſaiſies* (1), *ſeront ſignifiez au Saiſi* (2)
par le meſme Procès-verbal.

1. *En la garde duquel auront été miſes les choſes
ſaiſies.*] Par un Edit du mois de Septembre 1674,
(rapporté au nouveau Recueil, tom. 1, p. 343.)
le Roi avoit établi pluſieurs Bureaux publics dans
tout le Royaume pour y dépoſer les meubles ſaiſis par autorité de Juſtice, & enſuite déplacés
faute de trouver des Gardiens ſolvables ; mais la
difficulté de l'exécution a fait depuis ſupprimer
cette Déclaration.

A l'égard des perſonnes qui peuvent être priſes
pour Gardiens, & de celles qui ne le peuvent,
voyez ci-deſſus, tit. 19, art. 13 & 14, avec les
notes, pag. 399 & ſuivantes.

Voyez auſſi pour les qualités néceſſaires aux
Gardiens & Commiſſaires, & pour les choſes qui
excuſent de la garde, *ibidem*, tit. 19, art. 15,
note 4, pag. 406.

2 *Seront ſignifiés au Saiſi.*] Afin qu'il con-
noiſſe le Gardien, & qu'il puiſſe veiller ſur ſes
effets.

ARTICLE IX.

Défendons aux Gardiens de se servir (1) des choses saisies pour leur usage particulier, ni de les bailler à louage ; & en cas de contravention, voulons qu'ils soient privez du payement des frais de garde & de nourriture, & condamnez aux dommages & intérests des Parties.

1. *Défendons aux Gardiens de se servir.*] Car c'est une espece de vol que de se servir des choses dont on est dépositaire. (L. 3 , *Cod. depositi.*) Les Gardiens & Commissaires doivent conserver avec soin les choses confiées à leur garde tant que leur fonction dure ; ainsi ils doivent empêcher le Saisi ou autres d'enlever & détourner les effets ou fruits saisis ; & en cas d'enlèvement, ils doivent en faire dresser Procès-verbal, si cet enlèvement se fait par violence, ou envoyer chercher main forte, ou enfin s'adresser au Juge.

Quand le Gardien ou Dépositaire a laissé par négligence enlever les effets, il en répond, & peut être condamné à les rétablir : *Eam enim in rebus creditis diligentiam adhibere debet, quam diligens pater familias in rebus suis solet adhibere* ; (L. *contractus* 23 , ff. *de regulis Juris.* Voyez aussi Dumoulin sur la Coutume de Paris, tit. 1 , §. 9 , gloss. 6 , n. 9.) Ceci a pareillement lieu à l'égard du Dépositaire.

Si ce Gardien ou Dépositaire est dans l'impossibilité de rétablir les effets, il est tenu d'en rapporter la valeur ou estimation ; & alors cette estimation se fait de la maniere la plus avantageuse pour les Parties qui y ont intérêt. Ainsi

s'il y a du bled compris dans les effets faifis, &
qu'on ne puiffe prouver fa qualité, ce bled doit
s'eftimer fur le pied du meilleur bled ; & s'il eft
dit *v. g.* trois muids ou environ, cela s'eftime à
trois muids entiers : ce qui fe pratique toujours
dans le cas de fraude ou de négligence du Dépofitaire.

ARTICLE X.

Si les beftiaux faifis produifent d'eux-
mefmes *quelque profit ou revenu* (1), le
Gardien *en tiendra compte au Saifi* (2),
ou aux Créanciers faififfans.

1. *Quelque profit ou revenu.*] Suivant l'Edit
du mois de Septembre 1674, portant création
de Commiffaires aux faifies mobiliaires dont il
a été parlé ci-deffus, il eft permis aux Parties
faifies de prendre, fi bon leur femble, le lait de
leurs beftiaux, finon le Gardien doit leur en tenir
compte fur fes frais de garde. Ce même Edit permet auffi aux Parties faifies de nourrir elles-mêmes
leurs beftiaux & chevaux, fi elles le defirent, &
fi elles en font leur déclaration le jour auquel la
faifie aura été faite.

2. *En tiendra compte au Saifi.*] Quand il y a
des frais de nourritures ou autres à avancer pour
la garde & entretien des beftiaux ou autres effets
faifis, le Gardien peut demander au Saififfant qu'il
lui foit fourni des deniers à cet effet ; finon il
peut demander à être déchargé de la garde. (Ainfi
jugé au Préfidial d'Orléans par Sentence du 23
Mars 1744.)

S'il s'agit de faifies de fruits pendants par les
racines, les Créanciers ont le choix d'établir un
Commiffaire aux fruits faifis, ou d'en pourfuivre
en Juftice la vente fur pied ; & fi l'héritage dont

N v

on veut faisir les fruits a été donné a ferme de bonne foi & fans fraude, alors il fuffira d'arrêter entre les mains du Fermier les deniers de la Ferme, & de le contraindre d'en vuider fes mains.

Dans le cas où il y a eu un Commiffaire établi aux fruits faifis, il peut auffi demander qu'il lui foit fourni par le Saififfant des deniers à fuffire pour les frais de récolte.

ARTICLE XI.

La vente des chofes faifies fera faite (1) *au plus prochain Marché public* (2) aux jours & heures ordinaires des Marchez, & fera tenu le Sergent fignifier auparavant à la perfonne ou domicile du Saifi, le jour & l'heure de la vente, à ce qu'il ait à faire trouver des Enchériffeurs, fi bon lui femble.

1. *La vente des chofes faifies fera faite, &c.*] Sans qu'il foit befoin de prendre pour cela une ordonnance du Juge. (Voyez le Procès-verbal de l'Ordonnance, pag. 260.)

Si l'Huiffier ne peut fe faire repréfenter par le Gardien les effets faifis pour les vendre au jour indiqué, il doit lui faire un commandement à l'effet de lui faire cette repréfentation; & faute par le Gardien d'y fatisfaire, l'Huiffier doit lui donner affignation devant le Juge pour s'y voir condamner par corps comme dépofitaire de biens de Juftice, avec dépens, dommages & intérêts envers le Saififfant & les Oppofants.

Le Gardien n'eft pas obligé de faire la repréfentation de ces effets dans le Marché où fe doit faire la vente; il fuffit qu'il les repréfente dans

le lieu où ils étoient lors de l'exécution ; parceque
ce n'eſt pas la charge du Gardien de les faire tranſporter dans la place publique , mais celle du Sergent, s'il les veut vendre.

2. *Au plus prochain Marché, &c.*] A peine
de nullité. (*Infrà* . article 19.) Cette formalité
eſt établie afin d'éviter des fraudes qui pourroient
ſe commettre entre le Saiſiſſant & l'Huiſſier, &
les Enchériſſeurs , & auſſi afin qu'il y ait un plus
grand nombre de perſonnes pour pouvoir acheter.

Cet article reçoit une exception portée par
l'Ordonnance du mois de Février 1556 , articles 4
& 5 , (rapportée par Fontanon , tom. 1 , liv. 2 ,
tit. 19 ,) qui eſt que cette formalité n'eſt pas néceſſaire lorſque les ventes ſe font à l'amiable , &
que les Parties s'accordent des lieux & heures pour
faire la vente : ou bien lorſque le Juge y déroge
par des conſidérations particulieres ; comme dans
le cas où il s'agit de vendre des meubles fragiles ,
& dont le tranſport ne pourroit ſe faire ſans dommage : ou lorſque le Marché eſt éloigné , & que
le tranſport des meubles occaſionneroit des frais
conſidérables ; auxquels cas le Juge doit ordonner
que la vente des effets ſe fera dans la maiſon ou
à la porte du Saiſi. (Voyez l'article 241 de la
Coutume de Bretagne , & d'Argentré ſur cet
article.)

Lorſque toutes les Parties conſentent à faire
vente de cette maniere , la permiſſion du Juge
eſt inutile ; mais l'Huiſſier, pour ſa décharge ,
doit prendre ce conſentement par écrit , & le
joindre à la minute de ſon Procès-verbal de vente.

ARTICLE XII.

Les choſes ſaiſies ne pourront eſtre
vendues , *qu'il n'y ait au moins huict jours
francs* (1) entre l'exécution & la vente.

1. *Qu'il n'y ait au moins huit jours francs.* A peine de nullité, &c. (*Infrà*, article 19.) Cette disposition est établie, tant en faveur du Saisi que des Créanciers, & autres qui peuvent y avoir intérêt : en faveur du Saisi, afin qu'il puisse, pendant ce temps, satisfaire aux causes de la saisie, & empêcher par-là la vente de ses effets ; & en faveur des Créanciers & autres, afin qu'ils aient le temps de former opposition à la saisie, & d'exercer leurs droits si ce sont des Créanciers, ou de réclamer leurs effets si, parmi les effets saisis, il y en a qui appartiennent à ceux qui les veulent réclamer. Il arrive même quelquefois que le Juge prolonge ce délai de huitaine, sur-tout lorsque le Saisi offre de donner bonne & suffisante caution, de satisfaire son Créancier pendant ce temps. (Voyez le Procès-verbal de l'Ordonnance, pag. 265, art. 18.)

Lorsqu'il y a des oppositions à la vente des effets, soit de la part des Créanciers ou autres, on ne peut passer à la vente, à moins qu'il ne soit ainsi ordonné par Justice : c'est pourquoi le Saisissant doit les assigner pour en avoir main-levée.

1°. Si l'opposition est de la part du Saisi, le Juge ordonnera qu'il sera passé outre, à moins que le Saisi ne fasse voir la nullité de la saisie, ou qu'il ne justifie qu'il ne doit rien au Saisissant, ni aux autres Opposants ; auxquels cas, il peut même demander des dommages & intérêts au Saisissant, sur-tout dans le dernier cas.

2°. Si l'opposition est de la part d'un tiers qui se prétend Créancier du Saisi, le Juge ordonnera qu'il sera passé à la vente à la charge de l'opposition, si cette opposition est fondée ; sinon il en doit être donné congé avec dépens, & quelquefois même avec dommages & intérêts, soit envers le Saisi, soit envers les autres Créanciers saisissants & opposants.

3°. Si c'est un Créancier qui se prétend privilégié, le Juge ordonnera pareillement qu'il sera passé outre à la vente des effets à la charge de l'opposition, & sursis à la délivrance des deniers, jusqu'à ce qu'il ait été statué sur cette prétendue préférence avec les autres Créanciers.

4°. Enfin si c'est un tiers qui, parmi les effets saisis, en réclame qu'il prétend lui appartenir, il faut nécessairement statuer sur cette revendication avant de passer à la vente.

Toutes ces oppositions doivent être jugées entre l'Opposant qui a formé son opposition & le Saisi ; & à l'égard des autres Créanciers opposants, il suffit que l'opposition soit jugée avec l'ancien d'entr'eux, afin d'éviter les frais : à moins que quelques-uns des Créanciers n'eussent des intérêts particuliers à défendre ; auquel cas il faudroit qu'ils plaidassent en leur nom particulier.

L'article 34 du Réglement rendu au Bailliage d'Orléans du 14 Février 1685, touchant les procédures qui doivent être observées dans la poursuite des décrets & autres saisies, établit une formalité particuliere à l'égard des oppositions formées pour revendication d'effets. Cet article porte : « Que si par un Créancier est demandée » récréance de tout ou de partie des effets saisis, » la demande doit être dénoncée aux Procureurs » des Débiteurs ou Opposants, pour la consentir » & y former empêchement dans les trois jours ; » sinon que, ledit temps passé, le Saisissant pourra » la consentir ou contester, & fera signifier le » Jugement qui interviendra aux Procureurs du » Débiteur & des Opposants, sans qu'il puisse » leur faire insinuer d'autres actes & procédures. »

Les Opposants doivent procéder en la Jurisdiction où la saisie est pendante.

Il en est de même pour les saisies & arrêts ; il faut procéder sur les oppositions des Tiers-arrêtants en la Jurisdiction où l'Instance de saisie & arrêt a été introduite. On doit aussi observer que, quand il ne s'agit que de faire de la part de ceux entre les mains desquels on a arrêté des deniers, la déclaration de ce qu'ils doivent au Débiteur pour le compte duquel on a saisi, on peut les assigner pareillement en la Jurisdiction où l'Instance de saisie & arrêt est pendante ; mais si ces arrêtés contestent les sommes saisies entre leurs mains, ils peuvent faire renvoyer cette contestation pardevant le Juge de leur domicile.

Lorsqu'une saisie est déclarée nulle par quelque défaut de formalité, toutes les oppositions qui ont été formées à cette saisie deviennent aussi nulles : car ces oppositions étant accessoires à la saisie principale, & cette saisie ne pouvant subsister, il s'ensuit que les oppositions ne peuvent pareillement subsister. Une saisie est nulle dans la forme lorsqu'elle est faite sans titre exécutoire, ou lorsque les formalités prescrites par l'Ordonnance n'y ont point été observées.

Mais si la saisie est déclarée nulle sur le fondement que le Saisi ne devoit rien au Saisissant, soit parceque l'obligation portée par le titre étoit acquittée ou prescrite, &c. alors cette nullité ainsi prononcée n'empêche pas que les oppositions subsistent, pourvu que la saisie ait été faite avec toutes les formalités nécessaires.

Quand la saisie est seulement vicieuse par un léger défaut de formalité, il n'arrive pas toujours que le Juge la déclare nulle par ce seul défaut ; ce qui peut se faire par des circonstances particulieres qui dépendent de la prudence du Juge.

Il y a des cas où des Créanciers, quoique fondés en titre exécutoire, ne peuvent procéder par voie de saisie & exécution sur les biens de leurs Débiteurs ; ce qui arrive dans le cas où le Débiteur a obtenu en sa faveur des Lettres d'Etat, ou de répi, ou des défenses générales, qui ne s'accordent cependant que pour des considérations importantes, & par des motifs d'intérêt public. (Voyez à ce sujet la Déclaration du Roi du 23 Décembre 1702, touchant les Lettres d'Etat ; l'Ordonnance du mois d'Août 1669, au titre des Répis, & les Déclarations des premier Février 1698, & 22 Août 1714, touchant les défenses générales. Voyez le nouveau Recueil, tom. 2, pag. 219 & 294.)

Article XIII.

Les bagues, joyaux (1) *& vaisselle d'argent* (2) de la valeur de trois cens livres ou plus, ne pourront estre vendues, *qu'après trois expositions à trois jours de Marchez différens* (3), *si ce ce n'est que le Saisissant & le Saisi* (4) en conviennent par écrit, qui sera mis entre les mains du Sergent pour sa décharge.

1. *Les bagues, joyaux.*] Quand il s'agit de diamants de grand prix, l'exposition doit s'en faire en la boutique d'un Orfévre ou Jouaillier, ou dans un autre endroit indiqué par le Juge.

2. *Et vaisselle d'argent.*] Cela n'a plus lieu aujourd'hui ; mais lorsqu'il se trouve de la vaisselle d'argent parmi les effets saisis, à quelque somme qu'elle puisse monter, on doit la porter à la Monnoie la plus prochaine. On somme la Partie saisie de s'y trouver à une telle heure pour voir peser cette vaisselle & en compter le prix. L'Huissier prend un certificat du Commis de la Monnoie, qui constate le poids de la vaisselle, & le prix qu'il l'a payée ; il en dresse son Procès-

verbal , & garde pardevers lui ce certificat qu'il annexe à la minute du Procès-verbal de vente. (Déclaration du Roi du 14 Décembre 1689 , rapportée au nouveau Recueil , tom. 2 , pag. 57.)

Il faut aussi observer que si l'on trouve de vieilles especes parmi les effets du Saisi , elles doivent pareillement être portées aux Hôtels des Monnoies sur la Déclaration du 7 Octobre 1755.

3. *Qu'après trois expositions à trois jours de Marchés différents.*] A peine de nullité. (*Infra* , article 19.)

Les carrosses & harnois sont regardés comme meubles précieux , & l'usage est de ne les vendre qu'après trois expositions.

Nous observons la même chose à Orléans à l'égard des vins saisis. L'usage est de ne les vendre qu'après les avoir criés à trois jours différents , & après trois expositions faites en la place publique destinée pour faire ces sortes de ventes.

A l'égard des livres , quand l'objet en vaut la peine , ils ne peuvent être vendus sans que l'inventaire en ait été préalablement fait par un Libraire , suivant la disposition des Réglements rendus pour la Librairie. Un Arrêt du Conseil du 24 Novembre 1742 fait aussi défenses à tous Huissiers de procéder à la vente publique des bibliotheques & cabinets de livres sans que la visite en ait été faite par les Syndics & adjoints des Libraires.

Les navires , quoique meubles , se vendent aussi avec des formalités particulieres , & ces formalités sont à-peu-près les mêmes que celles des saisies-réelles. (Voyez l'Ordonnance de la Marine du mois d'Août 1681 , liv. 1 , tit. 14.) A l'égard des barques , chaloupes & autres bâtimens du port de dix tonneaux & au-dessous , l'adjudication en doit être faite à l'Audience après trois publications seulement sur le quai à

trois divers jours ouvrables confécutifs, pourvu
qu'il y ait huit jours francs entre la faifie & la
vente. (Même Ordonnance, tit. 14, art. 9.)

Les moulins fur bateaux, quoiqu'ils foient
auffi meubles, doivent pareillement être vendus
avec les formalités requifes pour les faifies-réelles. (Ainfi jugé dans la Coutume d'Orléans par
Arrêt donné aux Grands Jours de Clermont le 23
Octobre 1582, rapporté par Goujet en fon Traité
des Criées, & par M. Louet en fes Arrêts, lettre
M, fommaire 13.)

A l'égard des bateaux, il femble qu'on doit
fuivre ce qui eft établi pour les barques & chaloupes dans l'art. 9 du tit. 14, au liv. 1 de l'Ordonnance de la Marine qu'on vient de citer, du
moins pour ce qui concerne les trois publications.

4. *Si ce n'eft que le Saififfant & le Saifi.*] Voyez
la note 2 fur l'article 11 ci-deffus, pag. 299.

S'il y a des Oppofants à la faifie, il faut pareillement avoir leur confentement par écrit pour
pouvoir fe difpenfer de la formalité établie en
cet article.

ARTICLE XIV.

En procédant par faifie & exécution,
fera laiffé aux perfonnes faifies une va-
che, trois brebis, ou deux chévres, pour
aider à foutenir leur vie, fi ce n'eft que
la créance pour laquelle la faifie eft faite,
procédé de la vente des mefmes beftiaux
(1), *pour avoir prefté l'argent pour les*
achepter (2); *& de plus fera laiffé un lit*
(3) *& l'habit dont les Saifis feront vef-*
tus & couverts (4).

1. *Procede de la vente des mêmes bestiaux.*] Cette preuve se peut faire par écrit ou par témoins, même au-dessus de cent livres lorsqu'il y aura d'ailleurs quelque adminicule de preuve. (Voyez le Procès-verbal de l'Ordonnance, pag. 263.)

2. *Pour avoir prêté l'argent pour les acheter.*] Dans le projet du Procès verbal de l'Ordonnance sur cet article on avoit ajouté, *ou pour loyers de fermage.* On a ôté ou oublié ces mots dans la rédaction qui en a été faite. (Voyez le Procès-verbal, pag. 263.)

3. *Et de plus sera laissé un lit.*] Si le Saisi a une femme & des enfants mâles & des filles, demeurants chez lui, il faut non-seulement laisser un lit pour le mari & la femme, mais encore un pour les enfants mâles & un autre pour les filles; ainsi jugé par Sentence du Bailliage d'Orléans du 7 Décembre 1762.

Au reste ces lits qu'on doit leur laisser doivent être les plus communs, eu égard néanmoins à l'état & qualité du Saisi.

Il faut aussi observer que, dans la réserve des lits, on n'y comprend que les bois de lit, les couvertures, draps, traversins, matelats, lits de plume, paillasses, &c. & non les rideaux, housses, bonnes-graces, ciels de lits, tringles, &c. c'est ainsi qu'on l'observe au Châtelet de Paris.

On n'est point obligé de laisser aucun lit au Saisi ni à ses enfants, lorsque la saisie est faite pour loyer de maison, & qu'il n'y a pas d'ailleurs de quoi répondre suffisamment du loyer; l'usage en ces cas, du moins à Orléans, est de saisir même le lit; ce qui est fondé sur ce que le Maître d'Hôtel ayant fourni au Locataire le logement qui est plus nécessaire à la vie qu'un lit, il est juste que ce lit réponde des loyers, & en cela l'humanité n'est point blessée.

4 *Dont les Saisis seront vêtus & couverts.*]

A fortiori les habits dont la femme & les enfants sont couverts. Il n'est pas permis non plus à l'Huissier d'ôter , ou même de saisir le manteau dont le Saisi se trouve couvert, si ce n'est en vertu d'une Ordonnance de Justice. (Voyez le Procès-verbal de l'Ordonnance , pag. 264.)

ARTICLE XV.

Les personnes constituez aux Ordres Sacrez (1) *de* Prestrise , Diaconat ou Sous-diaconat, *ne pourront estre exécutées en leurs meubles destinez au Service divin* (2), *ou servant à leur usage nécessaire* (3) , *de* quelque valeur qu'ils puissent estre , ni mesme en leurs Livres qui leur seront laissez jusques à la somme de cent cinquante livres.

1. *Les personnes constituées aux Ordres sacrés, &c.*] Ainsi la disposition portée en cet article ne regarde point les simples Clercs , & autres Ecclésiastiques qui ne sont point dans les Ordres sacrés.

2. *En leurs meubles destinés au Service divin.*] A peine de nullité. (*Infrà* , art. 17.)

3. *Servant à leur usage nécessaire.*] Mais non leurs autres meubles. (Ordonnance d'Orléans , art. 18 ; Ordonnance de Blois , art. 57.)

Les meubles servant à l'usage nécessaire des Ecclésiastiques , sont une table, quelques chaises, quelques ustensiles de cuisine , un lit ; & enfin les choses dont ils ne peuvent se passer.

A l'égard des Livres , s'ils n'en avoient que très peu de leur état , on ne seroit pas obligé de leur laisser les autres, quand même ils ne monteroient pas à 150 liv.

Pour loyers de maison on peut saisir indistinctement tous les Livres des Ecclésiastiques. (Voy. Ferrieres sur l'art. 111 de la Coutume de Paris ; & la Peyrere, lettre E , n. 5 , au mot *Ecclésiastiques.*) La Coutume d'Etampes , art. 149 , en a une disposition.

ARTICLE XVI.

Les chevaux , bœufs & autres bestes de labourage, charues , charettes & ustenciles servans à labourer & cultiver les terres, vignes & prez , ne pourront estre saisis, *mesme pour nos propres deniers* (1) , à peine de nullité , de tous dépens , dommages & intérests , & de cinquante livres d'amende contre le Créancier & le Sergent solidairement. N'entendons toutefois comprendre les sommes deues au Vendeur, ou à celui qui a presté l'argent pour l'achapt des mesmes bestiaux & ustenciles , ni ce qui sera deu pour fermages & maisons des terres où seront les bestiaux & ustenciles.

1. *Même pour nos propres deniers.*] Ce qui est fondé sur un motif d'intérêt public , parcequ'il est absolument nécessaire à l'Etat que les terres soient labourées & cultivées. (Voyez l'Authentique de Frédéric , rapportée en la Loi 8 , *Cod. quæ res pigno obligari possunt.*)

L'Edit du mois de Janvier 1634 , servant de Réglement général pour les Tailles, art. 55 , défend aux Sergens des Tailles de faire aucune exécution fur le pain , le lit , les chevaux & autres bêtes de labour , uftenfiles & outils de Manœuvres & Artifans. Un Arrêt du Confeil du 17 Décembre 1643 défend à tous Huiffier Sergents & autres Employés au recouvrement des Tailles , fubfides & autres impofitions , de prendre par exécution , tranfporter , ni faire vendre fur les Contribuables leurs lits , linceuls , couvertures , pain , outils & bêtes fervant au labourage , à peine de tous dépens , dommages & intérêts , & d'être pourfuivis comme pour les propres deniers de Sa Majefté , fur les affirmations des Particuliers fur qui ces faifies feront faites ; ce qui depuis a été confirmé par un Arrêt de la Cour des Aydes du 17 Novembre 1712 , (rapporté au nouveau Recueil, tom. 2, pag. 505 ,) qui fait défenfes de faifir pour la Taille les lits , linceuls , couvertures , habits , poêles , fenêtres , chevaux , mulets & bêtes de labour. Il y en a encore d'autres Réglements.

On prétend que cette défenfe de faifir les chevaux , bœufs & autres bêtes de labourage pour deniers du Roi , a été révoquée par une Déclaration enregiftrée en la Cour des Aydes ; mais je n'ai aucune connoiffance de cette Déclaration. L'Edit du mois d'Octobre 1713 , qui établit un nouveau Réglement pour les Tailles , porte au contraire : « Que dans les faifies de meubles qui » feront faites fur les Contribuables, on leur laif- » fera toujours ceux qui font réfervés par les Or- » donnances , enfemble les outils & uftenfiles » fervant au labourage. »

A l'égard des beftiaux de la campagne, autres que ceux fervant au labourage , comme moutons , vaches , chevres , &c. il y a un Edit du mois d'Avril 1667 , « qui fait défenfes à tous » Créanciers des Communautés & des Particuliers

» de saisir aucuns bestiaux de quelque qualité
» qu'ils soient pendant le temps de quatre an-
» nées, à peine d'interdiction contre les Huis-
» siers, & de trois mille livres d'amende, & de
» tous dépens, dommages & intérêts. Cet Edit
» ajoute néanmoins, « que c'est sans préjudice
» du privilége des Créanciers, qui auront donné
» des bestiaux à chetel, qui les auront vendus,
» ou qui en auront payé le prix, même les Pro-
» priétaires des fermes & terres pour leurs loyers
» & fermages sur les bestiaux qui seront sur leurs
» terres appartenants à leurs Fermiers, auxquels
» il sera loisible de faire procéder par voie de
» saisie sur les bestiaux, nonobstant cet Edit. »
Ces défenses ont été continuées depuis tous les
quatre ans ou six ans par des Déclarations posté-
rieures, dont la derniere qui soit à ma connoissance est du 22 Mai 1708, & dont les six ans ont
fini au premier Janvier 1714. Je ne vois pas que
depuis ce temps-là ces défenses aient été renou-
vellées.

Néanmoins il a été rendu une Déclaration du
12 Septembre 1742, pour la Province de Languedoc, qui fait défenses aux Créanciers des
Communautés, & à ceux des Particuliers qui
contribuent aux impositions de cette Province,
même aux Collecteurs, de saisir & faire saisir
les bestiaux de toute qualité, & aux Huissiers
& Sergents de faire aucune exécution & vente
desdits bestiaux pendant le temps de six années,
à peine, &c. ce qui a depuis été renouvellé pour
six autres années par une Déclaration du 24 Août
1749.

Outre les choses dont on vient de parler, il y
en a encore plusieurs autres qu'on ne peut saisir,
soit par un motif d'intérêt public, soit en consi-
dération des personnes en faveur desquelles cette
exemption est établie ; ainsi,

1°. On ne peut faifir les chofes qui font con-facrées au Service divin, comme les ornemens d'une Chapelle ou d'une Eglife, les vafes fa-crés, &c. car ces chofes ne font point dans le commerce. (*L.* 1, § 2, *ff. quæ res pign. L.* 31, *Cod. de Sacr. Ecclef.*)

2°. Il en eft de même des diftributions quo-tidiennes des Chanoines & Prébendiers, des oblations & autres menues rétributions des Bé-néficiers & du cafuel des Cures. Ces chofes ne peuvent être faifies, parcequ'elles tiennent lieu d'alimens à ceux qui les reçoivent, & que d'ail-leurs il eft néceffaire que le Service divin ne foit point fufpendu. (Voyez la Rocheflavin en fes Arrêts, liv. 2, tit. 1, art. 21 ; & *ibidem*, lettre H, tit. 4, art. 7 ; & Mainard, liv. 1, chap. 15.)

A l'égard des autres revenus des Eccléfiafti-ques, des fruits & penfions de leurs Bénéfices, ils peuvent être faifis comme tous autres biens temporels. (Voyez Loifeau, Traité des Offices, liv. 4, chap. 8, n. 86.)

3°. On obferve à l'égard des Evêques & des Prélats, qui par leur grande dépenfe font expo-fés à la pourfuite de leurs Créanciers, & dont les biens ont été faifis, de leur conferver le tiers de leur revenu. (Voyez Duperrai, liv. 1, chap. 9, n. 29.)

Quant aux autres Bénéficiers & Eccléfiafti-ques, il femble auffi que les Réglemens les auto-rifent à demander fur le revenu de leurs Bénéfi-ces une penfion alimentaire pour leur fubfiftance. [Arrêts de Catelan, tome 2, liv. 6, chap. 13. Ainfi jugé par Arrêt du Parlement de Rouen du 8 Mai 1670. Voyez Bafnage fur la Coutume de Normandie, art. 514.]

On trouve auffi un Arrêt du Parlement de Paris du 4 Mai 1703, qui a jugé à l'occafion de la portion congrue du'un Curé, saisie par son Créancier, que son Créancier toucheroit le tiers de cette portion congrue, déduction faite de toutes charges, jusqu'à l'entier remboursement de ce qui lui étoit dû, tant en principal, intérêts & frais que dépens. (Voyez Loix Ecclésiastiques d'Héricourt, part. 4, chap. 8, n. 9.)

4°. On ne peut saisir les appointements, ni la solde des Officiers de guerre, non plus que la solde des soldats. (*L. 4, Cod. de execut. rei judic.*), ce que Loiseau étend aussi aux gages de tous les Officiers des Gouvernements, qu'il regarde plutôt comme commissions ou grades militaires, que comme de vrais offices. (Voy. Loiseau en son Traité des Offices, liv. 4, chap. 8, n. 70.) Cette défense n'a pas lieu cependant pour raison des vivres & dépenses de bouche à eux fournis, non plus que pour leurs montures & équipages.

La Déclaration du Roi du mois de Janvier 1660 touchant la Connétablie, défend aux Officiers de la Connétablie d'avoir aucun égard aux saisies faites sur les soldes, gages & appointements des gens de guerre, si elles ne sont faites de l'ordonnance du Lieutenant-Général audit Siege, & ensuite autorisées & confirmées par le Secrétaire d'Etat de la Guerre.

Une autre Déclaration du 8 Mars 1720, portant Réglement pour les nouvelles Maréchaussées, article 9, porte : » Que les gages & soldes » attribués aux Officiers & Archers de Maré- » chaussées ne seront sujets à aucune saisie, at- » tendu le service continuel pour lequel ces gages » & soldes sont accordés, si ce n'est pour dettes » contractées à l'occasion de leurs montures, » nourritures & équipages, auquel cas il pourra » seulement être fait retenue de la moitié de la » solde; & qu'à l'égard des Prévôts-Généraux

» &

» & leurs Lieutenants , les gages pourront être
» retenus feulement pour dettes, dont les deniers
» auront été employés à l'acquisition de leur
» Office «. Ce qui avoit déjà été établi par plufieurs Réglements , & notamment par une Déclaration du 5 Janvier 1694 , rapportée au nouveau Recueil , tom. 3 , page 195.

Il en est de même des chevaux , armes & ba-
gages des Officiers des gens de guerre , Chevaux-
légers , Gendarmes , Capitaines des Régiments ,
&c. On est obligé de leur laisser un certain nombre de chevaux & leurs armes , suivant la disposition des anciennes Ordonnances. (Voyez l'Ordonnance de 1629 , art. 195.)

5°. On ne peut saisir les gages des Officiers de
la Maison du Roi. (Code Henri , liv. 12 , titre
38 , art. 3 ; Ordonnance du mois d'Avril 1553.
Voyez aussi les Edits d'Octobre 1551 , Janvier
1567 , autres des années 1577 & 1586 , & un Arrêt du Conseil du 17 Mars 1603.) Cette défense
n'a pas lieu cependant quand il s'agit des dettes
contractées pour raison de leurs nourritures , armes & chevaux ; ce qui a depuis été aussi étendu
à la Capitation , suivant l'Arrêt du Conseil du
21 Juillet 1696.

Il en est de même des gages des Officiers-do-
mestiques ou Commensaux de la Maison du Roi ,
lesquels ne peuvent être pareillement saisis. (Code Henri , liv. 2 , tit. 38 , art. 3 ; Lettres-Patentes du 20 Avril 1553 ; Edits de 1567 , & Janvier 1678.) si ce n'est pour fait de Capitation.
(Même Arrêt du Conseil du 21 Juillet 1696.)

6°. Les pensions ou distributions des Princes ,
Cardinaux , Prélats & Commandeurs de l'Ordre
du Saint-Esprit , ensemble les gages, pensions
ou distributions des Officiers dudit Ordre , ne
peuvent être saisis pour quelque cause que ce
soir , si ce n'est en vertu d'une permission du

Tome II.   Q

Roi. (Déclaration du Roi du 14 Octobre 1711 ; touchant les Privileges de l'Ordre du Saint-Esprit.)

Loiseau prétend même en général que les pensions & récompenses attribuées par le Roi à ses Officiers, ne peuvent être saisies & arrêtées. (Voyez Loiseau, Traité des Offices, liv. 4, ch. 8, n. 72.)

7°. On ne peut saisir les épices, vacations & autres émoluments journaliers des Juges, & autres Officiers de Justice, (Loiseau *ibidem*, liv. 4, chap. 8, n. 58. Voyez aussi la Rocheflavin en son Traité des Parlements de France, liv. 10, chap. 15,) parceque ces distributions quotidiennes sont le prix de leur travail, & qu'il est de l'intérêt public que la justice soit rendue ; mais il n'en est pas de même de leurs gages, car ils peuvent être saisis. (Loiseau *ibidem*, chap. 8, n. 68 ; & il a été ainsi jugé par Arrêt du 11 Avril 1676. Voyez aussi Catelan en ses Arrêts, liv. 6, chap. 23.)

Un Arrêt du Conseil du 9 Décembre 1690, porte : » Que les journées & vacations des » Grands - Maîtres & autres Officiers des Eaux » & Forêts ne peuvent être saisies, sinon pour » amendes prononcées contre lesdits Officiers, » & autres condamnations pour le fait de leurs » charges, mais que les gages & chauffages desdits Officiers pourront être saisis. «

Ce qui vient d'être dit des Juges & autres Officiers de Justice, doit aussi s'appliquer aux Officiers de Finance. (Loiseau *ibidem*, liv. 4, chap. 8, n. 60 & 68.)

8°. On ne peut saisir les gages & appointements des Commis & autres Employés par les Fermiers des droits du Roi, & par leurs Procureurs ou Sous-Fermiers ; (Ordonnance des Fermes du mois de Juillet 1681, au titre com-

mun des Fermes, article 14.), fauf à fe pourvoir fur leurs autres biens.

9°. Les émoluments & rétributions journa-
lieres des Profeffeurs des Univerfités ne peuvent
pareillement êtie faifis, mais feulement leurs
gages. (Arrêt du Parlement de Touloufe du 16
Mars 1675.)

10°. On ne peut faifir les farines, pain, vo-
lailles, gibier, & autres menues denrées fervant
à la nourriture des hommes, fuivant des Lettres-patentes du 12 Juillet 1634, regiftrées au
Parlement de Touloufe le 24 Janvier fuivant. La
faveur des aliments a donné lieu à ce réglement,
qui eft en cela conforme à la difpofition de Droit
en la Loi 7. *ff. de pignor. & hypothec.*

11°. » On ne peut procéder par voie de faifie
» & exécution fur les moulins, métiers, outils;
» & uftenfiles fervant pour les préparations,
» moulage & filage des foies, laines, cotons,
» chanvres, lins, & autres matieres propres
» pour la fabrication de toutes fortes d'étoffes
» de foie, de laine, de poil, ou mêlées d'or &
» d'argent avec de la foie, ou de la laine, ou
» quelques autres matieres que ce foit; & pa-
» reillement fur les moulins & outils fervant à
» la fabrication defdites étoffes de foie, laine
» ou poil, ou mêlées de quelques matieres que
» ce foit, futaines, bafins, & des toiles tant
» de chanvre que de lin de toutes fortes, & à
» l'apprêt & teinture de toutes lefdites marchan-
» difes pour quelque dette, caufe & occafion
» que ce foit, même pour la Taille & impôt du
» Sel; excepté néanmoins pour loyers des mai-
» fons que les Maîtres, Ouvriers & Façonniers
» occupent, ou pour le prix defdits moulins,
» métiers, outils, uftenfiles & inftruments qui
» fe trouveroient encore dûs à ceux qui les auront
» faits ou fournis, à peine d'interdiction con-

» tre les Huissiers, de cent cinquante livres d'a-
» mende, & de tous dommages & intérêts envers
» les Parties saisies. (Déclaration du Roi du 13
» Août 1704, rapportée au nouveau Recueil,
» tome 2, page 160.)

Il en est de même des outils des autres Artisans. (Voyez Auzanet sur l'article 161 de la Coutume de Paris, & ce qui a été dit ci-dessus,
note 1, page 308. Cette regle est dictée par l'humanité.)

On ne peut saisir les meules de moulins, quoiqu'elles ne soient pas encore placées. (Arrêt d'Expilly, chap. 119, page 617, suivant la disposition des Saintes-Ecritures : *Non accipies loco pi-
gnoris inferiorem & superiorem molam,* Deute-
ron. ch. 24, v. 6.)

En Languedoc on ne peut saisir les feuilles des
mûriers qui se recueillent dans cette province,
suivant une Déclaration du Roi du 6 Fév. 1732,
R, au Recueil des Réglements du Parlement de
Toulouse, en deux volumes *in-8°.* ; à peine de
nullité & de tous dépens, dommages & intérêts,
même contre les Collecteurs qui les saisiroient,
& contre les Huissiers, &c.

12°. Les marchandises destinées pour la provision de la ville de Paris, ne peuvent être arrêtées
sur les lieux, ni en chemin, sous quelque prétexte que ce soit ; même de saisies faites desdites
marchandises, soit par les Propriétaires ou Créanciers du Marchand, soit aussi pour salaire & prix
de la voiture ; mais ces marchandises, nonobstant les saisies, doivent être incessamment voi-
turées & amenées à la garde des Gardiens établis
auxdites saisies, pour être vendues & débitées sur
les ports, & les deniers de la vente remis en Justice à qui il appartiendra ; à l'effet de quoi les
Saisissants seront tenus d'avancer les frais de garde, sauf à les répéter, faute de quoi seront lesdi-

tes faisies déclarées nulles. (Edit du mois de Décembre 1672, §. 2, article 10. Voyez aussi de la Mare en son Traité de la Police, tome 2, liv. 5, tit. 1, page 656.)

La même disposition se trouve établie à l'égard des marchandises chargées dans les bateaux sur la riviere de Loire; elles ne peuvent être arrêtées sous prétexte de saisies, &c. & elles doivent être conduites au lieu de leur destination nonobstant ces saisies, &c. ainsi qu'il vient d'être dit. (Déclaration du Roi du 24 Avril 1703 pour le rétablissement du commerce de la riviere de Loire; article 20. Voyez le nouveau Recueil, tome 2, page 311.)

13°. Par l'article 14 des Statuts des Bouchers de la ville d'Orléans du 25 Juillet 1545, on ne peut saisir, ni enlever les chairs exposées sur les étaux des Boucheries de ladite ville pour quelques dettes que ce soit, sinon pour deniers Royaux, suivant les anciens Privileges de cette Communauté.

14°. On ne peut saisir les rentes viageres qui sont à prendre sur l'Hôtel-de-Ville de Paris, même pour les propres affaires de Sa Majesté. (Edit du mois de Novembre 1740, article 7.) Il en est autrement des rentes perpétuelles.

Les pensions & revenus à prendre sur les Tontines, ne peuvent non plus être saisis sous quelque prétexte que ce soit, lorsque cela est ainsi porté par leur Edit de création. (Voyez les Réglements rendus à ce sujet.)

15°. Les deniers adjugés pour provision en matiere criminelle, ne peuvent être saisis ni pour frais de Justice, ni pour quelque cause & prétexte que ce soit. (Ordonnance du mois d'Août 1670, tit. 12, art. 5.)

16°. Enfin on ne peut saisir tout ce qui a été donné sous la condition de ne pouvoir être saisi;

O iij

ce qui s'étend aussi aux pensions alimentaires ; car c'est une suite de cette condition sans laquelle les choses n'auroient point été données. Il en faut cependant excepter les dépenses faites pour nourritures, logements & vêtements nécessaires, pour lesquels on peut saisir ces sortes de dons & pensions ; ce qui est fondé sur ce qu'on présume que le Donateur n'ayant eu d'autre intention que de conserver au Donataire de quoi vivre, n'a pas entendu en excepter les aliments & autres choses nécessaires à la vie.

On doit aussi observer pour les saisies & exécutions une certaine bienséance, sur tout à l'égard des personnes de distinction, & ne pas faire cette saisie d'une maniere qui leur soit injurieuse. Ainsi par Arrêt du 9 Juillet 1571, rapporté par Chenu en ses notes sur le Recueil des Arrêts de Papon, liv. 18, tit. 5, n. 27, une saisie a été déclarée injurieuse à l'égard d'une personne de qualité, qu'un Sergent avoit fait descendre publiquement de son cheval en la rue.

Bruneau en son Traité des Criées, page 75, dit aussi avoir vû juger, qu'un Duc & Pair ne pouvoit être exécuté en ses carrosse & chevaux, lui étant dedans, & que main-levée en fut faite avec dépens, & les Huissiers réprimandés pour avoir fait cette exécution.

Par l'article 32 de l'Edit du mois de Février 1689, (rapporté au nouveau Recueil, tome 2, page 36) il est défendu à tous Huissiers & Sergents d'exécuter les Receveurs des Consignations, soit en leur personne, ou en leurs chevaux ou carrosses, sinon en vertu d'Arrêts ou de Sentences rendus sur un Procès verbal de refus.

L'article 19 de l'Edit du mois de Juillet 1689, (rapporté au nouveau Recueil, tom. 2, p. 39,) contient une disposition semblable à l'égard des Commissaires aux Saisies-réelles.

Enfin il faut obferver que pour une fomme modique on ne peut faifir une grande quantité d'effets, & qu'autrement la faifie doit être déclarée injurieufe & déraifonnable ; ce qui dépend des circonftances & de la prudence du Juge.

A R T I C L E XVII.

Les chofes faifies feront adjugées au plus offrant *& dernier Enchériffeur* (1) , *en payant par lui fur le champ le prix de la vente* (2).

1. *Et dernier Enchériffeur.*] S'il ne fe trouvoit point d'Enchériffeurs, il femble qu'alors le Saififfant ou les Oppofants pourroient demander que les effets faifis & criés leur fuffent délivrés en déduction de leurs créances, fuivant l'eftimation qui en feroit faite, conformément à la difpofition de la Loi 15, §. 3, *ff. de re judic.*

2. *En payant par lui fur-le-champ le prix de la vente.*] Sinon l'Huiffier en doit être refponfable, comme s'il l'avoit reçu, fuivant la loi : *Si Procurator, 5, ff. de jure fifci.* Au refte, quoique l'Huiffier doive exiger fur-le-champ le prix des chofes vendues, la vente n'en eft pas moins parfaite avant le paiement. Lorfque l'Adjudicataire ne paie pas, la chofe peut être revendue fur-lechamp à la folle enchere, & il peut être condamné par corps à payer l'excédent, de même qu'il le pourroit être au paiement entier du prix du meuble, fi l'on ne l'avoit pas revendu.

Quelques-uns prétendent que les Procès-verbaux de ventes des Huiffiers & Sergents font exécutoires pendant trente ans contre les Adjudicataires, & qu'on peut les contraindre pendant ce temps de payer le prix de leur adjudication, tant qu'il n'y a point sur le Procès-verbal le mot *payé*, écrit à côté de l'article adjugé ; mais cela ne doit avoir lieu que pour obliger l'Adjudicataire de payer le prix de l'adjudication, lorsque les meubles ne lui ont point encore été délivrés, en offrant de lui délivrer les mêmes effets : car quand on a laissé enlever les meubles à l'Adjudicataire, ils sont censés avoir été payés ; autrement il ne dépendroit que d'un Huissier de faire payer deux fois l'Adjudicataire, en ne mettant pas le mot *payé* à côté de l'article qui lui a été adjugé.

L'article 123 du Réglement fait par le Parlement de Rouen, le 6 Avril 1666, porte que l'action pour le paiement du prix des meubles vendus se prescrit par trois ans, encore que l'Acheteur ait signé sur le Registre ou Procès-verbal du Sergent, s'il ne s'est obligé depuis la vente qui lui a été faite.

L'Adjudicataire des meubles vendus publiquement n'est pas tenu de les rendre, quand même il y auroit des nullités dans la saisie & exécution, s'il n'y a point de nullité dans la vente. (Ainsi jugé par Arrêt du Parlement de Provence de l'année 1603, R, par du Perrier, page 240 de l'édition de 1759.)

ARTICLE XVIII.

Les Huissiers & Sergens seront tenus de faire mention dans leurs Procès-verbaux du nom & domicile des Adjudicataires, desquels il ne pourront rien prendre ni recevoir directement ou indirectement, *outre le prix de l'adjudication* (1).

1. *Outre le prix de l'adjudication.*] Afin que

les choſes ſaiſies ſoient vendues plus avantageu-
ſement pour le Vendeur.

Les Huiſſiers peuvent encore moins ſe rendre
Adjudicataires directement ou indirectement des
effets dont ils font la vente.

ARTICLE XIX.

Tous les articles ci-deſſus ſeront ob-
ſervez par les Huiſſiers & Sergens , à
peine de nullité des Exploits de ſaiſies ,
& Procès-verbaux de ventes , *dommages
& intéreſts envers le Saiſiſſant & le Saiſi* (1),
interdiction , *& de cent livres d'amende* (2)
applicable moitié à Nous , moitié à la
Partie ſaiſie , ſans que la peine puiſſe
eſtre remiſe ou modérée.

1. *Dommages & intérêts envers le Saiſiſſant &
le Saiſi.*] Lorſque le Saiſi ne doit rien , il peut
former ſa demande en dommages & intérêts contre le Saiſiſſant ; mais pour cela il faut juger de
la validité de la ſaiſie par le mérite du fond.

2. *Et de cent livres d'amende.*] Cette demande
contre l'Huiſſier peut être formée par le Saiſi aux
termes de cet article , & auſſi à la requête du
Procureur du Roi ou Fiſcal , & elle doit être jugée ſommairement.

Quand le Saiſi eſt notoirement débiteur , rarement fait-on droit ſur cette amende. A l'égard
de l'interdiction , il ſemble qu'elle ne peut être
requiſe que par le miniſtere public , ou par le
Saiſiſſant acceſſoirement à ſes dommages & intérêts , au cas qu'il lui en ſoit dû.

O v

ARTICLE XX.

Incontinent après la vente, les deniers en provenans seront délivrés par le Sergent ou Huissier entre les mains du Saisissant, jusques à la concurrence de son deub, le surplus délivré au Saisi, & *en cas d'opposition*, (1) *à qui par Justice sera ordonné* (2), à peine contre l'Huissier ou Sergent d'interdiction, & de cent livres d'amende applicable moitié à Nous, & moitié à celui qui devoit recevoir les deniers.

1. *Et en cas d'opposition.*] Quand il y a des oppositions à la délivrance des deniers, l'Huissier qui fait la vente, doit garder le tout jusqu'à ce que ces oppositions aient été jugées. (Voyez le Procès-verbal de l'Ordonnance, page 266 sur la fin.) Mais s'il y a plusieurs oppositions qui fassent la matiere d'une instance de préférence ou de contribution (& pour la former, il faut au moins trois Créanciers opposants, suivant les Réglements), en ce cas les deniers de la vente doivent être portés par l'Huissier au Bureau de la recette des Consignations de la Jurisdiction où les contestations doivent être terminées. C'est ainsi qu'il faut entendre l'article 20 de l'Edit du mois de Février 1689, qui veut: »Qu'il ne se » fasse aucune consignation, ni aucun paiement » du droit de consignation des deniers qui pro- » cedent des biens séquestrés, ou de meubles » vendus en Justice, non plus que de ceux qui » sont saisis entre les mains des Débiteurs, ou

» déposés par les Parties sans ordonnance de
» Justice entre les mains des personnes dont elles
» sont convenues, si ce n'est que dans la suite il
» y ait instance de préférence entre les Créan-
» ciers, auquel cas le prix doit être consigné.

Le même Edit veut cependant, article 25 :
» Qu'il ne soit pris aucun droit de consignation
» sur les deniers mobiliers appartenants aux Mi-
» neurs & aux Hôpitaux, ni sur ceux qui leur
» sont adjugés «.

La disposition dont on vient de parler, portée en l'article 10 de l'Edit de Février 1689, ne
s'observe point à la rigueur à l'égard des saisies
mobiliaires, quoiqu'il y ait instance de préférence. L'usage est de laisser les deniers de la vente entre les mains de l'Huissier ; ou bien le Juge
ordonne quelquefois qu'ils seront déposés au
Greffe, ou chez un Notaire, ou entre les mains
de quelqu'autre personne solvable.

Pour vuider les oppositions, il faut que le
Saisissant assigne les Opposants, afin qu'ils donnent leurs moyens d'oppositions ; ensuite si ces
moyens sont contestés, cela forme la matiere
d'une instance, qui s'instruit & se regle comme
toutes les autres.

Si le Créancier saisissant néglige de faire à
cet égard toutes les poursuites nécessaires, un
Opposant peut demander à être subrogé à cette
poursuite, ce qui se fait en demandant cette
subrogation à l'Audience ; & s'il est justifié que
le Saisissant a négligé ou abandonné la procédure, on adjuge à l'Opposant ses conclusions,
& on le subroge au Saisissant pour la poursuite
de la saisie ; ou bien on ordonne que dans un
délai marqué le Saisissant sera tenu de mettre la
saisie à chef, sinon que l'Opposant, qui a dé-
mandé la subrogation, sera subrogé à la poursuite de la saisie, & qu'à cet effet le Procureur

O vj

du Saisissant & premier poursuivant remettra les pieces & procédures entre les mains du Procureur de la Partie subrogée à la poursuite, sauf à rembourser le Saisissant des frais qu'il a légitimement faits.

Après l'instance de préférence terminée, on procede à la Sentence de distribution, qui établit le rang dans lequel le Saisissant & tous les autres Créanciers qui ont formé leur opposition, doivent être payés sur les deniers provenants des effets vendus. Ces Sentences se prennent ordinairement entre les Procureurs, lorsque toutes les contestations ont été jugées.

Il faut observer que dans le cas de cet article il est défendu aux Huissiers & Sergents de faire aucun paiemens, même aux Créanciers privilégiés, si ce n'est du consentement par écrit de tous les Opposants & autres Parties intéressées, à moins que d'obtenir à cet effet une ordonnance de Justice, à peine d'être contraints par corps de payer le prix de la vente, sous la déduction de la taxe de leurs salaires qui aura été faite par le Juge. (Réglement du Châtelet de Paris du 30 Octobre 1697, rapporté au Recueil des actes de notoriété de Denisart, page 539.)

Dans les clôtures des Procès-verbaux d'appositions & levées des scellés, il est d'usage au Châtelet de Paris d'autoriser l'Huissier Priseur, qui doit faire la vente des meubles, à payer les dettes privilégiées, comme sont les frais funéraires, les loyers, les frais de maladie, ceux de scellés, &c.; & quoique cette autorisation ne soit pas consentie par tous les Opposants, mais seulement par le Procureur plus ancien qui les représente, on la juge suffisante pour la décharge de l'Huissier, dans le cas même où il y a des héritiers absents représentés par le Procureur du Roi. (Voyez *ibidem*, page 540 aux notes.)

Lorfque tous les Créanciers & frais de Juftice ont été payés , le furplus des deniers de la vente , s'il en refte , eft rendu au Saifi.

S'il n'y a pas affez de deniers pour payer tous les Créanciers , & que le Saifi foit en déconfiture , alors il fe fait une contribution entre tous les Créanciers fimples & non privilégiés , & ces derniers ne touchent leur dû qu'au marc la livre , & au prorata de leurs créances , fans que ceux qui ont faifi ou formé les premiers leurs oppofitions aient aucun droit de préférence.

Néanmoins le Créancier qui a fait faifir fon Débiteur lorfqu'il détournoit fes effets , doit être préféré à tous les autres, parceque *meliorem caufam omnium fecit.* (Ainfi jugé par Arrêt du 7 Février 1695 du Parlement de Tournai , R. par Ferriere en fon Dictionnaire de Jurifprudence , au mot *Créancier* , & en fon Commentaire fur la Coutume de Paris, art. 178, tom. 2, n. 7, p. 272.

2. *A qui par Juftice fera ordonné.*] A moins que les Oppofants ne donnent eux-mêmes mainlevée de leurs oppofitions , auquel cas il eft inutile de le faire ordonner en Juftice.

L'Huiffier peut être contraint par corps au rapport de ces deniers. (*Infrà* , titre 34 , article 4 , page 330.)

A r t i c l e XXI.

Après que la vente aura été faite , l'Huiffier ou Sergent *portera la minute de fon procès-verbal de vente au Juge* (1) , lequel fans frais *taxera de fa main* (2) *ce qu'il conviendra à l'Huiffier ou Sergent pour fon falaire* (3) , à caufe de la faifie , vente & exécution ; de laquelle taxe les

Huissiers ou Sergents feront mention *dans toutes les grosses* (4) des Procès-verbaux, à peine d'interdiction, & de cent livres d'amende envers Nous.

1. *Portera la minute de son Procès-verbal de vente au Juge.*] Il n'est pas nécessaire que ce Juge soit Royal, quand même le Procès-verbal auroit été fait par un Huissier ou Sergent Royal. Cette taxe doit toujours être faite par le Juge du lieu où se poursuit la saisie ; elle se fait sur une simple requête présentée au Juge, & peut être retenue sur les deniers de la vente. (Arrêt du Parlement du 28 Juin 1741, servant de Réglement pour le Greffe d'Angoulême, article 16.) Ce même article ajoute qu'elle ne pourra être exécutoire sur les biens des Débiteurs, sinon après un Jugement de condamnation.

2. *Taxera de sa main.*] Cette taxe se met au bas de la minute du Procès-verbal de vente.

3. *Ce qu'il conviendra à l'Huissier ou Sergent pour son salaire.*] Afin qu'il ne puisse exiger que ce qui lui aura été adjugé.

L'Huissier ne peut retenir les deniers de la vente pour être payé de ses salaires ; (Ainsi jugé par Arrêt du 17 Février 1694, R. au Journal des Audiences, tom. 5, p. 677, édition de 1707,) sauf à les faire régler ensuite.

4. *Dans toutes les grosses.*] Il suit de la disposition portée en cet article, que les Huissiers & Sergents doivent garder les minutes ou originaux de toutes les ventes qu'ils font, & qu'ils peuvent en délivrer des grosses aux Parties.

TITRE XXXIV.

De la décharge des Contraintes par corps.

ARTICLE PREMIER.

ABROGEONS l'usage des contraintes par corps après les quatre mois, establi par l'Article XLVIII *de l'Ordonnance de Moulins* (1), pour debtes purement civiles : Défendons à nos Cours, & à tous autres Juges *de les ordonner* (2), à peine de nullité, & à tous Huissiers & Sergens, de les exécuter, à peine de dépens, dommages & interests.

1. *De l'Ordonnance de Moulins.*] Cet article ordonnoit que toutes condamnations de sommes pécuniaires, pour quelque cause que ce soit, seroient exécutées par corps contre le Condamné après les quatre mois, & qu'après ce tems le Condamné, en cas de contumace, ou si le Créancier l'aimoit mieux, seroit tenu de payer le double & triple des sommes adjugées au profit de ce Créancier.

2. *De les ordonner.*] Cette défense ne regarde point les Etrangers ; l'Ordonnance n'a point abrogé la contrainte par corps à leur égard. (Voyez *infrà*, articles 4 & 6.)

ARTICLE II.

Pourront (1) néantmoins les contraintes par corps *après les quatre mois estre ordonnées* (2) *pour les dépens adjugez, s'ils montent à deux cens livres & au-dessus* (3), ce qui aura lieu pour la restitution des fruits, *& pour les dommages & interests au-dessus de deux cens livres* (4).

1. *Pourront.*] Donc ce n'est qu'une simple faculté que les Juges peuvent accorder ou refuser, suivant les circonstances; ce qui dépend de la qualité des personnes, tirée du sexe, de l'âge, de la parenté, de l'infirmité, &c.

2. *Après les quatre mois être ordonnées.*] (Voyez *infrà*, articles 10 & 11.)

3. *Pour les dépens adjugés, s'ils montent à deux cens livres & au-dessus.*] Tant en matiere civile que criminelle. (Voyez l'Ordonnance de 1670, tit. 15, article 20.)

Quoique ces dépens soient compris en différents exécutoires, s'ils procedent du même fait, ils emportent condamnation par corps. (Ainsi jugé par Arrêt du 16 Janvier 1672, rapporté par Boniface, tóm. 5, liv. 5, tit. 9, chap. 10.)

Il a été aussi jugé par Arrêt de la Tournelle du 13 Juillet 1707, que les épices & coût de l'Arrêt ont le même privilege que les dépens, & sont remboursables par corps après les quatre mois; ce qui a encore été jugé depuis par un autre Arrêt du 8 Février 1708.

4. *Et pour les dommages & intérêts au-dessus de deux cents livres.*] En matiere criminelle, il n'est pas nécessaire que les dommages & intérêts montent à deux cents livres pour être payables par

corps, & de même pour les dépens en matiere criminelle. (Ainſi jugé par Arrêt du 3 Avril 1675, rapporté par Baſnage, ſur l'article 595 de la Coutume de Normandie, & par Brodeau ſur Louet, lettre C. chap. 31, n. 32. Autre Arrêt du Parlement de Rouen, du 4 Mai 1686, rendu en la cauſe du nommé Hélouin, contre Duſault, qui a jugé la même choſe ; il s'agiſſoit d'une condamnation de dépens qui ne montoient qu'à un peu plus de cent livres. La déciſion portée en ces Arrêts, eſt fondée ſur ce que les dépens, en matiere criminelle, ſont un acceſſoire du principal. (Voyez ci-après l'art. 9 de ce titre.)

Cette régle que les dépens en matiere criminelle ſont payables par corps, a lieu à plus forte raiſon, lorſque ces dépens tiennent lieu de dommages & intérêts ; ce qui eſt une ſuite de l'art. 29 du tit. 13 de l'Ordonnance de 1670 : il n'eſt pas même néceſſaire en ce cas d'attendre les quatre mois, même pour les ſimples dépens.

Néanmoins cette Juriſprudence n'eſt pas la même par-tout. On trouve à la fin du Recueil d'Arrêts rendus au Parlement de Bretagne, par de Volant, imprimé à Rennes en 1722, *in*-4°. un Arrêt du 13 Mai 1718, par lequel la Cour réforma un exécutoire de dépens montant à 156 livres, en ce qu'il étoit énoncé par corps, & faiſant droit ſur les concluſions du Procureur-Général, fit défenſes au Juge criminel d'employer le par-corps dans les exécutoires de dépens au-deſſous de 200 livres ; & ordonna que l'Arrêt ſeroit enregiſtré au Greffe du Préſidial de Rennes.

A<small>RTICLE</small> III.

Pourront auſſi les Tuteurs & Curateurs
(1) eſtre contraints par corps après les

quatre mois, pour les sommes par eux deues à cause de leur administration, lorsqu'il y aura *Sentence, Jugement ou Arrest diffinitif* (2) & *que la somme sera liquide & certaine* (3).

1. *Pourront aussi les Tuteurs & Curateurs.*] Il en est de même de ceux qui ont eu quelque administration publique, comme d'Hôpitaux, Villes, Communautés, Fabriques, &c. car la contrainte par corps a pareillement lieu contre eux après les quatre mois, de même qu'elle a lieu en général contre tous ceux qui ont administré le bien d'autrui, comme Fermiers judiciaires, &c. (Voyez *suprà*, tit. 29, art. 1 & 8, pag. 197 & 204.)

2. *Sentence, Jugement ou Arrêt diffinitif.*] S'il ne s'agissoit que d'une Sentence ou Arrêt de provision, par laquelle le Tuteur auroit été condamné de payer quelque somme de deniers en donnant caution, dans ce cas la contrainte par corps n'auroit pas lieu.

3. *Et que la somme sera liquide & certaine.*] Voyez *suprà*, tit. 33, art. 2, note 1, pag. 284. Voyez aussi *ibidem*, les autres conditions nécessaires pour rendre une saisie valable ; elles doivent recevoir ici leur application à l'égard des contraintes par corps.

ARTICLE IV.

Défendons à nos Cours & *à tous autres Juges de condamner* (1) *aucun de nos sujets* (2) par corps en matiere civile, *sinon & en cas de réintégrande pour délaisser un héritage* (3) en exécution des Jugemens, *pour*

ftellionat (4), pour dépôt néceffaire (5)
confignation faite par ordonnance de Juftice, *ou entre les mains de perfonnes publiques* (9), repréfentation de biens par
les Séqueftres, Commiffaires ou Gardiens, *Lettre de Change, quand il y aura
remife de place en place* (7), *debtes entre
Marchands pour fait de marchandife dont
ils fe meflent* (8).

1. *Et à tous autres Juges de condamner.*] La
contrainte par corps ne peut avoir lieu, qu'elle
n'ait été prononcée par le Juge, même dans les
cas où elle a lieu. C'eft ce qui eft attefté par un
acte de notoriété du Châtelet de Paris du 24
Juillet 1705, (rapporté au nouveau Recueil,
tom. 2, pag. 376, qui porte : » Que jamais les
» Officiers de Juftice, ni les Parties n'ont en-
» trepris de faire emprifonner quelqu'un en vertu
» d'une Sentence, lorfqu'elle ne prononce pas
» la condamnation par corps, & que tel eft l'u-
» fage du Châtelet. (Voyez cependant la note 1,
» fur l'article 7 ci-après, pag. 345 & fuiv.)
Il faut auffi obferver, que pour que le Juge
puiffe prononcer la condamnation par corps, il
faut qu'elle foit demandée par le Créancier ; autrement le Juge ne doit pas la prononcer : car il
ne doit jamais prononcer *ultra petita*.

2. *Aucuns de nos fujets.*] Il n'en eft pas de
même des Etrangers. Ceux-ci peuvent être contraints par corps, lorfque les Juges l'auront ainfi
ordonné en connoiffance de caufe ; c'eft une fuite
de la difpofition de cet article. (Ainfi jugé par
Arrêt du 2 Septembre 1684, rapporté au Journal
des Audiences, contre un Etranger, pour penfion
& logement par lui arrêtés & reconnus par obligation. Autre Arrêt du 23 Novembre de la même

année, contre le même, qui déclare bonne &
valable une recommandation faite de sa personne
pour dépens, après les quatre mois.)

3. *Et en cas de réintégrande pour délaisser un
héritage.*] Voy. aussi l'art. 3 du tit. 27, p. 168, 169.

4. *Pour stellionat.*] Comme quand quelqu'un
a vendu des héritages qui ne lui appartiennent
pas, ou qu'en empruntant ou constituant une
rente, il a déclaré francs des héritages qui étoient
déjà hypothéqués par son fait à d'autres Créanciers : car alors c'est une espece de vol. (Voyez
infrà, article 8, note 4, page 351 & 352.)

5. *Pour dépôt nécessaire.*] *V. g.* en cas d'incendie, ruine, tumulte ou naufrage. (Voyez
supra, tit. 20, art. 3, page 8.)

6. *Ou entre les mains de personnes publiques.*]
Par exemple, entre les mains des Receveurs des
Consignations, Commissaires aux Saisies réelles,
Fermiers des Messageries, & autres chargés de
la conduite des prisonniers, Banquiers-Expédi-
tionnaires en Cour de Rome, &c.

Il en est de même des Greffiers, Avocats, Procureurs & Huissiers, pour la reddition des pieces
qui leur ont été confiées. (Ainsi jugé à l'égard
des Procureurs par Arrêt du 31 Août 1682, rapporté au Journal des Audiences. Voyez ci-dessus titre 29, article 9, page 205.)

Par un Arrêt du Conseil du 24 Décembre 1694,
il est défendu à tous Juges de prononcer aucunes
condamnations par corps contre les Maîtres &
Gardes des six Corps de Marchands de Paris,
pour la représentation & restitution des marchandises qu'ils auront saisies dans leurs visites, &
aux Huissiers & autres personnes de les y contraindre, sauf à prononcer & faire exercer lesdites contraintes contre les concierges de leurs
Bureaux-Dépositaires desdites marchandises.

7. *Lettres de change, quand il y aura remise*

de place en place.] Il en feroit autrement, fi la Lettre de change étoit tirée d'une place fur une autre fans remife ; parce qu'alors ce n'eft point, à proprement parler, une Lettre de change, mais un fimple mandement, ou une fimple promeffe, fi elle eft acceptée. (Voy. l'Ordonnance du Commerce, tit. 7, art. 1, & tit. 12, art. 2.)

Ce que l'Ordonnance preferit, à l'égard des Lettres de change, doit auffi s'entendre des Billets de change, c'eft-à dire, des billets portant promeffe de fournir des Lettres de change avec remife de place en place. C'eft la difpofition de l'art. 1, du tit. 7 de l'Ordonnance du Commerce du mois de Mars 1673, qui porte: » Que ceux » qui auront figné des Billets ou Lettres de » change, enfemble ceux qui y auront mis leur » aval ou endoffement, qui auront promis d'en » fournir avec remife de place en place, feront » contraignables par corps à fournir ces Lettres, » ou à en payer la valeur.

Les Billets portant promeffe de payer comme Lettres de change, ne font point payables par corps, fi ce n'eft entre Marchands, & pour fait de commerce; il faut que ce foit un Billet de change, ou une Lettre de change véritable, c'eft-à-dire, que celui qui a fait le Billet, reconnoiffe que le Créancier lui a fourni une Lettre de change avec remife de place en place, ou bien qu'il promette de fournir une Lettre de change payable en un lieu défigné.

Les Billets à ordre, même quand ils font négociés, ne font pas fujets non-plus à la contrainte par corps, à moins qu'ils ne foient fubis par des Marchands pour fait de marchandifes dont ils fe mêlent, comme il réfulte des termes mêmes de cet article 4; ainfi que de l'article 1 du titre 7 de l'Ordonnance du Commerce de 1673, qui ne font mention ni l'un ni l'autre des Billets à ordre

Ce qui vient d'être dit touchant la contrainte par corps pour raison des Lettres & Billets de change avec remise de place en place, a lieu entre toutes sortes de personnes, de quelque qualité & condition qu'elles soient. C'est ce qui résulte des termes mêmes de l'Ordonnance du Commerce qu'on vient de citer, tit. 1, art. 7, où après s'être exprimée d'une façon générale touchant les Lettres & Billets de change, elle renferme ensuite une disposition beaucoup plus étendue à l'égard des Marchands & Négocians, comme on peut le voir en la fin du même article. (Ainsi jugé par un Arrêt confirmatif d'une Sentence du Consulat de Paris, du 11 Septembre 1682, portant condamnation par corps contre le Marquis de Choisnel, pour trois Lettres de change par lui tirées ; & par un autre Arrêt du 28 Avril 1687, rendu contre un Procureur du Parlement. Autre du 1704, contre M. Tarade, Conseiller au Châtelet de Paris.)

Il faut cependant que ces sortes d'Obligations soient faites de bonne foi & sans fraude : car les Billets pour parvenir à la contrainte par corps contre l'esprit de la Loi, sont inutiles au Créancier ; & s'il paroît que c'est une voie indirecte qu'il ait prise pour éluder la disposition de l'Ordonnance, la contrainte par corps n'a pas lieu alors.

8. *Dettes entre Marchands pour fait de marchandises dont ils se mêlent.*] Soit que ces dettes soient fondées sur Billets ou non. Sous le nom de Marchands, il faut comprendre même les Artisans pour ce qui concerne leur trafic, qu'on peut regarder comme une espece de commerce. (Voyez l'article 4 du titre 12 de l'Ordonnance du Commerce de 1673.) Il en est de même de leurs femmes, si elles sont Marchandes publiques. (Voy. *infrà*, art. 8, avec les not. p. 347 & suiv.)

Il réfulte des termes de cet article que la contrainte par corps n'a pas lieu entre Marchands pour un fimple billet, à moins qu'il ne foit pour marchandifes. (Ainfi jugé par Arrêt du Parlem. du 25 Mai 1737 , R. par Lacombe en fa Jurifprudence Civile, au mot *Contrainte par corps*, troifieme édition.)

Quoique l'Ordonnance dife, *dettes entre Marchands*, cependant cela ne s'entend pas feulement des dettes qui font dûes par un Marchand à un autre Marchand ; mais il faut comprendre auffi dans fa difpofition toutes les dettes & billets contractés par un Marchand, pour raifon du commerce dont il fe mêle, au profit des Particuliers qui ne font point Marchands.

Ceux qui, n'étant point Marchands de leur état, font un trafic paffager de quelques marchandifes, font fujets aux mêmes contraintes que les Marchands ; & c'eft fur ce fondement que, par Arrêt du Grand Confeil du 7 Février 1709, confirmatif d'une Sentence de la Prévôté de l'Hôtel, un Particulier Gendarme qui, quoique Gentilhomme de naiffance, fe mêloit de trafiquer des pierreries, fut condamné par corps à payer le contenu en quelques billets par lui fubis payables au Porteur.

Il a même été jugé par un Arrêt du 7 Juillet 1676 (rapporté au nouveau Recueil, tom. 1, pag. 366,) confirmatif d'une Sentence rendue au Confulat de Paris le 16 Mars de la même année, dans une affaire où un Marchand avoit vendu de la marchandife à crédit à un autre Marchand du même commerce, fous la caution d'un autre Particulier Bourgeois & non Marchand, que ce dernier étoit fujet à la contrainte par corps comme le principal obligé.

On trouve auffi dans le fixieme tome du Journal des Audiences un Arrêt du 9 ou 16 Mars

1737, qui a jugé qu'une obligation paſſée à Lyon devant Notaires, portant ſoumiſſion aux rigueurs de la Conſervation & paiements à faire, indépendamment de ſavoir ſi l'Obligé étoit Négociant, emportoit la contrainte par corps. C'étoit contre un Officier de la Monnoie qui étoit appellant ; la Sentence fut confirmée.

Les Mineurs qui font le commerce publiquement ſont auſſi ſujets à cette contrainte comme s'ils étoient Majeurs. (Ainſi jugé par pluſieurs Arrêts.) Car un Mineur eſt réputé Majeur pour fait de ſon commerce. (Ordonnance du Commerce de 1673 , tit. 1 , art. 6.) La femme ou fille Mineure qui ſeroit Marchande publique , ne ſeroit pas non plus exempte de la contrainte par corps. (Voyez *infrà* , art 8 , avec les notes, pag. 347 & ſuiv.

Au reſte cela n'auroit pas lieu dans le cas où un Mineur Marchand public emprunteroit une ſomme d'argent qu'il auroit déclaré vouloir employer dans ſon commerce par l'obligation qu'il auroit ſubie à cet effet ; cette déclaration ne le rendroit pas ſujet à la contrainte par corps , parceque ce n'eſt ici ni une négociation d'argent, ni un prêt de marchandiſes.

Ce qui vient d'être dit des Marchands doit auſſi recevoir ſon application à l'égard des Banquiers , même Mineurs. (Voyez l'art. 6 du tit. 1 de l'Ordonnance du commerce de 1673.)

Par une Déclaration du Roi du 26 Février 1692 , (rapportée au nouveau Recueil tom. 2 , pag. 119 ,) il eſt ordonné que l'art. 1 du tit. 7 de l'Ordonnance du Commerce de 1673 doit être exécuté contre les Receveurs , Tréſoriers , Fermiers & ſous-Fermiers des droits de Sa Majeſté , Traitants Généraux & Particuliers , Intéreſſés & gens chargés du recouvrement des deniers royaux , & tous autres comptables ; ce faiſant,

qu'ils

qu'ils pourront être contraints par corps, ainsi que les Négociants, au payement des billets pour valeur reçue qu'ils feront pendant qu'ils seront pourvus des charges, ou qu'ils seront chargés du recouvrement des deniers de Sa Majesté, soit que les billets doivent être acquittés à un Particulier y nommé, ou à son ordre, ou au porteur.

Cette disposition a même été étendue à l'égard des Mineurs intéressés & chargés du recouvrement des deniers du Roi. (Ainsi jugé par Arrêt de la Cour du 30 Août 1702, à l'égard du nommé Isaac Lardeau, intéressé dans les affaires de Sa Majesté, sur l'appel par lui interjetté de deux Sentences de condamnation par corps, rendues contre lui au Consulat de Paris les 9 & 11 Janvier précédent. Par cet Arrêt les Sentences sont confirmées ; & sur la requête présentée au Conseil par ledit Lardeau en cassation de cet Arrêt, il a été débouté de sa demande par Arrêt du Conseil Privé du 12 Août 1704. (Voyez au nouveau Recueil, tom. 2, pag. 286 & 351.)

Les Agents de Change, Courtiers & autres, qui s'entremêlent de faire vendre ou acheter des marchandises moyennant salaire, sont aussi contraignables par corps à rendre & restituer la marchandise ou le prix qu'elle a été vendue. (Coutume d'Orléans, article 429.) Il en est de même si on leur a confié des Lettres de change, Billets & autres papiers.

Cette disposition doit aussi s'entendre des Revenderesses publiques, suivant la note de M. de la Lande sur cet article de la Coutume d'Orléans, & il a été ainsi jugé par Arrêt du 14 Mars 1616.

Au surplus ces contraintes par corps n'ont lieu qu'à l'égard de ceux qui ont subi les obligations & contrats, ou qui ont été condamnés, & non à

Tome II. P

l'égard de leurs héritiers. (Ainsi jugé par plusieurs Arrêts.)

Outre les cas précédents dont on vient de parler, il y en a encore plusieurs autres pour lesquels la contrainte par corps a lieu. Ainsi,

1°. Ceux qui achetent des biens - meubles ou immeubles en Justice peuvent être contraints par corps à en payer le prix sans pouvoir même être admis au bénéfice de cession. (Coutume d'Orléans, article 439.) Plusieurs autres Coutumes en ont aussi des dispositions, & tel est le droit commun du Royaume. L'Ordonnance des Eaux & Forêts du mois d'Août 1669, titre des Ventes, article 27, permet d'emprisonner ceux qui se sont rendus adjudicataires de bois en Justice, & qui renoncent à la vente.

2°. Les contrats maritimes, grosses avantures, chartes - parties, ventes & achats de vaisseaux, sont aussi sujets à la contrainte par corps, ainsi que pour le fret & naulage. (Ordonnance du Commerce, tit. 7, art. 2.) L'Ordonnance de la Marine du mois d'Août 1681, liv. 1, tit. 13, art. 5, renferme à-peu-près la même disposition. Elle porte : « Que les Jugements donnés en ma- » tiere de ventes & achats de vaisseaux, fret ou » nolis, engagements ou loyers de Matelots, » assurances, grosses avantures ou autres contrats » concernant le commerce & la pêche de mer, » seront exécutoires par corps. »

3°. Les condamnations qui interviennent pour le paiement des nourritures & allaitements des enfants qui ont été nourris & laissés en sevrage, doivent être aussi exécutées par corps, s'il est ainsi ordonné par le Lieutenant-Général de Police ; ce qu'il peut faire en tout autre cas que celui d'une impuissance effective & absolue. (Déclaration du Roi du 29 Janvier 1715, article 14. Autre du premier Mars 1727, article 4, ce qui a été depuis confirmé par un Arrêt du Parlement du 19 Juin 1737. Voyez le nouveau Recueil, tom. 3, pag. 1, 321 & 481.) Ces Réglements n'ont été rendus à la vérité que pour la Ville de Paris ; mais il paroît qu'il y a même raison pour en étendre la disposition aux autres Villes & lieux du Royaume.

4°. Un autre cas où l'on est contraignable par corps est lorsqu'on a prêté sur gages sans en passer acte devant Notaires. L'art. 8 du tit. 6 de l'Ordonnance du Commerce de 1673 porte : « Que « dans ce cas le Prêteur sera contraint par corps « à la restitution des gages sans qu'il puisse pré- « tendre aucun privilége sur ces mêmes gages, « sauf à exercer ses autres actions. »

5°. Les Sentences de provision, en matiere criminelle, s'exécutent par corps contre les Condamnés. (Ordonnance de 1670, tit. 12, art. 6.)

6°. La contrainte par corps a aussi lieu pour les amendes des Eaux & Forêts. (Article 18 de l'Ordonnance des Eaux & Forêts du mois d'Août 1669, au titre des Peines & Amendes.) Sur quoi il faut observer que ces amendes ne s'exécutent jamais par provision. (*Ibidem*, article 23.)

7°. Suivant l'Edit des Présidiaux du mois de Mars 1551, les Juges Présidiaux peuvent condamner en dernier ressort en l'amende jusqu'à trois livres pour trouble fait à l'Audience ; à l'effet de quoi les Parties peuvent être contraintes même par corps.

8°. Ceux qui ont été condamnés par Arrêt ou Jugement passé en force de chose jugée à délais- ser la possession d'un héritage, & qui n'obéissent pas dans la quinzaine après la premiere somma- tion, peuvent y être contraints par corps (Voy. titre 274, article 3) de cette Ordonnance, *suprà*, pag. 168, 169.)

9°. Enfin les Juges peuvent condamner par

corps dans tous les cas où il y a dol ou fraude. Ainsi les Banqueroutiers, & tous ceux qui détournent leurs biens en fraude de leurs Créanciers, sont sujets à la condamnation par corps, sans pouvoir même être admis au bénéfice de cession.

On peut même en ce cas arrêter ces sortes de Débiteurs, lorsqu'ils sont suspects de fuite, sur une requête présentée à cet effet au Juge, quoiqu'il n'y ait encore eu aucune condamnation contre eux, & avant même que la dette soit échue. (*L. ait Prætor*, 10, §. *si Debitorem*, 16, *ff. quæ in fraudem Creditorum.*)

Une derniere observation à faire à l'égard des contraintes par corps est, que quand on est contraignable par cette voie pour le paiement d'un capital, on l'est aussi de même pour le paiement des intérêts. (Ainsi jugé par Arrêt du 17 Mars 1678, rapporté au premier tome du Journal du Palais, pag. 885 de l'édition *in-folio.*) Ce qui est une suite de la maxime, que *Accessorium sequitur naturam principalis.*

A R T I C L E V.

N'entendons aussi déroger *au Privilége des deniers Royaux*, (1) *ni à celui des Foires, Ports, Estapes & Marchez* (2), *& des Villes d'arrest* (3).

1. *Au Privilége des deniers royaux.*] Le Privilége des deniers royaux est que le Roi a la contrainte par corps contre tous ceux qui ont le maniement de ses deniers, & qui sont reliquataires, sans qu'ils puissent, même en ce cas, être admis au bénéfice de cession. (Ordonnance des Fermes du mois de Juillet 1681, titre commun des Fermes, article 12.)

L'article 4 du même titre porte : « Que les
» Fermiers de Sa Majesté auront contre les sous-
» Fermiers les mêmes actions & contraintes que
» le Roi a contre ses Fermiers ; » & il est dit en
l'article 5 : « Que ce qui est ordonné à l'égard
» des Fermiers contre les sous-Fermiers aura lieu
» à l'égard des Fermiers & sous-Fermiers contre
» leurs Commis. »

Ces contraintes peuvent même être décernées
par les Fermiers contre ceux qui sont en demeure
de compter ou de payer , & ces derniers peuvent
être constitués prisonniers en vertu de ces contraintes. (Même Ordonnance de 1681 , au titre
commun des Fermes , article 12.)

Les Fermiers & Intéressés dans les affaires du
Roi ont aussi la contrainte par corps pour le re-
cours des sommes qu'ils ont payées pour leurs
Associés. (Déclaration du Roi du 13 Juin 1705.)

Mais cette contrainte par corps n'a pas lieu
contre les cautions des Employés dans les affaires
du Roi , à moins qu'ils ne se fussent rendus caution en Justice.

A l'égard des Particuliers redevables de Sa
Majesté pour raison des droits auxquels ils ont
été imposés , comme pour Taille , Capitation &
autres droits , la contrainte par corps n'a jamais
lieu contre eux , si ce n'est dans quelques cas dont
on va parler. Voici quels sont ces cas :

1°. Quand il s'agit de droits de détail sur le
vin , les Hôteliers , Taverniers & Cabaretiers
redevables de ces droits , peuvent être contraints
à les payer par emprisonnement de leurs personnes , trois jours après le commandement de
payer : (Ordonnance des Aydes du mois de Juin
1680, titre 6 des Droits de détail sur le vin , article 3 ,) ce qui a pareillement lieu contre les
Habitants des Paroisses , en cas de rebellion des
Habitants , après que la Sentence de solidité

342 De la décharge des Contraintes

aura été rendue contre eux par les Officiers des Elections, en faisant viser la contrainte par l'un des Elus. (*Ibidem*, titre 6, article 6.)

La même chose a lieu contre les Hôteliers, Taverniers & Cabaretiers pour les droits d'Annuel. (Même Ordonnance, au titre du Droit annuel, article 5.)

Idem, pour les droits de Subvention. (Art. 5 du titre 1 du Droit de Subvention de la même Ordonnance.)

Le Fermier peut même décerner ces contraintes contre les Hôteliers, Taverniers & Cabaretiers pour les Droits de détail & annuel ; & alors il n'est pas nécessaire qu'elles soient visées par un Officier des Elections. (Même Ordonnance du mois de Juin 1680, titre 6 des Droits de détail sur le Vin, article 3.)

L'article 22 du titre 8 des Droits de gros sur le Vin de la même Ordonnance défend au Fermier d'exercer aucune contrainte par corps contre les Redevables des Droits de gros & d'augmentation. Il est dit seulement en l'article 23 : « Que les » contraintes par corps pourront être ordonnées » après les quatre mois pour les dépens & con- » fiscation, si la condamnation monte à deux » cents livres & au-dessus, & que les condamnés » ne pourront être admis au bénéfice de cession. »

Tout ce qui vient d'être dit pour les Droits de détail & autres à prendre sur le vin, a pareillement lieu à l'égard des Eaux-de-vie, (suivant l'article 10 du titre des Droits sur l'Eau de vie de l'Ordonnance des Aydes du mois de Juin 1680,) & aussi pour la Biere, (Même Ordonnance, article 11 du titre des Droits sur la Biere,) & de même pour le Cidre.) Même Ordonnance, titre des Droits sur le Cidre, article 7.)

2°. En matiere de Gabelles, lorsqu'il s'agit du paiement des amendes au-dessus de dix livres,

& de reſtitution des Droits de Gabelles au-deſſus d'un minot, les Condamnés y peuvent être contraints par corps par les Juges deſdits Droits, nonobſtant oppoſitions ou appellations quelconques. (Ordonnance des Gabelles du mois de Mai 1680, tit. 20, art. 4.)

3°. L'article 15 du titre des Droits d'abord & de conſommation ſur le Poiſſon, de l'Ordonnance des Fermes du mois de Juillet 1681 porte : « Que faute par ceux qui apportent du poiſſon » de mer à Paris de rapporter les certificats & » ſoumiſſions néceſſaires dans le temps preſcrit, » les droits en ſeront payés en vertu des con» traintes ſolidaires qui ſeront décernées, viſées » & exécutées, tant contre les principaux Obli» gés, que contre leurs Cautions, par empriſon» nement de leurs perſonnes. »

4°. L'article 42 du titre commun des Fermes de la même Ordonnance du mois de Juillet 1681 porte : « Que les Redevables des Droits du Roi » ne ſont contraignables par corps au paiement, » ſinon dans les cas mentionnés en ladite Ordon» nance de 1681,& dans les Réglements des mois » de Mai & Juin 1680. »

D'où il ſuit que c'eſt aller directement contre l'intention de Sa Majeſté, que d'établir comme une maxime générale, que les ſujets du Roi peuvent être contraints par corps indiſtinctement pour tous les Droits qu'ils peuvent lui devoir, comme Taille, Capitation, Dixieme denier, Droits de Contrôle & autres.

Cependant les Jugements portant condamnation des Droits de ſortie & d'entrée du Royaume des Provinces réputées étrangeres ſont auſſi exécutoires par corps. (Ordonnance des Fermes du mois de Février 1687, titre 12, article 14.)

5°. Quand il s'agit de condamnations en la confiſcation & en l'amende pour rebellions,

P iv

fraude & contraventions concernant les Droits des Fermes, les Condamnés peuvent être contraints par corps au paiement desdites amendes. (Arrêt du Conseil du 24 Août 1728 & Lettres-patentes sur ledit Arrêt.)

Les confiscations jugées par Sentences confirmées par Arrêt contre les Marchands qui auront obtenu main-levée à caution en attendant le Jugement définitif au sujet des Droits du Roi sont aussi exécutoires par corps, tant contre ces Marchands, que contre leurs Cautions. (Même Ordonnance du mois de Février 1687, titre 13, article 3.)

2. *Ni à celui des Foires, Ports, Etapes & Marchés.*] La Coutume d'Orléans, article 428, en a une disposition pour les Marchés. Cet article porte : « Que les Acheteurs de bétail, vin, » bled & grains achetés en Marché public, se- » ront contraints au paiement par prison, sans » pouvoir jouir du bénéfice de cession ; » ce qui a été aussi jugé par un grand nombre d'Arrêts, tant pour les Etapes, Ports & Marchés, que pour les Foires. En effet les marchandises vendues dans ces sortes d'endroits doivent être payées comptant ; & celui qui ne satisfait pas alors à son obligation manque à la foi publique sur laquelle les Marchands se sont rendus. (Voyez aussi Papon en ses Arrêts, liv. 10, tit. 7, & Chopin sur la Coutume d'Anjou, livre 1, chapitre 34.)

3. *Et des Villes d'arrêt.* Les Villes d'arrêt sont celles qui ont le privilége de pouvoir faire arrêter leurs Débiteurs Forains, & de les retenir prisonniers jusqu'à ce qu'ils aient payé leur dû, quand même ces Débiteurs ne seroient pas obligés par corps. Telle est la Ville de Reims, & la plupart des Villes de Flandre. Les Nobles sont ordinairement exempts de ce Privilége, ainsi que les Ecclésiastiques.

Article VI.

Défendons de paffer à l'avenir aucuns Jugemens, obligations ou autres conventions portant contrainte par corps *contre nos fujets* (1), à tous Greffiers, Notaires & Tabellions, de les recevoir; & à tous Huiffiers & Sergens, de les exécuter, encore que les actes ayent efté paffez hors noftre Royaume, à peine de tous dépens, dommages & intérefts.

1. *Contre nos fujets.*] Voyez *fuprà*, article 4; note 2, page 331.

Article VII.

Permettons néanmoins aux Propriétaires des terres & héritages fituez à la campagne, *de ftipuler par les Baux* (1) les contraintes par corps.

1. *De ftipuler par les Baux.*] Ce Privilége de la contrainte par corps des Propriétaires contre leurs Fermiers a lieu même dans le cas où il n'y auroit aucune fraude de la part du Fermier. (Ainfi jugé par Arrêt du 2 Mai 1670, rapporté par Boniface, tom, 5, liv. 5, tit. 9, chap. 7.) Il faut cependant que cette contrainte par corps foit ftipulée par le bail, autrement le Juge ne pourroit la prononcer; & quand même le Fermier auroit contracté une obligation par un acte poftérieur au bail pour fermages dûs au Propriétaire, néanmoins l'obligation à cet égard feroit nulle;

P v

& le Fermier qui auroit été conftitué prifonnier feroit élargi. (Ainfi jugé par Arrêt du Parlement de Rouen du 9 Août 1704.) Mais quand la contrainte par corps eft convenue par le Bail, il n'eft pas même befoin d'une Sentence pour pouvoir emprifonner; il fuffit de faire un commandement préalable.

Il faut auffi obferver que pour que cette contrainte puiffe avoir lieu, le titre doit emporter exécution parée; c'eft-à-dire que le bail doit être paffé devant Notaire, & revêtu des autres conditions dont il a été parlé ci-deffus, tit. 35, art. 2, note 1, pag. 284, 285.

Si le bail n'étoit que fous feing-privé, il faudroit le faire reconnoître en Juftice, ou obtenir Sentence contre le Fermier en conféquence de ce bail.

Au refte ces contraintes ceffent dès que le bail eft fini, quand même le Fermier continueroit à jouir par tacite réconduction, car cette claufe eft infolite: or la tacite réconduction n'a lieu que pour les claufes ordinaires. Les héritiers du Fermier qui continuent à jouir du bail ne font point non plus contraignables par corps, parce que cette contrainte eft purement perfonnelle, & regardée comme pénale, & ne paffe point par conféquent contre l'héritier.

Quelques uns ont voulu étendre la difpofition portée en cet article aux baux à cens & à rente fonciere; mais il ne paroît pas que ce foit l'efprit de l'Ordonnance, le Bailleur ayant une affurance fuffifante fur le fond. Les Propriétaires de maifons ne jouiffent pas non plus de ce droit à l'égard des Locataires, l'Ordonnance ne leur permettant pas de ftipuler cette contrainte.

Le fecond cas où l'on peut ftipuler la contrainte par corps par obligation eft porté par l'art. 6 du tit. 13 de l'Ordonnance de la Marine du mois d'Avril 1681, liv. 1, qui permet de s'obliger par corps en tous contrats maritimes, comme grosses avantures, chartres-parties, ventes & achats de vaisseaux, fret ou nolis, assurances, engagements & loyers de Matelots & autres. Cet article permet en même-temps aux Notaires d'en insérer la clause dans les contrats qu'ils recevront, & aux Huissiers d'emprisonner en vertu de la soumission, sans qu'il soit besoin de Jugement. La même disposition est portée par l'Ordonnance du Commerce de 1673, tit. 5, art. 2.

Hors ces cas, il n'est jamais permis de stipuler la contrainte par corps ; & s'il arrivoit qu'un Débiteur se fût soumis à cette condition par quelque contrat ou autre acte, cette clause seroit nulle.

Celui qui se rend caution en Justice est aussi contraignable par corps. (Voyez *suprà*, tit. 28, art. 2, aux notes, pag. 194.) Il n'est pas même nécessaire de discuter le principal Débiteur pour pouvoir exercer cette contrainte : car celui qui se rend caution en Justice est regardé comme Débiteur solidaire de la somme à laquelle il s'est obligé. A l'égard des Certificateurs judiciaires, ils ne peuvent être contraints par corps qu'après avoir discuté le principal Obligé & sa Caution.

Au reste il ne faut pas regarder comme Cautions judiciaires toutes celles qui sont reçues en Justice, mais seulement celles que la Justice exige, soit pour la sûreté d'un Créancier, lorsqu'elle accorde au Débiteur un terme pour payer, ou pour la sûreté d'un Débiteur dans le cas où les Jugements s'exécutent par provision en donnant caution.

Article VIII.

Ne pourront les femmes & filles s'obli-

P vj

ger (1), *ni estre contraintes par corps* (2);
si elles ne sont Marchandes publiques (3),
ou pour cause de stellionat procédant de
leur fait (4).

1. *Ne pourront les femmes & filles s'obliger*]
Comme dans le cas de l'article précédent.

2. *Ni être contraintes par corps.*] Même pour
lettres de change acceptées. (Ainsi jugé par
Arrêt du Conseil-Privé du 2 Septembre 1704,
par lequel une fille majeure de vingt-cinq ans,
qui, conjointement avec sa mere, avoit accepté
des lettres de change remises de place en place,
a été déchargée de la contrainte pas corps.)

Il en est de même des dépens prononcés con-
tré des femmes ou filles en matiere civile, qui ne
monteroient pas à deux cents livres & au-dessus;
elles ne font pas sujettes en ce cas à la contrainte
par corps après les quatre mois, quand même
elles auroient été autorisées à plaider en Justice
au refus de leur mari. (Ainsi jugé par Arrêt du
Conseil du 26 Janvier 1671, & par un Arrêt de
la Tournelle Civile du 17 Janvier 1684. Voyez
aussi le Procès verbal de l'Ordonnance, p. 414.)

A l'égard des dépens prononcés en matiere
criminelle contre les femmes & les filles, elles
doivent être condamnées par corps à les payer
du moins après l'Arrêt d'*iterato*. Ainsi jugé par
Arrêt du Parlement de Rouen du 23 Juin 1679,
R. par Basnage sur l'art. 544 de la Coutume de
Normandie. Au re Arrêt du Parlement de Paris
du 5 Octobre 1691. R. au Journ. des Aud. Autre
Arrêt rendu en la Tournelle du Parlement de Bretagne le 6 Mai 1621, R. par de Volans en son
Recueil, qui condamne Marie le Roi, dite Sœur
Angelle, en 100 liv. de dommages & intérêts &
aux dépens, sans que la condamnation par corps

eût été prononcée pour les dépens. Il fut décerné
exécutoire par corps contre cette Sœur pour les
épices & coûts de l'Arrêt montant à plus de 700 l.
Elle en demanda le rapport à l'égard de la condamnation par corps ; mais la Cour , par son
Arrêt du 17 Septembre 1721 , débouta Marie le
Roi de sa requête , & permit de la contraindre
par corps au paiement de l'exécutoire avec dépens. Le Plaidoyer de l'Avocat qui plaidoit contre elle se trouve dans l'Arrêt. Autre Arrêt du
Parlement du 31 Janvier 1744.

Faber en son Code , liv. 5 , tit. 7 , définit. 41 ,
pag. 540 , dit que *Mulier potest detrudi in Carce-
rem , non pro civili debito , sed pro sumptibus ex
causâ delicti descendentibus.*

Si ces dépens sont prononcés par forme de
dommages & intérêts , & que cela soit ainsi
porté par le Jugement , alors il est sans difficulté
que les femmes & filles peuvent être contraintes
par corps pour le paiement de ces dépens , ces
dépens tenant lieu de réparation. Ainsi jugé par
Arrêt du Parlement de Rouen du 4 Février 1755,
R. à la fin du texte de la Coutume de Normandie de l'édition de 1757, où le Compilateur ajoute
que les dépens accordés en matiere de petit criminel pour tenir lieu d'intérêts civils , vont de
droit par corps, sans qu'il soit besoin que le Jugement le porte , & sans Arrêt d'*iterato* , même
contre une fille. Autre Arrêt du 9 Avril 1739,
R. au recueil d'Arrêts du Parlement de Provence
de M. Grimaldi de Reguse , imprimé à Aix en
1736 , par lequel la femme d'un Aubergiste , sur
l'appel d'une Sentence du Lieutenant-Criminel
d'Aix , fut condamnée en 3 liv. envers la Partie ,
en 10 sols envers le Roi , & en la moitié des dépens de l'Instance , les autres compensés , pour
le paiement desquels elle seroit contrainte par
corps conformément aux Conclusions des Gens

du Roi. Les motifs de cet Arrêt furent qu'on
seroit bien malheureux d'être insulté par une
femme qui seroit en puissance de mari, puisqu'on ne pourroit être payé des frais qu'on auroit
faits pour se rendre justice, & que d'ailleurs cette
contrainte par corps n'étoit donnée que *in pœ-
nam*.

Les dépens étant un accessoire de dommages
& intérêts, doivent suivre la même loi.

Les femmes & filles ne peuvent pareillement
être contraintes par corps pour adjudication d'immeubles à elles faite en Justice. (Ainsi jugé en
faveur de la Demoiselle Eléonore Dufresne par
Arrêt du Conseil du 20 Mai 1669, rapporté au
nouveau Recueil, tom. 1, pag. 215, qui casse
un Arrêt du Parlement de Paris du 9 du même
mois, qui avoit déclaré cette Demoiselle sujette
à la contrainte par corps.)

Il en est de même si elles s'étoient rendues
cautions judiciaires, ou si elles avoient été établies dépositaires à une saisie. (*Ita* Duplessis sur
la Coutume de Paris, chap. des Contraintes par
corps, liv. 6, pag. 640 de l'édition de 1709.)

Elles jouissent aussi du même privilege dans
les Villes d'Arrêt. (Ainsi jugé au Parlement de
Metz par Arrêt du 29 Octobre 1640, qui a jugé
qu'une femme qui s'étoit obligée solidairement
avec plusieurs autres, n'avoit pu être emprison-
née, sous prétexte qu'elle s'étoit rencontrée dans
une Ville dont les Bourgeois ont le privilege de
faire arrêter leurs Débiteurs Forains.)

Les femmes des Marchands ne sont pas plus
sujettes que les autres femmes à la contrainte par
corps, quand même elles débiteroient ou se mê-
leroient de la marchandise de leurs maris, si elles
ne sont d'ailleurs marchandes publiques. (Procès verbal de l'Ordonnance, pag. 424, art. 32.)
Et c'est sur ce fondement qu'il a été jugé que

les femmes de Cabaretiers qui vendent elles-
mêmes le vin , ne peuvent être contraintes par
corps dans toute l'étendue de la Cour des Aides
de Paris , pour raison des droits de détail dus sur
le vin.

3. *Si elles ne sont Marchandes publiques.*]
C'est-à-dire , si elles n'exercent une marchandise
distincte & séparée de celle dont leurs maris font
commerce ; (Procès-verbal de l'Ordonnance , p.
434 , article 32 , Coutume de Paris , art. 235) ,
parcequ'alors le mari est censé avoir autorisé sa
femme à contracter toutes les obligations atta-
chées au commerce qu'elle fait.

Le mari est même en ce cas contraignable
par corps pour raison des dettes contractées par
sa femme Marchande publique pour raison du
commerce qu'elle fait. (*Ità* Renusson en son
Traité de la Communauté , part. 2 , chap. 7 ,
n. 44. Duplessis sur les articles 234 & 236 de la
Coutume de Paris , & le Brun en son Traité de la
Communauté . liv. 2 , chap. 1 , n. 11.)

La veuve d'un marchand qui continue le négoce après la mort de son mari , est aussi sujette
à la contrainte par corps , parcequ'alors elle devient marchande publique.

Il faut cependant observer que les filles ou
femmes marchandes publiques ne font obligées
par corps que pour les dettes qui concernent
leur négoce , & non pour autres. Mais lorsqu'il
s'agit des dettes de leur commerce , la minorité
ne les exempte pas même de cette contrainte ,
ainsi qu'il a été jugé par Arrêt du 5 Décembre
1606 , rapporté par Brodeau sur Louet , lettre F.
sommaire 11 , parceque les mineurs font réputés majeurs pour raison de leur commerce. (Voy.
suprà , art. 4 , note 8 , page 336.)

4. *Ou pour cause de stellionat procédant de leur
fait.*] Le stellionat est un dol pratiqué pour

tromper par une fauſſe déclaration celui avec qui l'on contracte. Pour que le ſtellionnat puiſſe avoir lieu, il faut que la choſe déclarée ſoit du fait de celui ou de celle qui la déclare, ou du moins que ce fait ſoit de ſa connoiſſance. Par exemple, ſi un héritage eſt déclaré franc & quitte de toutes charges ou hypotheques, il faut que ces charges ou hypotheques aient été impoſées par celui ou celle qui fait cette déclaration, ou du moins qu'il en ait d'ailleurs connoiſſance, & que cela ſoit conſtaté par écrit ou autrement.

L'Edit du mois de Juillet 1680, (rapporté au nouveau Recueil, tom. 1, pag. 461) a inter-prété la diſpoſition portée en cet article, & a or-donné : » Que les femmes & filles ne pourront » s'obliger, ni être contraintes par corps, ſi elles » ne ſont marchandes publiques, ou pour cauſe » de ſtellionat qu'elles auroient commis, pro-» cédant de leur propre fait : ſavoir, lorſqu'elles » ſont libres & hors la puiſſance de leurs maris, » ou lorſqu'étant mariées, elles ſe ſont réſervé » par leur contrat de mariage la libre adminiſ-» tration de leurs biens, ou ſont ſéparées de » biens d'avec leurs maris ; ſans que les fem-» mes qui s'obligeront avec leurs maris avec leſ-» quels elles ſeroient en communauté de biens, » puiſſent être perſonnellement réputées Stellio-» nataires ; auquel cas, elles ſeront ſeulement » ſujettes ſolidairement au paiement des dettes » pour leſquelles elles ſe ſeront ſolidairement » obligées avec leurs maris, par ſaiſies & ventes » de leurs biens propres, acquêts ou conquêts ; » mais elles ne pourront alors être contraintes » par corps «.

ARTICLE IX.

Les ſeptuagenaires (1) ne pourront eſtre

emprisonnez (2) *pour debtes purement ci-*
viles (3), *si ce n'est pour stellionat* (4),
recelé, & *pour dépens en matiere crimi-*
nelle (5), & *que les condamnations soient*
par corps (6).

1. *Les Septuagénaires.*] C'est-à-dire, ceux
qui ont soixante-dix ans accomplis. On avoit
d'abord jugé qu'il suffisoit d'être entré dans la
soixante-dixieme année pour jouir du privilege
porté par cet article ; & cela avoit été ainsi
jugé par un Arrêt du 24 Juillet 1700, rapporté
au Journal des Audiences. Mais depuis la Jurisprudence a changé, & l'on tient à présent qu'il
faut avoir soixante-dix ans accomplis. (Ainsi
jugé par Arrêt du 6 Septembre 1706, rendu en
la Grand'Chambre & sur les conclusions de M.
l'Avocat Général Joli de Fleuri, rapporté par Augeard en ses Arrêts, tom. 1, chap. 78 ; & par
deux autres Arrêts des 24 Juillet 1737 & 4 Septembre 1742, rapportés par Lacombe en son Recueil d'Arrêts *in-*4°. chap. 12.)

2. *Ne pourront être emprisonnés.*] Le Débiteur même emprisonné pour dettes civiles,
(hors les trois cas portés par cet article,) peut
demander son élargissement, lorsqu'il a acquis
l'âge de soixante-dix ans accomplis. (Ainsi jugé
par Arrêt du Conseil du 8 Mai 1668, rapporté
au nouveau Recueil, tome 1, page 179, &
au Recueil des Arrêts rendus en interprétation
de l'Ordonnance de 1667, par lequel Sa Majesté, conformément à ladite Ordonnance, défend d'emprisonner aucuns septuagénaires, ni
de les retenir pour dettes purement civiles.)

3. *Pour dettes purement civiles.*] Sous ce mot
de *dettes purement civiles*, sont comprises même
celles pour deniers Royaux. (Ainsi jugé par Arrêt

de la Cour des Aides , du 18 Février 1716 , qui
a ordonné l'élargissement d'un Septuagénaire emprisonné pour deniers Royaux.) Cependant le
contraire a été jugé depuis au Parlement de Paris
sur les conclusions de M. Chauvelin , Avocat-
Général , le 30 Mars de la même année , en
confirmant une Sentence du Châtelet de Paris ,
par laquelle le nommé Mazens , septuagénaire ,
débiteur de deniers Royaux , avoit été débouté
de sa demande à fin d'être élargi des prisons ,
attendu qu'il avoit soixante-dix ans passés.

4. *Si ce n'est pour stellionat.*] Voyez *suprà* ,
article 8 , note derniere , pag. 351 , 352.

5. *Et pour dépens en matiere criminelle.*] Dans
les trois cas exceptés par l'Ordonnance & mentionnés dans cet article , les Septuagénaires sont
sujets à la contrainte par corps , soit que les causes ayent précédé cet âge , soit qu'elles ne soient
survenues que depuis. Il en est de même dans
tous les cas où il y a dol ou fraude , car alors
la faveur de l'Ordonnance cesse , & c'est pourquoi elle ne les exempte que *pour dettes purement civiles* , ainsi qu'elle s'exprime.

6. *Et que les condamnations soient par corps.*]
Autrement la contrainte par corps n'a pas lieu
contre eux. (Ainsi jugé par Arrêt du 24 Septembre 1701 , rapporté au Journal des Audiences , tome 5.) C'est pourquoi il dépend en ce cas
de la prudence des Juges de prononcer cette condamnation par corps , ou de la refuser par des
considérations particulieres , comme seroit la lé-
gereté du délit , jointe à une extrême vieillesse ,
& autres cas semblables.

L'Ordonnance , dans cet article & dans le précédent , ne met au nombre des personnes exemptes
de la contrainte par corps en matiere civile , que
les septuagénaires ; mais il faut y ajouter encore
quelques autres personnes qui jouissent de ce
Privilege. Tels sont ,

1°. Les Eccléfiastiques conftitués dans les Ordres Sacrés. (Edit du 5 Juillet 1576. Ordonnance de Blois, article 57. Déclaration du 30 Juillet 1710, article 3. Voyez auffi le Procès-verbal de l'Ordonnance, pag. 433, article 29.) Au furplus ces mots, *conftitués dans les Ordres Sacrés*, font affez voir que les fimples Clercs ne doivent point jouir de ce Privilege. Ainfi par Arrêt du Parlement de Paris du 14 Juillet 1688, rapporté au Journal des Audiences, un Clerc tonfuré, Chanoine depuis vingt-cinq ans, a été contraint par corps, après les quatre mois, au paiement des dépens auxquels il avoit été condamné.

Mais ce droit établi en faveur des Eccléfiaftiques conftitués dans les faints Ordres, ceffe d'avoir lieu dans les cas, où par dol ils fe feroient rendus indignes de ce privilege ; comme, par exemple, s'ils taifoient ou fupprimoient frauduleufement leur qualité en fe qualifiant Bourgeois ou Marchands, ou en changeant de nom. (Ainfi jugé par Arrêt du 10 Avril 1607, rapporté par le Prêtre, Centurie 3, chap. 22. Voyez auffi Arrêts de Filleau, quatrieme partie, queft. 113.)

2°. Les Mineurs ne peuvent être contrains par corps pendant leur minorité, pour raifon des dettes qu'ils ont contractées, dans le cas même où ils auroient tiré, accepté ou endoffé des Lettres de change pour raifon de ces dettes, ni pour quelques autres Caufes civiles que ce foit, & quand même ils fe feroient foumis à cette contrainte ; ce qui a pareillement lieu à l'égard des Mineurs Bénéficiers, quoique d'ailleurs ils foient réputés Majeurs pour raifon de leurs bénéfices. (*Suprà*, tit. 15, art. 14, pag. 332.) Ainfi jugé par Arrêt du 21 Mars 1676, rapporté au Journal du Palais, qui a déclaré non fujet à la contrainte par corps un Mineur Bénéficier pour les dépens auxquels il avoit fuccombé en la pourfuite d'un

Bénéfice, sauf après la majorité à se pourvoir contre lui à ce sujet.

A l'égard des Mineurs Marchands, comme ils sont réputés Majeurs pour raison de leur commerce, ils sont sujets à la contrainte par corps pour raison des dettes contractées pour raison de ce commerce, ce qui a pareillement été étendu aux Financiers & gens d'affaire pour raison des billets par eux subis. (Voyez ci-dessus, art. 8, note 3, pag. 351.)

3°. Les Maîtres, Patrons, Pilotes & Matelots étant à bord, pour faire voile, ne peuvent être mis en prison pour dettes civiles de quelque nature qu'elles soient, si ce n'est pour les dettes qu'ils ont contractées pour raison du voyage. (Ordonnance de la Marine, liv. 2, tit. 1, art. 14.)

Il en est de même des Officiers & Gens de guerre, lorsqu'ils sont au service ou en garnison. (Ainsi jugé par un Arrêt rapporté par Boniface, tom. 5, liv. 3, tit. 1, chap. 12, qui a déclaré nul l'emprisonnement fait d'un soldat pour dette civile.)

ARTICLE X.

Pour obtenir la contrainte par corps après les quatre mois ès cas exprimez au second article, le Créancier fera signifier le Jugement à la personne *ou domicile de la Partie* (1), avec commandement de payer, & déclaration qu'il y sera contraint par corps après les quatre mois.

1. *Ou domicile de la Partie.*] Et non au simple domicile du Procureur.

ARTICLE XI.

Les quatre mois paſſez à compter du jour de la ſignification, le Créancier levera au Greffe *une Sentence, Jugement ou Arreſt* (1), portant que dans la quinzaine la Partie ſera contrainte par corps, & lui fera ſignifier, pour après la quinzaine expirée, *eſtre la contrainte exécutée* (2) ſans autres procédures ; & ſeront toutes les ſignifications faites avec toutes les formalitez ordonnée. pour les ajournemens.

1. *Une Sentence, Jugement ou Arrêt.*] C'eſt ce qu'on appelle ordinairement Sentence ou Arrêt *d'iterato.*

Une femme ne peut faire empriſonner ſon mari en vertu d'un Arrêt *d'iterato* pour dépens obtenus contre lui. Ainſi jugé par Arrêt du 17 Juillet 1735, conformément à un Arrêt précédent du 10 Juin 1711. (Voyez le Journ. des Aud. tom. 6, ch. 20, pag. 115.)

Une autre obſervation importante, c'eſt que quand un mari & une femme ſont contraignables par corps, il n'eſt pas permis de les faire empriſonner tous les deux à la fois, afin que l'un puiſſe ſecourir l'autre. (Voy. Bretonnier ſur le dixieme Plaidoyer de Henris, tom. 2, pag. 798, & Ferrieres ſur l'art. 234 de la Cout. de Paris, n. 26, tom. 2, pag. 590, où il cite Coquille ; & auſſi Mornac ſur la Loi *Ob æs alienum* & l'autentique *Imo* Cod. de *Oblig.* & *action.*)

2. *Etre la contrainte exécutée.*] Pourvu qu'il n'y ait point d'appel ou d'oppoſition au Juge

ment : car alors il faut fuivre ce qui eft porté dans l'article qui fuit.

Il faut aufii obferver qu'il n'eft pas permis d'arrêter les Particuliers dans leurs maifons pour dettes civiles, même de jour. (Arrêt de Régle-ment du 19 Décembre 1702, rapporté au Jour-nal des Audiences, qui établit là-deffus une dé-fenfe générale, à moins qu'il n'y ait à cet effet une permiffion du Juge. Autre Arrêt du 17 Dé-cembre 1707, rapporté au Recueil des Régle-ments de Juftice. Voyez ces Arrêts au nouveau Recueil, tom. 2, pag. 282 & 411.) On trouve aufii un Acte de notoriété du Châtelet de Paris qui établit la même maxime. (Voyez le Recueil des Actes de notoriété de cette Jurifdiction, pag. 265.)

Mais s'il y a permiffion du Juge des lieux, on peut arrêter le Débiteur dans fa maifon. Cette permiffion peut s'accorder fur une fimple requête du Créancier, par laquelle il expofe que le Débi-teur condamné refte enfermé chez lui pour fe difpenfer de fatisfaire à fes obligations, quoi-qu'il foit en état de le faire. Le Juge fur cette requête ordonne qu'il fera par un Huiffier dreffé Procès-verbal de la retraite du Débiteur dans fa maifon, & après plufieurs Procès-verbaux qui fe font ordinairement au nombre de trois, & de huitaine en huitaine il rend fon ordonnance, s'il y a lieu de le faire, portant permiffion d'ar-rêter le Débiteur dans fa maifon. Cependant ces fortes de permiffions ne doivent pas s'accorder indiftinctement, & fans des raifons importantes, comme s'il s'agit d'une dette très-confidérable. Le Juge peut aufii la refufer, eu égard aux cir-conftances & à la qualité ou dignité des per-fonnes. On peut fe pourvoir contre ces permiff-fions, ou par oppofition au Siege, ou par appel devant le Juge fupérieur.

La Jurifdiction de la Confervation de Lyon a ce Privilége, que les Sentences qui font émanées de ce Tribunal, s'exécutent non-feulement par emprifonnement contre les Débiteurs condamnés, mais même qu'on peut les faire arrêter dans leurs maifons. Comme l'Arrêt du Parlement de Paris du 19 Décembre 1702, dont on vient de parler, fembloit déroger à ce Privilége en ce qu'il établit une défenfe générale fans aucune diftinction, il eft intervenu un autre Arrêt du 18 Juin 1710, rapporté auffi au Journal des Audiences, qui porte qu'il en fera ufé dans toute l'étendue de la Sénéchauffée de Lyon, comme avant l'Arrêt du 19 Décembre 1702, conformément à un Edit de François Premier de l'année 1536, & à deux autres Edits des mois de Mai 1655 & Juillet 1669, qui portent qu'on pourra dans ce cas arrêter les Débiteurs dans leurs maifons. Depuis, par un autre Edit du mois d'Août 1714, il a été ordonné que ce droit de la Confervation de Lyon feroit exécuté dans toute l'étendue du Royaume. Voyez le nouveau Recueil, tom. 2, pag. 609.

On ne peut, en vertu d'une contrainte par corps, arrêter un débiteur dans une auberge où il loge en paffant; & cette auberge doit être regardée comme un lieu de fûreté & une efpece de domicile à l'égard de ce débiteur.

Il y a des perfonnes qu'il n'eft pas permis d'arrêter dans les rues par des Priviléges particuliers. Ainfi,

Les Receveurs des Confignations, quoique d'ailleurs contraignables par corps pour les reliquats de leurs comptes, ne peuvent être exécutés dans les rues en leur perfonne, finon en vertu d'Arrêts ou Sentences rendus fur un Procès-verbal de refus. (Edit de création de ces Offices du mois de Février 1689, article 32.)

Il en est de même des Commissaires aux Saisies-réelles, suivant leur Edit de création du mois de Juillet 1689, art. 19.

Une autre régle en matiere d'emprisonnement pour dettes civiles, est qu'on ne peut arrêter un Débiteur, même dans les rues, les jours de Fêtes & de Dimanches, si ce n'est avec la permission du Juge. (Acte de notoriété du Châtelet de Paris du 5 Mai 1703. Ainsi jugé par plusieurs Arrêts, & entr'autres par un du 24 Janvier 1708, rapporté par Augeard en ses Arrêts, tom. 3. Voyez aussi le nouveau Recueil, tom. 2, pag. 313 & 412,) ce qui est une suite de la maxime, que tous les exploits doivent cesser les jours de Fêtes & de Dimanches. (Voyez l'article 69 de l'Ordonnance de Moulins.)

On ne peut même emprisonner ces jours-là pour deniers Royaux ; & il y a à ce sujet un Arrêt du Conseil du 10 Février 1661, qui fait défenses à tous Huissiers, Sergents, Archers & autres Porteurs de contraintes pour deniers royaux, de les mettre à exécution les jours de Dimanches & de Fêtes contre les Contribuables allants & revenants de la Messe, à peine de trois mille livres d'amende contre les contrevenants.

Mais comme il arrive souvent que des Débiteurs, que l'on ne peut prendre dans leurs maisons, ne sortent que les Dimanches & Fêtes, on obtient quelquefois, & dans de certains cas, une permission du Juge pour les faire arrêter ces jours-là. Ces permissions ne s'accordent point pour les jours de grandes Fêtes, & rarement les accorde-t-on quand il s'agit de sommes modiques.

Outre les conditions précédentes qui sont nécessaires pour la validité des contraintes par corps, il faut aussi observer dans les actes d'emprisonnement les formalités établies par les Réglements

glements pour ces sortes d'actes. Ainsi il faut y faire mention des Arrêts, Jugements & Contrats en vertu desquels on emprisonne, du nom, surnom & qualité du Prisonnier; de ceux de la Partie qui fait emprisonner, comme aussi du domicile qui doit être élu par cette Partie au lieu où la prison est située, le tout à peine de nullité. (Ordonnance de 1670, tit. 13, art. 13.) A Paris même il faut que celui qui fait emprisonner, outre l'élection de domicile, constitue Procureur par l'exploit d'emprisonnement. (Edit du mois de Janvier 1685, concernant l'administration de la Justice du Châtelet de Paris, art. 7.)

Il faut de plus que le titre en vertu duquel on emprisonne soit scellé, expédié en parchemin, & revêtu des autres formalités requises pour les saisies & exécutions. (Voyez ce qui a été dit à ce sujet, titre 33, article 2, note 1, pag. 284. Voyez aussi l'Ordonnance de 1670, titre 13, art. 23 & 24, pour les aliments dûs à ceux que les Créanciers font emprisonner pour dettes.)

ARTICLE XII.

Si la Partie appelle de la Sentence, ou s'oppose (1) *à l'exécution de l'Arrêt ou Jugement portant condamnation par corps, la contrainte sera sursise jusques à ce que l'appel ou l'opposition ayent esté terminez: mais si avant l'appel ou, opposition signifiée, les Huissiers ou Sergens s'étoient saisis de sa personne, il ne sera sursis à la contrainte* (2).

1. *Si la Partie appelle de la Sentence ou s'oppose, &c.*] L'opposition formée au Jugement

Tome II.   Q

qui déboute par défaut de la Sentence ou Arrêt d'*iterato*, n'est pas recevable ; c'est une opposition, laquelle ne doit jamais être reçue en Justice.

Lorsqu'une Sentence qui emporte contrainte par corps s'exécute par provision, comme sont les Sentences Consulaires, celles des Présidiaux au second chef de l'Edit, & en général toutes les autres Sentences dont l'exécution est provisoire, l'appel n'en suspend pas l'effet, & il n'y a en ce cas d'autre voie que d'obtenir un Arrêt de défenses.

2. *Il ne sera sursis à la contrainte.*] Lorsque le Débiteur est emprisonné en vertu d'un Jugement ou autre Acte, il peut se pourvoir contre cet emprisonnement, & le faire déclarer nul, soit en prouvant qu'il ne devoit rien à son Débiteur lors de son emprisonnement, soit en faisant voir que les formalités nécessaires pour emprisonner valablement n'ont point été observées à son égard.

Si l'emprisonnement est déclaré nul dans la forme, toutes les recommandations faites par d'autres Créanciers deviennent aussi nulles. Mais quand l'emprisonnement est déclaré nul en conséquence de ce que celui qui a été emprisonné ne devoit rien à celui qui l'a fait arrêter, alors cette nullité n'empêche pas les recommandations de subsister, pourvu que d'ailleurs la capture ait été faite avec toutes les formalités nécessaires pour la validité des emprisonnements.

Celui qui a été valablement emprisonné, peut obtenir main-levée de sa personne de plusieurs manieres :

1°. En payant ou consignant les sommes pour lesquelles il est constitué prisonnier ou recommandé, sans qu'il soit besoin même en ce cas de faire ordonner qu'il sera mis hors de prison. (Ordonnance de 1670, tit. 13, art. 32.)

2°. Faute par les Créanciers de fournir les aliments au prisonnier. (*Ibidem* , art. 24. Voyez aussi les Réglements rendus en interprétation de cet article.)

3°. En donnant caution. Dans ce cas il arrive souvent que les Créanciers, au moyen de cette condition, consentent à l'élargissement de leur Débiteur, ou même que le Juge, par des considérations particulieres, les oblige d'y consentir.

4°. En demandant à être reçu au bénéfice de cession, & en abandonnant tous ses biens à ses Créanciers ; mais il y a des dettes pour lesquelles ce bénéfice ne peut avoir lieu. Telles sont, 1°. les dettes provenant de crime, dol ou fraude. (Coquille, quest. (195.) 2°. Les Comptables de deniers publics, & sur-tout de deniers Royaux, ne sont point admis au bénéfice de cession. (Voy. le Prêtre, Centurie 1, chap. 99, & c'est aussi la disposition de l'Ordonnance des Fermes du mois de Juillet 1681, au titre commun des Fermes, art. 13.) 3°. Les Gardiens, Commissaires, Huissiers & autres Dépositaires des biens de Justice, ceux qui ont quelque administration publique, comme d'Hôpitaux, &c. les Cautions judiciaires, ceux chez qui l'on a mis un dépôt forcé, ainsi que les Tuteurs pour reliquats de compte de leurs Mineurs. (Mainard, liv. 4, chap. 17. La Rocheflavin, liv. 6, tit. 20, art. 1. Berault sur la Cout. de Normand. art. 20, au mot *Bénéfice de cession.* Papon en ses Arrêts, liv. 10, n. 7 & 13. Louet, lettre C, sommaire 14. Carondas, liv. 6, Réponse 37 & autres.) 4°. Les Fermiers des Terres, Métairies, lorsque la contrainte par corps a été stipulée par le bail, ne sont point admis non plus au bénéfice de cession. (Voyez Louet, lettre C, sommaire 57, & Coquille sur la Cout. de Nivernois, chapitre 32, article 22. Plusieurs Arrêts l'ont ainsi jugé, & entr'autres un du 31

Mai 1633, rapporté par Bardet, & un autre
du 27 Mars 1648.) Au reste cela ne doit avoir
lieu que dans le cas où le Fermier auroit appli-
qué à son profit, & détourné les fruits provenants des héritages qu'il tient à ferme, avant que
le Propriétaire eût été payé de ses fermages,
parce qu'alors il commet une espece de vol.
50. Les Etrangers ne sont point non plus admis
à ce bénéfice. (Ordonnance du Commerce de
1673, titre des Cessions de biens, art. 2.) Voyez
encore d'autres cas pour lesquels la cession n'a
pas lieu dans les art. 428, 429 & 439 de la
Coutume d'Orléans.

Non-seulement le Débiteur contraint par corps
peut obtenir main levée de sa personne par les
voies qu'on vient d'indiquer; mais il peut encore prévenir & empêcher son emprisonnement,
soit en obtenant des Lettres de Répi, d'Etat, ou
des Défenses générales qui s'accordent quelquefois, mais pour des considérations importantes,
(Voyez *suprà*, tit. 33, art. 12, not. 1, pag. 302.)
soit en obtenant un saufconduit, qui ne s'accorde
ordinairement que par le Souverain, & rarement
par les Juges, si ce n'est en quelques cas où il est
nécessaire de le faire pour que le débiteur puisse
agir en ses affaires; mais alors ce ne doit être
qu'avec une grande connoissance de cause, &
par des motifs particuliers.

ARTICLE XIII.

Les poursuites & contraintes par corps
n'empêcheront les saisies (1), exécutions
& ventes des biens de ceux qui sont condamnez.

1. *N'empêcheront les saisies.*] Ainsi un Créancier peut saisir les biens de son Débiteur en

même-temps qu'il le fait emprifonner. Il a deux
sûretés au lieu d'une.

TITRE XXXV.
Des Requêtes Civiles.

L<small>A</small> Requête Civile eſt un moyen de ſe pourvoir contre un Arrêt ou un Jugement rendu en
dernier reſſort, contre lequel on ne peut venir
par oppoſition.

Ces Requêtes s'emploient en matiere civile
dans les cas mentionnés ci-après aux articles
34, 35 & 36 de ce titre, tant contre les Arrêts &
Jugements diffinitifs, que contre ceux qui ne
ſont qu'interlocutoires ou d'inſtruction.

Mais, en matiere criminelle, il faut diſtin-
guer entre les Jugements rendus à l'Audience &
ceux rendus à la Chambre.

1°. On peut toujours ſe pourvoir par Requête
Civile contre les Arrêts & Jugements rendus en
dernier reſſort à l'Audience quoique définitivement rendus. Il en eſt de même des Arrêts rendus
aux Enquêtes en matiere de petit criminel : ces
Arrêts & Jugements ſont plutôt cenſés rendus
au Civil qu'au Criminel, n'y ayant point alors
de Procédure extraordinaire, qui ſeule fait, à
proprement parler, l'eſſence du Procès criminel.

2°. Quant à ceux d'inſtruction rendus à l'Audience incidemment & dans le cours d'une procédure extraordinaire, il ne paroît pas non plus
qu'il doive y avoir de la difficulté à admettre les
Requêtes civiles, lorſqu'il y a des moyens d'ouverture ſuffiſants ; ce qui eſt fondé ſur ce qu'a-
lors on ne peut ſe pourvoir par Lettres de Révi-

Q iij

fion , ces Lettres n'ayant lieu qu'à l'égard de l'Accufé qui a été condamné. (Voyez l'Ordonnance de 1670 , tit. 16 , art. 8.) Voyez auffi l'Ordonnance de Léopold premier, Duc de Lorraine , du mois de Juillet 1701 , touchant la procédure criminelle de ce Duché , tit. 12 , article 21 , qui en a une difpofition qui peut recevoir ici fon application. Cet article porte : « Que » les Parties pourront fe pourvoir par Requête » civile contre les Arrêts d'inftruction au cri- » minel pour les moyens (ou caufes d'ouver- » tures) marqués en la procédure civile , qui » pourroient avoir leur application à la crimi- » nelle , & néanmoins fans retardation du Juge- » ment. » C'eft auffi ce qui réfulte de l'Edit du mois de Février 1682 , rendu pour la Tournelle du Parlement de Touloufe , dont il eft parlé ci après en la note 1 fur l'art. 21 , pag. 388. (Voyez le nouveau Recueil , tom. 1 , pag. 504)

3°. A l'égard des Arrêts ou Jugements en dernier reffort rendus après une inftruction complette , il eft rare que la Requête civile y foit admife à caufe des inconvénients qui en pourroient arriver tous les jours. Il n'y a dans ce cas que la voie de révifion. (Arrêt du 4 Septembre 1699 rapporté au nouveau Recueil , tom. 2 , pag. 245.) On peut néanmoins faire là-deffus une diftinction entre l'Accufé & entre l'Accufateur ou le Plaignant.

Quant à l'Accufé , il femble qu'il doit toujours être favorablement écouté en pareil cas , quoiqu'il puiffe auffi fe pourvoir par Lettres de révifion , qui eft une voie beaucoup plus favorable ; mais rien n'empêche qu'il puiffe auffi prendre la voie de la Requête civile dans les cas où il y auroit ouverture à cette Requête.

Quant à l'Accufateur ou Plaignant , comme la voie de la révifion n'a pas lieu à fon égard , il

n'a que la voie de la Requête civile ; encore ne
doit-elle être admife que très-rarement, quand il
s'agit de renouveller une accufation terminée.
Plufieurs Arrêts ont jugé que dans ce cas un
Accufateur ne pouvoit fe pourvoir par Requête
civile, même fur le fondement de preuves nouvellement découvertes : (Voyez Bafnage fur la
Coutume de Normandie, art. 143,) fi ce n'eft
dans des crimes atroces. Il y a cependant un cas
où cette Requête doit être reçue ; c'eft lorfque
l'Accufé a falfifié ou fupprimé les charges, corrompu les témoins ou ufé d'artifices femblables
pour fe procurer une abfolution. C'eft ainfi que
s'en explique M. Talon, Avocat-Général, dans
un Arrêt du 16 Juin 1632, rapporté par Bardet,
tom. 1, liv. 1, chap. 32.

ARTICLE PREMIER.

Les Arrêts & *Jugemens en dernier ref-*
fort (1) *ne pourront être retractez* (2) *que*
par Lettres en forme de Requefte civile (3),
à l'égard de ceux qui auront été Parties,
ou deuement appellez, & de leurs héritiers, fucceffeurs *ou ayans caufe* (4).

Joignez à cet article la difpofition de l'art. 50
du tit. 2 de l'Ordonn. des fubftitutions du mois
d'Août 1747.

1. *Et Jugement en dernier reffort.*] Autres que
ceux rendus par les Préfidiaux au premier chef
de l'Edit à caufe de ce qui eft porté ci-après
en l'article 4. Les Jugements en dernier reffort
dont il eft parlé ici font ceux rendus par les
Maîtres des Requêtes de l'Hôtel, quand ils jugent
au fouverain.

2. *Ne pourront être rétractés.*] Lorsqu'il s'agit seulement de se pourvoir en interprétation, il suffit d'une simple Requête.

3. *Que par Lettres en forme de Requête civile.*] Ces Lettres s'obtiennent dans les Chancelleries des Cours & Sieges, où les Arrêts & Jugements contre lesquels on veut se pourvoir ont été rendus ; elles doivent contenir le fait, la procédure & le dispositif du Jugement qu'on attaque.

4. *Ou ayants cause.*] Comme sont les Créanciers qui exercent les droits de leur Débiteur, mais non ceux qui succedent à titre particulier de donation ou de vente.

ARTICLE II.

Permettons de se pourvoir *par simple Requeste à fin d'opposition* (1) contre les Arrests & Jugemens en dernier ressort, auxquels le Demandeur en Requeste *n'aura esté Partie* (2), *ou deuement appellé* (3) ; & mesme contre ceux *donnez sur Requeste* (4).

1. *Par simple Requête à fin d'opposition.*] L'opposition dont il est parlé ici est différente de l'opposition en tiers dont il est fait mention dans les articles 10 & 11 du titre 27 ci-dessus. Cette opposition en tiers suppose un Arrêt ou Jugement rendu en forme contre des Parties autres que l'Opposant, au lieu que celle mentionnée au présent article ne regarde que les Jugements rendus contre une Partie sans assignation préalable, & sur une simple Requête non signifiée ni communiquée. Cette opposition suspend, au lieu que celle mentionnée aux articles 10 & 11 du titre 27 ne suspend point. D'ailleurs il n'y a

point d'amende pour l'opposition mentionnée en cet article 2 ; au lieu que pour l'autre opposition, celui qui y est mal fondé, est condamné en l'amende de cent cinquante ou de soixante-quinze livres. (Voyez ci-dessus, titre 27, article 10, page 184.)

2. *N'aura été Partie.*] Parcequ'alors on ne peut opposer l'exception *rei judicata* à celui qui attaque le Jugement.

3. *Ou duement appellé.*] C'est-à-dire, appellé à domicile ; & il ne suffiroit pas d'avoir assigné les Héritiers au domicile d'un seul pour tous. Ainsi si les autres héritiers avoient été condamnés sur cette assignation au domicile de l'un d'eux, ils pourroient revenir contre le Jugement, par simple opposition sans Requête civile, comme n'ayant point été valablement appellés ; à moins qu'ils n'eussent défendu nommément, & chacun étant en qualité ; auquel cas ils n'auroient plus que la voie de la Requête civile, s'il y avoit ouverture suffisante à cette Requête.

Ces sortes d'oppositions peuvent être formées en tout temps, & il n'est pas nécessaire qu'elles soient formées dans la huitaine, comme au cas de l'article qui suit. Il n'est pas nécessaire non plus pour être reçu opposant, de refonder les dépens.

4. *Donnés sur Requête.*] Non communiquée.

Article III.

Permettons pareillement de se pourvoir *par simple Requeste* (1) *contre les Arrests & Jugemens en dernier ressort* (2), qui auroient esté rendues *à faute de se présenter* (3), *ou en l'Audience à faute de plaider* (4), pourveu que la Requeste

Q v

foit donnée *dans la huitaine du jour de la signification* (5) à perſonne ou domicile de ceux qui feront condamnez, *s'ils n'ont conſtitué Procureur* (6), ou au Procureur quand il y en a un : ſi ce n'eſt que la Cauſe ait eſté appellée *à jour de rolle* (7) ; auquel cas, les Parties ne ſe pourront pourvoir contre les Arreſts & Jugemens en dernier reſſort intervenus en conſéquence, que par Requeſte civile.

1. *Par ſimple Requête.*] C'eſt à-dire, par Requête d'oppoſition. Dans pluſieurs Sieges, au lieu d'une Requête d'oppoſition, il ſuffit de former oppoſition par un ſimple acte ſignifié à la Partie ; & c'eſt ainſi qu'on le pratique au Châtelet d'Orléans.

2. *Contre les Arrêts & Jugements en dernier reſſort.*] Il y a un Arrêt de Réglement du Parlement de Rouen du 18 Novembre 1712, rendu toutes les Chambres aſſemblées ſur la Requête du Procureur Général, qui fait défenſes à tous Procureurs de préſenter des Requêtes tendantes à oppoſition contre l'exécution des Arrêts prononcés par défaut à l'Audience, qu'auparavant ils n'aient conſulté un Avocat, lequel doit ſe charger de ſoutenir l'oppoſition, & dont le nom ſera déclaré par la Requête, à peine de tous dépens, dommages & intérêts envers le Défendeur, auxquels le Procureur qui aura ſigné la Requête d'oppoſition, en cas de déſaveu de l'Avocat par lui nommé, ſera perſonnellement condamné. Quoique l'Ordonnance ne parle ici que des Jugements en dernier reſſort, néanmoins l'uſage de tous les Sieges a étendu cette diſpoſition à l'égard des Sentences dont il peut y avoir appel.

C'eſt pourquoi dans tous les cas où une Sentence a été rendue par défaut contre une Partie, on peut ſe pourvoir par oppoſition dans la huitaine contre cette Sentence, au lieu d'en interjetter appel. (Voyez à ce ſujet un acte de notoriété du Châtelet de Paris du 3 Octobre 1727, rapporté par Deniſart en ſon Recueil des Actes de notoriété de ce Tribunal, pag. 448 : cet Acte ajoute qu'une oppoſition ainſi formée ſuſpend l'exécution de la Sentence rendue par défaut juſqu'à ce qu'il ait été ſtatué diffinitivement ſur cette oppoſition. Voyez auſſi l'article 8 de la Déclaration du 17 Février 1688, touchant la procédure des Elections, Greniers à Sel, &c., rapportée au nouveau Recueil, tom. 2, pag. 13.) Et même lorſqu'on a laiſſé paſſer la huitaine, on peut appeller & convertir l'appel en oppoſition, enſuite de quoi on vient plaider ſur cette oppoſition ; l'uſage a autoriſé cette procédure pour éviter les frais d'un appel ſouvent coûteux.

Mais on ne doit jamais être reçu oppoſant à un Jugement qui a débouté d'une premiere oppoſition, quoique ce Jugement ait été rendu par défaut. (Même Déclaration du 17 Février 1688, article 10.) Voyez les Lettres-patentes du 31 Mai 1770, art. 2 & ſuivants juſqu'à l'art. 9 ci-après.

Lorſqu'une Cauſe a été jugée contradictoirement avec quelques-unes des Parties, & par défaut contre d'autres, celles contre qui le Jugement a été rendu par défaut, peuvent revenir par oppoſition ; mais celles qui étoient préſentes, ne peuvent revenir contre ce Jugement en aucune maniere, ſi ce n'eſt par la voie d'appel, dans le cas où il a lieu ; enſorte que quand bien même, ſur l'oppoſition des Défaillants, on viendroit à rendre une Sentence différente de la premiere, néanmoins ceux contre qui elle auroit été

Q vj

jugée contradictoirement, ne pourroient revenir par opposition, ni la faire changer à leur égard.

Au surplus il faut observer que dans tous les cas où l'on revient par opposition dans la huitaine contre un Jugement rendu par défaut, & où la procédure de la Partie adverse est réguliere, on ne doit être reçu opposant qu'en refondant les dépens de ce défaut, qui ne peuvent être remis en diffinitive; mais dans ces dépens on ne doit pas comprendre l'assignation, la copie des pieces, ni les saisies & exécutions faites en conséquence du Jugement rendu par défaut : ces sortes de dépens doivent être taxés, en taxant ceux de la Sentence diffinitive. (Réglement du Châtelet de Paris du 11 Août 1692, art. 7, rapporté au nouveau Recueil, tom. 2, p 130.) A l'égard des défauts faute de plaider, il n'y a point de réfusion de dépens. (Voyez les Lettres-patentes du 11 Mai 1770, art. 1.)

Il faut aussi observer que dans le cas où des dépens ont été déclarés préjudiciaux, on n'est point reçu à les compenser avec d'autres dépens, ou dette liquide. (Ainsi jugé par Arrêt du Parlement de Paris du 27 Mai 1530. Voy. Papon en ses Arrêts, liv. 18, tit. 2, art. 24; & Dargentré sur l'article 181 de la Coutume de Bretagne.)

Cette réfusion de dépens pour les défauts & congés en procès par écrit est arbitrée à la somme de huit livres, suivant un Réglement du Châtelet de Paris, homologué par Arrêt de la Cour du 2 Juillet 1691, rapporté au Journal des Audiences.

Cette procédure des oppositions aux Sentences rendues dans les Bailliages & Sénéchaussées n'est point admise dans quelques Parlements, comme dans celui de Bourgogne. (Voyez Serpillon en son Code Civil, page 510, où cet Auteur ajoute que cet usage est sujet à inconvénient.)

3. *A faute de se présenter.*] Ou à faute de fournir ses défenses. Au surplus cet article comprend
les congés comme les défauts. (Voyez ci-dessus ,
tit. 11 , art. 19 , pag. 260.)

4. *Ou en l'Audience faute de plaider*] Mais
non contre les Jugements rendus par forclusion ,
auxquels on ne reçoit jamais d'opposition , à l'é-
gard de ceux qui ont été Parties dans ces Jugements.

Nonobstant cette disposition de l'Ordonnance,
on est dans l'usage au Parlement , à la Cour des
Aides & dans les autres Cours Supérieures, de recevoir les oppositions aux Arrêts & Jugements
par défaut faute de comparoir , quoique formées
après la huitaine de la signification , en refondant les dépens. (Voyez Sallé sur l'article 4 de
ce titre.)

Mais au Châtelet de Paris l'usage est , que
l'opposition aux Sentences par défaut , faute de
comparoir & de défendre par Jugement dernier
ou par Jugement Présidial , est provisionnelle, &
doit être formée dans la huitaine de la signification ; & alors cette opposition suspend l'exécution provisoire de la Sentence ; autrement l'u-
sage est de déclarer l'Opposant non-recevable.
Nous suivons aussi la même regle au Présidial
d'Orléans.

5. *Dans la huitaine du jour de la signification.*]
Lorsque la Partie contre laquelle on a obtenu
un Jugement par défaut , qui lui est signifié à
domicile , n'avoit point de Procureur constitué ,
& que cette Partie a son domicile en un endroit
très éloigné de celui où le Jugement a été rendu ,
il semble qu'outre la huitaine pour pouvoir former son opposition , il faudroit encore y ajouter le délai de la distance , à raison d'un jour
pour dix lieues ; (*Suprà* , tit. 3 , , article. 3 , aux
notes , pag. 48 ,) à moins que la Partie qui fait

signifier le Jugement, n'eût élu par la signification domicile dans le lieu où elle est faite ; auquel cas il faudroit que cette opposition fût formée dans la huitaine. Ainsi si un Jugement rendu à Paris étoit signifié à Lyon, qui en est distant de cent lieues, la Partie, outre la huitaine, devroit encore avoir dix jours pour former son opposition. (Voyez ci - dessus, tit. 17, art. 7, note 2, pag. 245.)

6. *S'ils n'ont constitué Procureur.*] Suivant l'usage des Cours & la jurisprudence des Arrêts, l'opposition formée aux Jugements ou Arrêts faute de comparoître, quoique formée après la huitaiue de la signification du Jugement, est recevable, en payant préalablement les frais de la contumace si la procédure est réguliere, & sans aucune réfusion de dépens si cette procédure est vicieuse. A l'égard des autres Arrêts & Jugements, il faut que l'opposition soit formée dans la huitaine, autrement on n'y est plus recevable.

7. *A tour de rôle.*] Parceque le rôle interpelle, & qu'alois les Parties étant averties du temps auquel la Cause sera appellée, doivent être prêtes, & ne peuvent alléguer cause d'ignorance.

ARTICLE IV.

Ne seront obtenues Lettres en forme de Requeste civile contre les Sentences Présidiales rendues au premier chef de l'Edit ; mais il suffira de se pourvoir *par simple Requeste* (1) au mesme Présidial.

1. *Par simple Requête.*] On appelle cette Requête, *Requête civile Présidiale.*

A<small>RTICLE</small> V.

Les Requeftes civiles feront obtenues
& *fignifiées*, & *affignations données* (1),
foit au Procureur ou à la Partie, dans
les fix mois, à compter, *à l'égard des
Majeurs, du jour de la fignification* (2)
qui leur aura efté faite des Arrefts & Jugemens en dernier reffort, à perfonne ou
domicile ; & pour les Mineurs, du jour
de la fignification qui leur aura efté faite
à perfonne ou domicile (3) depuis leur
majorité.

1. *Signifiées & affignations données, &c.*]
Voyez la note 2 fur l'article 7.

2. *A l'égard des Majeurs, du jour de la fignification, &c.*] Si l'intérêt d'un Majeur étoit commun & indivifible avec celui d'un Mineur qui
auroit été reftitué par Requête civile, cette reftitution ne pourroit profiter au Majeur que dans
les matieres réelles. (Voyez le Procès-verbal de
l'Ordonnance, pag. 440. Voyez auffi Henrys,
tom. 1, liv. 4, chap. 6, queft. 25 ; & tome 2,
liv. 4, queft. 19 ; & Louet, lettre H. fommaire
20, n. 6.)

3. *A perfonne ou domicile.*] Voyez *infrà*, art.
31, au commencement, pag. 380.

Les termes dans lefquels la Requête civile doit
être obtenue, fuivant l'article 5 de ce titre & les
articles fuivants, ne font point abfolus & indé-
finis, mais feulement relatifs à la Partie qui a
fait fignifier l'Arrêt ou Jugement en dernier reffort ; & une autre Partie qui a un intérêt tout
différent & étranger à celui qui le fait fignifier,

pourroit opposer une fin de non-recevoir tirée du temps écoulé depuis le jour de la signification.

ARTICLE VI.

Le Procureur qui aura occupé en la Cause, Instance ou Procès, sur lequel est intervenu l'Arrest ou Jugement en dernier ressort, *sera tenu d'occuper* (1) sur la Requeste civile, sans qu'il soit besoin de nouveau pouvoir, pourveu que la Requeste civile ait esté obtenue & à lui signifiée *dans l'année du jour & datte de l'Arrest* (2).

1. *Sera tenu d'occuper.*] Parceque c'est une dépendance & une suite de l'Instance principale. (Voyez *suprà*, titre 32, article 4, avec les notes, page 279.)

2. *Dans l'année du jour & date de l'Arrêt.*] Et non de la signification de l'Arrêt ou Jugement en dernier ressort : car la Requête civile doit être obtenue & signifiée dans les six mois de la signification de l'Arrêt ou Jugement, comme il est dit en l'article 5. Lorsque la Requête civile n'est obtenue qu'après l'année de la date du Jugement, le pouvoir du Procureur qui a occupé en la cause, Instance ou Procès sur lequel est intervenu l'Arrêt ou Jugement en dernier ressort, cesse, & il faut que la Partie qui a obtenu la Requête civile, la signifie à domicile, & assigne dans les délais. (Voyez le Procès-verbal de l'Ordonnance, page 47, art. 16.)

A R T I C L E   VII.

Les Eccléfiaftiques (1) , les Hofpitaux,
& les Communautez tant Laïques qu'Eccléfiaftiques , Séculieres & Régulieres ,
mefme ceux qui font abfens du Royaume
pour caufe publique , *auront un an pour*
obtenir & faire fignifier (2) les Requeftes civiles , à compter pareillement du
jour des fignifications qui leur auront
efté faites au lieu ordinaire des Bénéfices , des Bureaux des Hofpitaux , où
aux Syndics ou Procureurs des Communautez , ou au domicile des abfens.

1. *Les Eccléfiaftiques.*] La grace qui eft accordée ici aux Eccléfiaftiques , n'eft qu'à raifon
des Bénéfices qu'ils poffedent , & non à raifon
de leurs biens particuliers autres que ceux qui
dépendent de leurs Bénéfices.

2. *Auront un an pour obtenir & faire fignifier.*]
Mais il n'eft pas néceflaire que l'affignation foit
donnée ; ce qui eft une feconde différence de cet
article avec l'article 5 de ce titre , qui exige que
les Requêtes civiles foient obtenues & fignifiées ,
& les affignations données dans les fix mois :
(ainfi jugé par Arrêt du 4 Mai 1682 , rapporté
au quatrieme tome du Journal des Audiences ,
en faveur de la Communauté des Paffementiers
de la ville de Paris;) ce qui paroît néanmoins
contraire au texte de l'Ordonnance , qui porte
expreflément: » Que les affignations fur les Re-
» quêtes civiles feront données dans les fix mois,
» & qu'autrement les Parties qui en pourfuivent

» l'entérinement , doivent être non-recevables ;
comme il réfulte de l'article 11 ci-après.

ARTICLE VIII.

Si les Arrefts ou Jugemens en dernier
reffort ont été donnez contre ou au préjudice des perfonnes qui feront décédées
dans les fix mois du jour de la fignification à eux faite, leurs héritiers fucceffeurs *ou ayans caufe* (1) , auront encore
le mefme délai de fix mois (1) à compter
du jour de la fignification qui leur aura
efté faite des mefmes Arrêts & Jugemens en dernier reffort , s'ils font Majeurs ; finon le délai de fix mois ne
courra que du jour de la fignification
qui leur fera faite depuis leur majorité.

1. *Ou ayants caufe.*] Comme font les Créanciers ; mais non ceux qui fuccedent à titre fin-
gulier , comme le Donataire ou l'Acheteur.

2. *Le même délai de fix mois.*] Outre le temps
qui s'eft écoulé du vivant du défunt , décédé
dans les fix mois de la Requête civile.

ARTICLE IX.

Celui qui aura fuccédé (1) à un Bénéfice durant l'année , à compter du jour
de la fignification faite de l'Arreft ou Jugement en dernier reffort à fon prédé-
ceffeur *dont il n'eft Réfignataire* (2) ,
aura encore une année pour fe pourvoir

par Lettres en forme de Requeſte civile, du jour de la ſignification qui lui
en ſera faite.

1. *Celui qui aura ſuccédé , &c.*] Cet article ne
doit point s'étendre aux mutations qui arrivent
par la mort ou changement de nomination des
Directeurs & Adminiſtrateurs, Syndics ou Procureurs des Communautés ou Hôpitaux : car à
leur égard il n'y a aucune prolongation de délai,
& ils n'ont que l'année, comme il eſt dit en
l'article 6 ci-deſſus. (Voyez le procès verbal de
l'Ordonnance, pag. 441, art. 8.)

2. *Dont il n'eſt Réſignataire.*] Comme ſi au
lieu de tenir ſon Bénéfice par nomination, il en
a été pourvu par mort ou dévolut.

Mais ſi ce ſucceſſeur étoit Réſignataire, il
n'auroit que le temps qui reſte à ſon Réſignant,
parcequ'alors il y a lieu de préſumer que le Réſignant n'a pas manqué de donner à ſon Réſignataire connoiſſance de l'Arrêt ou Jugement
qui lui a été ſignifié ; d'ailleurs il ne peut trans-
férer à ſon Réſignataire plus de droit qu'il n'en
avoit lui-même.

Article X.

Les Majeurs & Mineurs n'auront que
trois mois au lieu de ſix ; & les Eccléſiaſtiques, Hoſpitaux, Communautez,
& les abſens du Royaume pour cauſe publique, ſix mois au lieu d'un an, pour
obtenir & faire ſignifier les Requeſtes
contre les Sentences Préſidiales données
au premier chef de l'Edit : & au ſurplus
ſeront toutes les meſmes choſes ci-deſſus

obſervées *pour les Sentences Préſidiales*
au premier chef de l'Edit (1), que pour
les Arreſts & Jugemens *en dernier reſ-*
fort (2).

   3. *Pour les Sentences Préſidiales au premier*
chef de l'Edit] Soit pour les oppoſitions aux
Jugements par défaut, ſoit pour les autres choſes dont il eſt parlé dans les articles précédents.
Les articles 11, 12, 18 & 19 établiſſent auſſi des
regles touchant les Sentences Préſidiales au premier chef de l'Edit. A l'égard des autres articles,
quoiqu'ils ne ſemblent regarder que les Arrêts,
néanmoins il y en a pluſieurs dont il faut faire
l'application aux Requêtes Préſidiales : tels ſont
les articles 14, 17, 27, 29, 31, 32, 33, 34,
35, 37, 38, 40, 41 & 42.

   2. *Et Jugements en dernier reſſort.*] Voyez la
note 1 ſur l'article 1 de ce titre, ci-deſſus, page
367.

ARTICLE XI.

  Voulons que tous les Arreſts, Jugemens en dernier reſſort, & Sentences
Préſidiales données au premier chef de
l'Edit, *ſoient ſignifiées aux perſonnes ou*
domicile (1), pour en induire les fins
de non-recevoir contre la Requeſte civile dans le temps ci-deſſus, encore que
les uns ayent eſté contradictoires en l'Audience, & les autres ſignifiez au Procureur : ſans que cela puiſſe eſtre tiré à
conſéquence aux hypothéques, ſaiſies &
exécutions, & autres choſes, à l'égard

defquelles les Arrefts, Jugemens & Sentences contradictoires donnez en l'Audience auront leurs effets, quoiqu'ils n'ayent efté fignifiez, & ceux par défaut donnez en l'Audience *& fur Procès par écrit* (2) à compter du jour qu'ils auront efté fignifiez aux Procureurs.

1. *Soient fignifiées aux perfonnes ou domicile.*] A fin que celui qui eft dans le cas de fe pourvoir par Requête civile contre un Jugement rendu contre lui ne puiffe ignorer ce Jugement : car s'il fuffifoit de le fignifier au domicile de fon Procureur, il pourroit n'être pas averti.

2. *Et fur procès par écrit.*] Soit que le Procès ait été jugé par forclufion, ou fur productions refpectives des Parties. (Voyez le Procès-verbal de l'Ordonnance de 1667, pag. 442, art. 10.)

Article XII.

Si les Lettres en forme de Requefte civile contre les Arrefts ou Jugemens en dernier reffort, ou les Requeftes contre les Sentences Préfidiales au premier chef, font fondées *fur pieces fauffes* (1), ou fur pieces nouvellement recouvrées qui eftoient retenues ou détournées par le fait de la Partie adverfe, le temps d'obtenir & faire fignifier les Lettres ou Requeftes, ne courra que du jour que la fauffeté, on les pieces auront efté découvertes, *pourveu qu'il y ait preuve par écrit du jour* (2), & non autrement.

1. *Sur pieces fausses.*] C'est à celui qui se pourvoit par Requête civile à prouver, non-seulement que les pieces sont fausses, mais aussi que le Jugement a été fondé sur ces pieces, suivant la Loi 3, *Cod. si ex falsis instrum. vel testim. judicatum fuerit* ; parcequ'il se peut faire qu'outre les pieces maintenues fausses, la Partie en ait fourni d'autres valables, qui aient servi de motif à la décision de la Cause. (Voy. le Prêtre, centurie 2, chap. 73.)

2. *Pourvu qu'il y ait preuve par écrit du jour.*] Le temps auquel une piece a été recouvrée, se justifie par écrit : *v. g.* lorsqu'il en est fait mention dans un inventaire, ou par quelqu'autre voie de cette qualité, dont le Demandeur en Requête civile n'auroit eu ni la connoissance, ni la disposition. (Voyez le Procès-verbal, p. 444.)

ARTICLE XIII.

Sera attaché aux Lettres de Requête civile une consultation *signée de deux anciens Avocats* (1), & de celui qui aura fait le rapport, laquelle contiendra sommairement les ouvertures de Requête civile ; & seront les noms des Avocats *& les ouvertures insérées dans les Lettres* (2).

1. *Signée de deux anciens Avocats.*] C'est-à-dire, de deux anciens Avocats du Siege où doit se plaider la Requête civile. (Arrêt du Conseil du 27 Août 1668, rapporté au nouveau Recueil, tom. 1, pag. 208, & au Recueil des Arrêts rendus en interprétation des nouvelles Ordonnances.)

Cette formalité eſt établie, afin que les Parties ne s'engagent pas témérairement dans des Inſtances de Requête civile, & afin qu'elles n'abuſent pas de cette voie dont le ſuccès eſt ſouvent difficile.

2. *Et les ouvertures inſérées dans les Lettres.*] Ces ouvertures ſont celles dont il eſt fait mention ci-après dans les articles 34, 35 & 36.

Article XIV.

Nos Chanceliers, Garde-des-Sceaux, & les Maîtres des Requeſtes ordinaires de noſtre Hoſtel, tenans les Sceaux de noſtre grande ou petite Chancellerie, & nos autres Officiers, ne pourront accorder aucunes Lettres en forme de Requeſte civile, *que dans le temps, & aux conditions ci-deſſus* (1), & ſans qu'il puiſſe y avoir clauſe portant diſpenſe ou reſtitution de temps, pour quelque cauſe & prétexte que ce ſoit : & ſi aucunes avoient eſté obtenues & ſignifiées après le temps & délai ci-deſſus, ou ne contenoient point les ouvertures & les noms des Avocats qui en auront donné l'avis, les déclarons dès à préſent nulles, & de nul effet & valeur; & voulons que nos Juges, tant de nos Cours ou Chambres, qu'autres Juriſdictions, n'y ayent aucun égard ; le tout à peine de nullité de ce qui auroit eſté jugé ou ordonné au contraire.

1. *Que dans le temps & aux conditions ci-deſ-*
ſus.] Voyez les articles précédents, depuis l'article 5 de ce titre.

A R T I C L E   XV.

Abrogeons la forme de clorre les Lettres en forme de Requeſte civile, & d'y
attacher aucune commiſſion ; mais ſeront ſcellées, expédiées & *délivrées ou-*
vertes (1) ſans commiſſion, aux Impétrans ou à leurs Procureurs, ou autres ayans charge.

1. *Et délivrées ouvertes.*] Car les Lettres de
Requête civile ſont des Lettres de Juſtice ordinaire, qui ne contiennent rien de ſecret.

A R T I C L E   XVI.

Les Impétrans des Lettres en forme
de Requeſte civile, contre des Arreſts
contradictoires, *ſoit qu'ils ſoient prépa-*
ratoires (1) ou diffinitifs, ſeront tenus
en préſentant leur Requeſte à fin d'entérinement, conſigner la ſomme de trois
cens livres pour l'amende envers Nous,
& cent cinquante livres d'autre part,
pour celle envers la Partie. Et ſi les Arreſts ſont par défaut, ſera ſeulement con-
ſigné la ſomme de cent cinquante livres
pour l'amende envers Nous, & ſoixante-
quinze livres pour celle envers la Partie :

tie : lefquelles fommes feront receues par
le Recéveur des Amendes , qui s'en char-
gera comme Dépofitaire , fans droits ni
frais , & fans qu'il puiffe les employer
en recepte , qu'elles n'ayent efté diffinitivement adjugées , pour eftre après le jugement des Requeftes civiles rendues &
délivrées auffi fans frais *à qui il appar-*
tiendra (2).

1. *Soit qu'ils foient préparatoires.*] Les Jugements préparatoires contre lefquels on peut fe
pourvoir par Requête civile , font principale-
ment ceux qui contiennent un grief irréparable
en diffinitive ; autrement la Requête civile ne
doit point être admife. (Voyez Rebuffe , *Trac-*
tatu de Litteris Civilibus , art. 11 , *gloff.* 2 , *n.*
12 ; *juxta L. quod juffit. ff. de re judicatâ.*)
    2. *A qui il appartiendra.*] Lorfque le Juge-
ment eft infirmé , même pour un feul chef , &
la Requête entérinée , l'amende eft rendue à la
Partie qui l'a confignée. (Voyez Rebuffe , *ibi-*
dem , gloff. 4 , *n.* 1.)

A R T I C L E XVII.

Après que la Requefte civile aura efté
fignifiée , avec affignation & copie donnée , tant des Lettres que de la Confultation , *la Caufe fera mife au rolle* (1) ,
ou portée à l'Audience (2) fur deux actes ; l'un pour communiquer au Parquet,
& l'autre pour venir plaider , fans autre
procédure.

Tome II. R

1. *La Cause sera mise au rôle.*] Lorsqu'il y a un grand nombre de Requêtes civiles pendantes en la Grand'Chambre du Parlement de Paris, qui n'ont pu être portées à l'Audience, ce qui arrive presque tous les ans, le Roi rend une Déclaration, portant qu'elles seront appointées & renvoyées dans les Chambres où les Arrêts contre lesquels on se pourvoit ont été rendus.

2. *Ou portée à l'Audience.*] Sans qu'elle puisse être appointée que sur la plaidoirie, ou sur le consentement des Parties. (*Infrà* , art. 27.)

Les instances sur les Requêtes civiles se prescrivent par trois ans, comme toutes les autres. (Boniface, tom. 4, liv. 1, tit. 22, n. 11.)

ARTICLE XVIII.

Les Requeftes civiles *ne pourront empescher l'exécution des Arrefts* (1) *ni des Jugemens en dernier reffort* (2) , ni les autres Requeftes l'exécution des Sentences Préfidiales au premier chef de l'Édit, & ne feront données aucunes défenses, ni furféances en aucuns cas.

1. *Ne pourront empêcher l'exécution des Arrêts.*] Tant pour le principal des condamnations, que pour les dommages & intérêts, restitutions de fruits & dépens, comme il résulte de l'article suivant.

2. *Ni des Jugements en dernier reffort*] Voyez la note 1 sur l'art. 1 de ce titre, page 367.

ARTICLE XIX.

Voulons que ceux qui auront efté con-

damnez de quitter *la poſſeſſion & jouiſ-*
ſance d'un Bénéfice (1) , ou de délaiſſer
quelque héritage ou autre immeuble ,
rapportent la preuve de l'entiere exécution de l'Arreſt ou Jugement en dernier
reſſort au principal , avant que d'eſtre receus à faire aucunes pourſuites pour communiquer ou plaider ſur les Lettres en
forme de Requeſte Civile , & que juſqu'à ce ils ſoient déclarez non-recevables , ſans préjudice de faire exécuter
durant le cours de la Requeſte civile les
Arreſts & Jugemens en dernier reſſort ,
& les Sentences Préſidiales au premier
chef de l'Edit par les autres voies , ſoit
pour reſtitution de fruits , dommages ,
intéreſts & dépens , que pour toutes autres condamnations.

1. *La poſſeſſion & jouiſſance d'un Bénéfice.*]
Car les Jugements qui concernent le poſſeſſoire
des Bénéfices , ſont des Jugemeuts diffinitifs , &
contre leſquels on ne peut plus ſe pourvoir par
la voie du pétitoire. (Voyez ce qui a été dit
ci-deſſus en la note 1 ſur l'article 7 du titre 15 ,
page 325.)

Article XX.

Les Lettres en forme de Requeſte civile , *ſeront portées & plaidées* (1) *aux*
meſmes Compagnies (2) où les Arreſts
& Jugemens en dernier reſſort auront
eſté donnez.   R ij

1. *Seront portées & plaidées.*] Mais elles n'y font pas toujours jugées, à caufe de l'exception portée en l'article qui fuit.

2. *Aux mêmes Compagnies.*] Voyez ci après en l'article 25 une exception à cette difpofition.

ARTICLE XXI.

Voulons néantmoins qu'en nos Cours de Parlement, & autres nos Cours, où il y aura une Grand'Chambre, ou Chambre de Plaidoyé, les Requeftes civiles y foient plaidées, encore que les Arrefts ayant efté donnez aux Chambres des Enqueftes, *ou aux autres Chambres* (1). Mais fi les Parties font appointées fur la Requefte civile, les appointemens feront renvoyez *aux Chambres où les Arrefts auront efté donnez* (2), pour y eftre inftruits & jugez.

1. *Ou aux autres Chambres.*] Néanmoins quand on prend des Requêtes civiles en matiere criminelle contre des Arrêts rendus en la Tournelle, c'eft dans cette derniere Chambre que ces Requêtes doivent être plaidées & jugées, fans que la Grand'Chambre puiffe en prendre connoiffance. (Ainfi réglé par le Parlement de Touloufe par un Edit du mois de Février 1682, rapporté au nouveau Recueil, tom. 1, pag. 504.)

2. *Aux Chambres où les Arrêts auront été donnés.*] Ce qui a lieu auffi à l'égard des Requêtes civiles mifes au rôle, qui n'étant point venues à leur tour demeurent appointées. (Voyez la note 1 fur l'art. 17 ci-deffus, pag. 386.)

Article XXII.

Si la Requeste civile est entérinée, & les Parties remises au mesme estat qu'elles estoient avant l'Arrest ou Jugement en dernier ressort, le Procès principal *sera jugé en la mesme Chambre* (1) où aura esté rendu l'Arrest ou Jugement, contre lequel avoit esté obtenue la Requeste civile.

1. *Sera jugé en la même Chambre, &c.*] Car les moyens de Requête civile sont entiérement différents de ceux du fond, & il n'est pas même permis d'entrer dans ces derniers, en plaidant les ouvertures de Requête civile. (*Infrà*, article 37.)

Article XXIII.

N'entendons comprendre *en la disposition du précédent article* (1) les Requestes civiles renvoyées aux Chambres des Enquestes par Arrest de nostre Conseil, *lesquelles y seront plaidées* (2), sans que les Parties en puissent faire aucunes poursuites aux Grand'Chambres, ou Chambres du Plaidoyé.

1. *En la disposition du précédent article.*] C'est-à-dire, en la disposition de l'article 21. (Voyez le Procès-verbal de l'Ordonnance, pag. 451 & 452, art. 21 & 22.)

2. *Lesquelles y seront plaidées.*] Après que la Cause y aura été préalablement retenue.

R iij

ARTICLE XXIV.

Ceux qui font profession (1) de la Religion Prétendue Réformée , ne pourront faire renvoyer , retenir ni évoquer en nos Chambres de l'Edit , ou Chambres mi-parties , les Caufes ou Inftances des Requeftes civiles , foit avant ou après les appointemens au Confeil , contre les Arrêts ou Jugemens en dernier reffort, rendues en d'autres Cours ou Chambres , & fans diftinction fi ceux de la Religion Prétendue Réformée y ont efté Parties principales ou jointes , ou s'ils ont depuis intervenu , ou font intéreffez en leur nom , ou comme Héritiers, Succeffeurs , Créanciers ou Ayans caufe , à peine de nullité des renvois, rétentions & évocations.

1. *Ceux qui font profession , &c.*] Cet article n'eft plus aujourd'hui d'aucun ufage depuis l'Edit du mois d'Octobre 1685 , portant révocation de l'Edit de Nantes, qui a défendu en France l'exercice de la Religion Prétendue Réformée. (Voyez *fuprà* , tit. 11 , art. 29 , 30 & 31 , pag. 274 & fuivantes.)

ARTICLE XXV.

Les Requeftes civiles incidentes contre des Arrefts ou Jugemens en dernier

reſſort, *interlocutoires* (1) , ou dans leſquels les Demandeurs en Requeſtes civiles *n'auront point eſté Parties* (2) , ſeront obtenues , ſignifiées & jugées en
nos Cours où les Arreſts ou Jugemens
en dernier reſſort auront eſté produits
ou communiquez : & à cette fin leur en
attribuons par ces Préſentes , en tant que
beſoin ſeroit , toute Cour , Juriſdiction
ou connoiſſance , encore qu'ils ayent eſté
donnez en d'autres Cours , Chambres ,
ou autres Juriſdictions.

1. *Interlocutoires.*] Voyez la note 1 ſur l'article 16 ci-deſſus , pag. 385.

2. *N'auront point été Parties.*] Ou ceux qu'ils
repréſentent.

Si l'Arrêt ou Jugement en dernier reſſort dans
lequel on n'a point été Partie , étoit produit devant les mêmes Juges qui l'ont rendu , alors la
Requête civile ne ſeroit pas néceſſaire , & il ſuffiroit de ſe pourvoir par ſimple oppoſition , comme il eſt dit en l'article 2 de ce titre.

ARTICLE XXVI.

Si les Arreſts ou Jugemens en dernier
reſſort produits ou communiquez , ſont
diffinitifs & rendus entre les meſmes Parties , ou avec ceux dont ils ont droit ou
cauſe , ſoit contradictoirement ou par
défaut , ou forcluſion , les Parties ſe
pourvoiront en cas de Requeſte civile
pardevant les Juges qui les auront don-

R iv

nez , fans que les Cours ou Juges pardevant lefquels ils feront produits ou
communiquez , en puiffent prendre aucune Jurifdiction ni connoiffance , &
pafferont outre au jugement de ce qui
fera pendant pardevant eux , nonobftant
les Lettres en forme de Requefte civile ,
fans y préjudicier ; fi ce n'eft que les
parties *confentent refpectivement* (1) qu'il
foit procédé fur la Requefte civile où
fera produit l'Arreft ou le Jugement en
dernier reffort , *ou qu'il foit furfis au Ju-*
gement (2) , & qu'ils n'y ayent d'autres
Parties intéreffées.

1. *Confentent refpectivement.*] Ce confentement doit être figné des Parties , foit par déclaration au Greffe ou autrement ; & il ne fuffit pas
qu'il foit figné des Procureurs , à moins qu'ils
n'euffent un pouvoir fpécial à cet effet.
2. *Ou qu'il foit furfis au Jugement.*] Soit que
les Parties confentent à cette furféance , foit que
les Juges l'accordent felon les différentes cir-
conftances des affaires. (Voyez le Procès-verbal
de l'Ordonnance , page 456.)

ARTICLE XXVII.

Toutes Requeftes civiles , tant principales qu'incidentes , *feront communi-*
quées à nos Avocats ou Procureurs-Gé-
néraux (1), & portées à l'Audience ,
fans qu'elles puiffent eftre appointées ,

sinon en plaidant (2) , ou du consentement commun des Parties.

1. *Seront communiquées à nos Avocats. &c.*]
Autrement l'Arrêt qui interviendroit sur la Requête civile pourroit être cassé. (Ainsi jugé par
Arrêt du Conseil du 22 Septembre 1668 , rapporté dans le Recueil des Arrêts donnés en interprétation de l'Ordonnance de 1667.

Le motif de cette disposition est , que dans ces
Requêtes il y a toujours de l'intérêt public , en
ce qu'il ne faut pas souffrir aisément que des
Parties remettent en question des choses jugées
par des Cours , ou par des Juges auxquels Sa
Majesté a confié le soin de juger en dernier
ressort.

2. *Sinon en plaidant.*] Voyez la note 1 sur
l'art. 17 ci-dessus , page 386.

A R T I C L E XXVIII.

Lors de la communication au Parquet à nos Avocats & Procureurs Généraux , sera représenté l'avis *signé des
Avocats qui auront esté consultez* (2) , &
seront les Avocats nommez par celui qui
communiquera pour le Demandeur en
Requête civile.

1. *Signé des Avocats qui auront été consultés.*]
Voyez *suprà* , art. 13 , note 1 , page 382.

On a ajouté dans le texte le mot *seront* , parceque ce mot, qui paroît ici nécessaire, se trouve
dans le projet de l'Ordonnance dans cet article
auquel on n'a fait aucun changement , & qui a
été oublié dans presque toutes les éditions du
texte de cette Ordonnance.

R r

ARTICLE XXIX.

Si depuis les Lettres obtenues , le Demandeur en Requeſte civile découvre d'autres moyens contre l'Arreſt ou Jugement en dernier reſſort , que ceux employez en la Requeſte civile , il ſera tenu de les énoncer *dans une Requeſte* (1), *qui ſera ſignifiée* (2) à cette fin au Procureur du Défendeur , ſans obtenir Lettres d'ampliation , leſquelles Nous abrogeons.

1. *Dans une Requête.*] Cette Requête s'appelle *Requête d'ampliation.* Il n'eſt pas néceſſaire qu'elle ſoit ſignée d'un Avocat , ni précédée d'une conſultation d'Avocats. Il ſuffit qu'elle ſoit ſignée du Procureur du Demandeur en Requête civile.

2. *Qui ſera ſignifiée.*] Afin que l'autre Partie en ait connoiſſance , & puiſſe y répondre , comme en l'article 13. ci-deſſus , page 382.

ARTICLE XXX.

Abrogeons auſſi l'uſage de faire trouver en l'Audience *les Avocats* (1) qui auront eſté conſultez ; mais voulons que l'Avocat du Demandeur avant que de plaider , déclare les noms des Avocats , par l'avis deſquels la Requeſte civile a eſté obtenue.

1. *Les Avocats.*] Voyez *ſuprà*, art. 13 , note 1 , pag. 382.

Article XXXI.

Le Demandeur en Requête civile, & son Avocat, ne pourra alléguer *d'autres ouvertures* (1) que celles qui seront mentionnées & expliquées aux Lettres, & en la Requête tenant lieu d'ampliation, le tout deuement signifié & communiqué au Parquet avant le jour de la plaidoierie de la Cause.

1. *D'autres ouvertures.*] Voyez les articles 34 & 35 ci-après.

Article XXXII.

Ne seront les Arrests & Jugemens en dernier ressort rétractés *sous prétexte du mal jugé au fond* (1), s'il n'y a ouverture de Requête civile.

1. *Sous prétexte du mal jugé au fond.*] Autrement on tomberoit dans le cas de l'article 42 ci-après touchant les propositions d'erreur qui ont été abrogées par la présente Ordonnance. (Voy. au surplus la note 6 sur l'art. 34 ci-après.)

Article XXXIII.

S'il y a ouverture suffisante de Requête civile, les Parties seront remises en pareil estat qu'elles estoient auparavant *l'Arrest* (1), encore que ce fust une

R vj

pure queſtion de Droit ou de Couſtume qui euſt eſté jugée.

1. *En pareil état qu'elles étoient auparavant l'Arrêt.*] De même que ſi la queſtion principale n'avoit point été jugée en tout. Mais ſi dans la ſuite, en procédant au jugement du fond après la Requête civile entérinée, le premier Arrêt ou Jugement vient à être rétracté, tous les dépens tombent ſur celui au profit duquel le premier Jugement avoit été rendu ; & même s'il s'étoit fait payer des dépens de ce premier Jugement, il eſt tenu de les rembourſer à l'autre Partie, comme les ayant reçus mal-à-propos.

ARTICLE XXXIV.

Ne ſeront receues autres ouvertures de Requeſtes civiles à l'égard des Majeurs, *que le dol perſonnel* (1), ſi la procédure par Nous ordonnée n'a point eſté ſuivie ; s'il a eſté prononcé *ſur choſes non demandées ou non conteſtées* (2) ; *s'il a eſté plus adjugé qu'il n'a eſté demandé* (3) ; ou s'il a eſté obmis de prononcer ſur l'un des chefs de demande ; s'il y a contrariété d'Arreſt ou Jugement en dernier reſſort entre les meſmes Parties ſur les meſmes moyens, & en meſmes Cours ou Juriſdictions : ſauf en cas de contrariété en différentes Cours ou Juriſdictions, à ſe pourvoir en notre Grand-Conſeil. Il y aura pareillement ouverture de Requeſte civile, ſi dans un meſme

Arrest il y a des dispositions contraires ;
si ès choses qui Nous concernent, *ou l'E-*
glise, (4) le Public ou la Police, il n'y
a eu de communication à nos Avocats
ou Procureurs - Généraux ; si on a jugé
sur pieces fausses (5) , ou sur des offres
ou consentemens qui ayent esté désa-
vouez , & le désaveu jugé valable ; ou s'il
y a des pieces décisives nouvellement recouvrées , *& retenues par le fait de la Par-*
tie (6):

1. *Que le dol personnel.*] Ceci a son fondement en la disposition du Droit Romain, qui
met le dol au nombre des causes pour lesquelles
on peut faire restituer en entier. (Voyez la Loi
si Prætor 7 5 , §. 1 , ff. *de Judiciis.*)

2. *Sur choses non demandées ou non contestées.*]
Par la même raison il y auroit lieu à la Requête
civile , si un Arrêt condamnoit en son propre &
privé nom celui qui n'auroit été assigné qu'en
qualité de Tuteur ; ou s'il condamnoit comme
héritier pur & simple , celui qui n'auroit procédé qu'en qualité d'héritier par bénéfice d'inventaire.

3. *S'il a été plus adjugé qu'il n'a été demandé.*]
Nam Sententia debet esse libello conformis , &
potestas Judicis ultra id quod in judicium deduc-
tum est , nequaquam potest excedere. L. 18, ff.
communi divid.

Lorsque la Requête civile est entérinée en
pareil cas , l'usage est que le Jugement est rétracté pour tous les chefs. Il en est de même
quand la Requête civile est entérinée pour n'a-
voir pas observé , quoique dans un seul chef, la
procédure prescrite par l'Ordonnance.

4. *Ou l'Eglise.*] Pourvu qu'il s'agisse du domaine de l'Eglise ; *secùs*, s'il n'est question que des revenus & jouissances, dont la libre administration appartient aux Bénéficiers : car dans ce dernier cas il n'y auroit pas lieu à la Requête civile. (Ainsi jugé par Arrêt du 27 Novembre 1703, rapporté par Augeard, tom. 3, Arrêt 64.)

5. *Sur pieces fausses.*] Voyez la note 1 sur l'article 12 ci dessus, page 382.

Pour que des pieces fausses produites en un Procès donnent lieu à la Requête civile, il faut que dans l'instance sur laquelle est intervenu le Jugement qu'on attaque, les pieces n'aient pas été attaquées de faux ; parcequ'alors la question de faux ayant été décidée, ce seroit une pure proposition d'erreur qu'on voudroit admettre contre la disposition portée en l'art. 42 ci-après, qui a abrogé ces sortes de propositions.

6. *Et retenues par le fait de la Partie.*] Ainsi jugé par Arrêt du 23 Juin 1644, rapporté par Boniface, tome 4, liv. 1, titre 12, n. 10.

Mais le simple recouvrement de pieces nouvelles ne donneroit pas lieu à la Requête civile ; il faut encore que ces pieces aient été retenues par le fait de la Partie adverse. (Voyez la Loi 4, *Cod. de re judicatâ.*)

Dans le projet de cet article, outre les moyens précédents de Requête civile, on avoit ajouté *l'erreur en un fait décisif, ou point de Coutume.* Mais dans la rédaction on a jugé qu'il étoit convenable de retrancher ces deux derniers moyens, sur les remontrances qui furent faites alors par M. le Premier Président. (Voyez le Procès-verbal de l'Ordonnance, pag. 461 & 462.)

C'est donc aujourd'hui une maxime certaine, que l'erreur n'est pas un moyen d'ouverture de Requête civile ; & c'est en conséquence de cette regle, que l'article 42 de ce titre a abrogé les propositions d'erreur, avec défenses aux Parties de les obtenir, & aux Juges de les permettre, à peine de nullité, &c.

Cependant s'il s'agissoit d'une erreur *de fait*, & que cette erreur provînt de la fraude de celui qui a obtenu gain de cause par l'Arrêt, comme s'il avoit avancé des faits faux, ou en cas qu'il en eût dénié de véritables qui seroient depuis vérifiés par la Partie adverse, ce seroit alors un moyen de Requête civile, à cause du dol & de la mauvaise foi de cette Partie adverse Mais si l'erreur procédoit de celui qui auroit succombé, dans ce cas il ne pourroit y avoir lieu à la Requête civile.

Quant à l'erreur *de droit*, elle ne peut jamais être un moyen pour se pourvoir par la voie de Requête civile contre un Arrêt ou Jugement en dernier ressort; ce qui est une suite de l'article 32 ci-dessus, qui porte que ces sortes de Jugements ne pourront être rétractés sous prétexte de mal jugé au fond, & ce qui résulte aussi de l'article 41 ci-après.

On peut obtenir des Lettres de Requête civile contre quelques chefs d'un Arrêt ou Jugement en dernier ressort, sans toucher aux autres chefs; (*L.* 29, § 1, *ff de minor.* Ainsi jugé par Arrêt du 31 Juillet 1685, rapporté au Journal du Palais, tome 2 de l'édition *in-folio* de 1701.) à moins que les dispositions de l'Arrêt ou Jugement ne fussent toutes dépendantes les unes des autres, en sorte qu'il ne fût pas possible d'en annuller une, sans annuller toutes les autres.

ARTICLE XXXV.

Les Ecclésiastiques (1), les Communautez , & *les Mineurs* (2), seront encore reçeus à se pourvoir par Requeste civile , *s'ils n'ont esté défendus* (3) , *ou s'ils ne l'ont esté valablement* (4).

1. *Les Ecclésiastiques.*] Pourvu qu'il s'agisse des droits de l'Eglise , ou des Bénéfices que ces Ecclésiastiques possedent , & que le Jugement contre lequel ils voudroient se pourvoir , eût donné quelque atteinte à ces droits ; mais ils ne pourroient se servir de ce moyen , s'il s'agissoit d'un Jugement rendu contre eux touchant leur patrimoine & leurs biens particuliers , ou s'il ne s'agissoit que du revenu de leurs Bénéfices. (Voy. *suprà* , article 34 , note 4 , page 398.)

2. *Et les Mineurs.*] En général , les Mineurs qui ont été défendus par leurs Tuteurs ou Curateurs , ne sont pas recevables en leurs Requêtes civiles. (Arrêt du 23 Mai 1561 , rapporté par Carondas en ses notes sur le Code Henri , liv. 9, titre 9 , article 1.)

Mais s'il s'agissoit de l'état du Mineur , il ne seroit pas censé suffisamment défendu , s'il ne l'avoit été que par un Curateur aux Causes , & il pourroit alors revenir contre le Jugement par Requête civile. (Ainsi jugé par Arrêt du 22 Février 1692 , rapporté au quatrieme tome du Journal des Audiences de la seconde édition.)

3. *S'ils n'ont été défendus.*] C'est-à-dire , si les Arrêts & Jugements en dernier ressort ont été rendus par défaut ou par forclusion. (Voyez le Procès-verbal de l'Ordonnance , p. 463 , dans l'article 36 , ce qui est conforme à la Loi *unic.* §. *ult. ff. de Officio Prætoris.*)

4. *Ou s'ils ne l'ont été valablement.*] C'est-à-dire , si les principales défenses de fait & de droit ont été omises , quoique les Arrêts ou Jugements en dernier ressort rendus contre eux aient été contradictoires , ou sur productions respectives

des Parties ; en forte qu'il paroiffe que le défaut des défenfes omifes ait donné lieu à ce qui a été jugé , & qui auroit été autrement jugé , s'ils avoient été défendus , ou fi les défenfes euffent été fournies. (Voyez le Procès-verbal de l'Ordonnance , page 463 , article 36.)

Mais des Mineurs ne pourroient alléguer qu'ils n'ont pas été valablement défendus, lorfque leurs freres majeurs & cohéritiers, qui étoient en caufe avec ces Mineurs , ont dit pour moyens tout ce qui pouvoit fe propofer , & que les Mineurs n'ont rien à y ajouter. (Ainfi jugé par Arrêt du 11 Juillet 1695 , & par un autre du 13 Avril 1696 , rapportés l'un & l'autre au Journal des Audiences.)

ARTICLE XXXVI.

Voulons qu'aux Inftances ou Procès touchant les droits de noftre Couronne ou Domaine , où nos Procureurs Généraux , & nos Procureurs fur les lieux feront Parties , ils foient mandez en la Chambre du Confeil, avant que de mettre l'Inftance , ou le Procès fur le Bureau , pour fçavoir s'il n'ont point d'autres pieces ou moyens , dont il fera fait mention dans l'Arreft *ou Jugement en dernier reffort* (1) ; & à faute d'y avoir fatisfait , il y aura ouverture de Requefte civile à notre égard.

1. *Ou Jugement en dernier reffort.*] Voyez la note 1 fur l'article 1 de ce titre , page 367.

ARTICLE XXXVII.

Ne seront plaidées *que les ouvertures de Requeste civile* (1) , & les réponses du Défendeur , *sans entrer aux moyens du fonds* (2).

1. *Que les ouvertures de Requête civile.*] Expliquées dans la Requête civile , & dans la Requête d'ampliation , s'il y en a une.

2. *Sans entrer aux moyens du fond.*] Il faut aussi prononcer séparément sur le *rescindant* & sur le *rescisoire.* (Ainsi jugé par Arrêts du Conseil des 12 Mai , 25 Juin & 5 Août 1668 , rapportés au Recueil des Arrêts du Conseil , rendus en interprétation des nouvelles Ordonnances , & au nouveau Recueil , tome 1 , pag. 186 & 199. Voyez ci-après l'explication de ces deux mots en l'article suivant , aux notes.) Cependant si la même piece qui donneroit lieu à la Requête civile , servoit en même temps à la décision du principal , comme si un héritier condamné à payer une dette d'un défunt , avoit depuis recouvré la quittance retenue par le fait de la Partie adverse , il semble que si ce principal devoit être décidé dans la même Chambre que la Requête civile , dans ce cas les Juges seroient bien fondés à prononcer en même temps sur la Requête civile & sur le principal par un seul & même Jugement ; parcequ'alors l'entérinement de la Requête civile emporte nécessairement la décision du fond ; en sorte qu'il y auroit de l'injustice d'obliger celui qui auroit recouvré cette quittance , à avoir deux Procès à soutenir au lieu d'un.

Il en est de même dans tous les autres cas semblables , dans lesquels la Requête civile & le principal sont inséparables; *v. g.* lorsqu'il s'agit d'un Mineur qui prétend n'avoir pas été défendu, ou d'une contrariété d'Arrêts. Dans ces cas le fond même sert de moyens de Requête civile, & il dépend alors de la prudence des Juges de ne pas séparer la forme d'avec le fond.

On doit aussi observer que si on allégue des fins de non-recevoir contre la Requête civile, il faut, avant d'entrer dans les moyens de la Requête, faire droit préalablement sur les fins de non-recevoir; (ainsi jugé par Arrêt du Conseil du premier Juillet 1668;) ce qui est une suite de ce qui est établi en l'article 5 du titre 5 ci-dessus, page 178.

Article XXXVIII.

Celui au rapport duquel sera intervenu l'Arrêt ou Jugement en dernier ressort, contre lequel la Requête civile est obtenue, *ne pourra estre Rapporteur du Procès* (1) *sur le rescindant, ni sur le rescisoire* (2).

1. *Ne pourra être Rapporteur du Procès, &c.*] Parcequ'il y a lieu de croire que le Rapporteur ne voudroit pas changer l'avis qu'il auroit donné dans le premier Jugement de l'affaire : ou afin que cette affaire soit mieux discutée, en passant par l'examen de différents Rapporteurs.

2. *Sur le rescindant ni sur le rescisoire.*] Le *rescindant* est la demande en restitution de l'Arrêt on Jugement dont on se plaint, & qui est demandée & poursuivie en vertu des Lettres en forme de Requête civile.

Le *rescisoire* est le fond des contestations décidées par le Jugement contre lequel on se pourvoit, & qu'il s'agit de faire juger de nouveau.

ARTICLE XXXIX.

Si les ouvertures des Requeftes civiles ne font jugées fuffifantes, le Demandeur fera condamné aux dépens, *& à l'amende de trois cens livres* (1) envers Nous, & cent cinquante livres envers la Partie, fi l'Arreft contre lequel la Requefte civile aura efté prife, eft contradictoire, foit qu'il foit préparatoire ou diffinitif : & en cent cinquante livres envers Nous, & foixante-quinze livres envers la Partie, s'il eft par défaut : fans que les amendes puiffent eftre remifes ni modérées.

1. *Et à l'amende de trois cents livres.* ¶ Cette amende ne regarde pas les Jugements Préfidiaux, ainfi qu'il réfulte des termes de cet article, qui ne parle que d'Arrêts.

Lorfque la Requête civile eft ouverte contre un chef feulement de l'Arrêt dont on fe plaint, les autres chefs fubfiftants, l'amende qui a été confignée, doit être reftituée. (Ainfi jugé par deux Arrêts rapportés par Boniface, tom. 1, liv. 3, titre 4, chap. 1 & 2.)

ARTICLE XL.

La Requefte civile qui aura efté appointée au Confeil, fera jugée comme elle euft pu eftre à l'Audience, *fans entrer dans les moyens du fonds* (1).

1. *Sans entrer dans les moyens du fond.*] Soit
que ces moyens soient tirés du fait ou du droit.

Article XLI.

Celui qui aura obtenu Requeste civile, & en aura esté débouté, *ne sera
plus recevable à se pourvoir par autre Requeste civile* (**1**), soit contre le premier
Arrest ou Jugement en dernier ressort,
ou contre celui qui l'auroit débouté ;
mesme quand les Lettres en forme de
Requeste civile auroient esté entérinées
*sur le rescindant, s'il a succombé au res-
cisoire* (**2**).

1 *Ne sera plus recevable à se pourvoir par autre
Requête civile.*] De la même maniere que celui
qui a été débouté d'une demande en cassation,
n'est plus recevable à se pourvoir de nouveau
par la même voie, soit contre le premier Arrêt
ou Jugement en dernier ressort, soit contre le
second qui l'a débouté. (Réglement du Conseil
du 28 Juin 1738, part. 1, tit. 5, art. 39.]

On peut demander si le Défendeur à la Requête civile, qui succombe, est recevable à se
pourvoir par Requête civile contre l'Arrêt qui a
entériné la premiere Requête civile ? L'espece
s'est présentée au Parlement, il y a quelques
années, & la seconde Requête fut entérinée,
parcequ'il y avoit contrariété d'Arrêt entre les
mêmes Parties & sur les mêmes moyens. La Partie s'est pourvue en cassation contre l'Arrêt, mais
elle s'est depuis accommodée, prévoyant qu'elle
ne réussiroit pas.

2. *Sur le rescindant, s'il a succombé au resci-*

ciſoire.] Voyez l'explication de ces mots, ci-
deſſus, article 38, aux notes.

Sur la queſtion, ſi les inſtances de Requête civile ſe perçoivent par trois ans ? voyez ce qui a
été dit ci-deſſus, page 173, note 3.

ARTICLE XLII.

Abrogeons les propoſitions d'erreur (1),
& défendons aux Parties de les obtenir
& aux Juges de les permettre, à peine
de nullité, & de tous dépens, dommages & intérêts.

1. *Abrogeons les propoſitions d'erreur.*] La
proposition d'erreur qui étoit autrefois en uſage
avant cette Ordonnance, étoit un moyen pour
faire rétracter un Arrêt ou Jugement en dernier
reſſort, quand ce Jugement avoit été rendu ſur
une erreur de fait : car à l'égard de l'erreur de
droit, elle n'a jamais été reçue contre ces ſortes
de Jugements. (Voyez ſur ces erreurs de fait ce
qui a été dit ci-deſſus ſur l'article 34, note 6,
page 398.)

Dans quelques Provinces les propoſitions d'erreurs ont encore lieu, comme en Flandre où elles
ont été autoriſées par Edit du mois d'Avril 1690.
L'Ordonnance de 1667 n'y eſt point obſervée.

Les propoſitions d'erreur ſont également en
uſage au Parlement de Beſançon. Il y a lieu de
croire que l'Ordonnance de 1667 n'eſt pas en
uſage dans cette Province qui n'a été conquiſe
qu'en 1668.

Il y a quelquefois des erreurs de fait dans leſquelles tombent les Parties, & d'après leſquelles
les Arrêts ſont rendus. Quand l'erreur de fait
eſt reconnue, l'Ordonnance ne donne point de

moyens de rétracter l'Arrêt. L'efpece s'eſt pré-
fentée d'une Partie qui avoit attaqué une donation entre vifs, faite par un domicilié à Verſailles, faute d'avoir été infinuée à Verſailles. Le
Donateur prétendoit que la donation n'étoit point
fujette à l'infinuation. Arrêt du Grand Conſeil
qui la déclare nulle, faute d'avoir été infinuée. Il
fut vérifié par la ſuite que l'infinuation qui devoit être faite au Châtelet étoit fuffifante, &
qu'il n'y avoit point de Greffe des Infinuations à
Verſailles, parceque Verſailles n'étoit point un
Bailliage Royal. Leurs Défenſeur & les Juges n'a-
voient pas imaginé que le Bailliage de Verſailles
fût un Bailliage Royal. L'Arrêt ne pouvoit ſub-
ſiſter : cependant il n'y avoit point de moyen
de Requête civile. On ſe pourvut par la voie de
la caſſation : il n'y avoit point non plus de
moyens précis de caſſation : cependant, comme
il y avoit une évidence de fait & de droit des
Parties, l'Arrêt fut caſſé. Ce fut à l'occaſion de
cet Arrêt que le Roi crut devoir ériger le Bailliage de Verſailles en Bailliage Royal. Le Projet
de l'Ordonnance contenoit *l'erreur de fait en
un point décifif* comme un moyen de Requête
civile ; mais dans la rédaction on a jugé à propos de le retrancher.

VOulons que la préſente Ordonnance
foit gardée & obſervée dans tout noſtre
Royaume, Terres & Pays de noſtre obé-
iſſance, à commencer au lendemain de
Saint Martin, douziéme jour de Novembre de la préſente année : Abrogeons
toutes Ordonnances, Couſtumes, Loix,
Statuts, Réglemens, Styles & Uſages

différens ou contraires aux difpofitions
y contenues. SI DONNONS EN MAN-
DEMENT à nos amez & féaux les Gens
tenans nos Cours de Parlement, Grand-
Confeil, Chambres des Comptes, Cours
des Aydes, Baillifs, Sénéchaux, & tous
autres nos Officiers, que ces Préfentes
ils gardent, obfervent & entretiennent,
faffent garder, obferver & entretenir; &
pour les rendre notoires à nos fujets, les
faffent lire, publier & enregiftrer : CAR
TEL EST NOSTRE PLAISIR. Et afin
que ce foit chofe ferme & ftable à tou-
toujours, Nous y avons fait mettre noftre
Scel. DONNÉ à Saint Germain-en Laye
au mois d'Avril, l'an de grace mil fix cens
foixante-fept, & de noftre Regne le vingt-
quatriéme , *Signe*, LOUIS : Et plus
bas, Par le Roi, DE GUENEGAUD. *Et*
à cofté eft écrit : Vifa, SEGUIER, pour
fervir à la Déclaration en forme d'Edit,
pour la réformation de la Juftice.

Et encore à cofté eft écrit : *Leües,*
publiées , regiftrées , oui & ce requérant le
Procureur-Général du Roy , pour eftre exé-
cutées felon leur forme & teneur. A Pa-
ris , en Parlement , le Roi y féant en fon
lit de Juftice , le vingt Avril mil fix cens
foixante-fept.

Signé, DU TILLET.

EXTRAIT

EXTRAIT

DES REGISTRES DE PARLEMENT.

Du 31 Août 1765.

Portant homologation de la Délibération de la Communauté des Avocats & Procureurs de la Cour.

Vu par la Cour la Requête présentée par la Communauté des Avocats & Procureurs de la Cour, à ce qu'il plût à la Cour homologuer la Délibération du 15 Juillet 1765, pour être exécutée selon sa forme & teneur, & à cet effet, ordonner que l'Arrêt qui interviendra, sera imprimé, lu, publié à la Communauté, & enregistré sur le Régistre d'icelle, même envoyé à tous les Procureurs; vû la Délibération attachée à ladite Requête, *signée* DORIVAL, de laquelle Délibération la teneur suit.

Extrait du Régistre des Délibérations de la Communauté des Avocats & Procureurs de la Cour, du 15 Juillet 1765.

LA Compagnie, après plusieurs Assemblées qui avoient pour objet de prendre sous l'autorité de la Cour, en se conformant à ses Arrêts & Réglements, dont la manutention lui est confiée, les mesures qu'elle croiroit les plus capables d'arrêter le progrès des différents abus qu'elle voit s'introduire dans l'instruction des affaires, en contravention desdits Arrêts & Réglements,

Tome II.   S

& au mépris de ses différentes Délibérations, a unanimement arrêté ce qui suit.

ARTICLE PREMIER.

Que conformément aux anciennes Délibérations de la Compagnie, sur tous Exploits d'assignation, les Procureurs seront tenus de mettre une cédule au Greffe, dans le délai prescrit par l'Ordonnance, ou au moins avant le Jugement de la contestation ; faute de quoi le droit de présentation sera rayé, tant dans les déclarations de dépens, que dans les mémoires de frais ; que lesdites cédules seront signifiées, & que faute de signification de la cédule par les Parties assignées, les défauts faute de comparoir, obtenus & jugés, faute de ladite signification, seront valables, lorsque d'ailleurs la Procédure se trouvera reguliere.

ARTICLE II.

Qu'il ne pourra être employé le nom d'Avocat dans des Arrêts ou Sentences contenant des appointements de jonction, rétention, évocation, & de conversion en saisie-arrêt, d'oppositions formées à des décrets volontaires, si ce n'est en cas de contestation.

ARTICLE III.

Qu'il ne pourra être donné par l'Intimé, de Requête pour conclure contre l'Appellant à la fin de non-recevoir, à moins qu'il n'y en ait de réelle à proposer, sans pouvoir sur ce prétexte, reprendre le récit des faits & les moyens du fond, sauf les Requêtes nécessaires pour répondre à celles qui seroient données par l'Appellant.

ARTICLE IV.

Que toute Requête pour demander la condamnation de frais & de mises, & dépens réservés par des Jugements interlocutoires, ne pourra être donnée que par, qu'il vous plaise, de même que celle pour demander acte de désistement, & qu'il n'en pourra être donné pour raison de dépens réservés par des Arrêts & Sentences d'appointement, & autres réglements de pure instruction.

ARTICLE V.

Que toute Requête à l'Audience ne pourra rappeller le détail des appellations & demandes; qu'il sera seulement dit, en venant plaider la cause d'entre les Parties.

ARTICLE VI.

Que toute Requête pour reprendre les Conclusions des griefs, causes d'appel, ou autres écritures données dans les Instances & Procès, ne contiendra que ces Conclusions, à laquelle il ne pourra être répondu que par un qu'il vous plaise.

ARTICLE VII.

Que toute production sur des appels verbaux d'exécutoires, qui se trouvent quelquefois appointés au Conseil, & joints par les Arrêts d'appointement de Conclusions, ne pourra être faite que par, qu'il vous plaise.

ARTICLE VIII.

Que celles qui se feront sur des appellations pareillement jointes, de saisies ou de toute au-

tre exécution des Sentences , ne pourront contenir le récit de ce qui aura précédé lefdites Sentences.

ARTICLE IX.

Que dans les Inftances à la Grand'Chambre ,
lorfque les Arrêts qui appointent au Confeil fur
l'appel , appointent en même temps en droit &
joint fur des demandes formées incidemment à
l'appel , l'Intimé , s'il y produit le premier ,
fera tenu de produire par un fimple Inventaire,
fans pouvoir préalablement faire fignifier un
avertiffement , ou des fins de non recevoir , foit
par écriture d'Avocat , foit par Requête fur lefdites demandes.

ARTICLE X.

Que les Productions nouvelles ne pourront
contenir que le récit & les moyens relatifs aux
pieces qui en feront l'objet.

ARTICLE XI.

Qu'il ne pourra être fait plus de fix fommations générales dans les Inftances & Procès , dans
le cours de chaque Parlement.

ARTICLE XII.

Qu'on ne pourra réquérir des Ordonnances
en jugeant , fur aucune Requête , qui ne contiendra point de véritable chef de Conclufions ,
fans que celle de ftyle , à fin d'adjudication de
celles précédemment prifes , & pour faire débouter la Partie adverfe de fes Conclufions , &
la condamnation de dépens , en puiffe être le
prétexte.

ARTICLE XIII.

Qu'en vertu d'une même Ordonnance d'appointement en droit & de production nouvelle, il ne pourra être signifié qu'un seul & même Acte, qui déclarera le produit & la sommation de défendre & de contredire.

ARTICLE XIV.

Que l'emploi pour production & contredits en exécution d'une Ordonnance d'appointement en droit, sera contenu dans la même Requête.

ARTICLE XV.

Qu'il ne pourra être fait plus de trois sommations avant le Jugement des défauts & congés, faute de défendre, reprendre, affirmer & conclure.

ARTICLE XVI.

Qu'il ne pourra être donné d'avenir pour l'obtention de l'Arrêt diffinitif à la Grand'Chambre & à la Tournelle, que lorsque les Causes se trouveront placées sur les Mémoires, le premier desquels en contiendra la mention ; que dans les Causes sujettes à communication à Messieurs les Gens du Roi, les Avenirs contiendront la sommation de communiquer.

ARTICLE XVII.

Que pour parvenir à l'Arrêt contradictoire dans les affaires de la compétence du Parquet, après la sommation, en faisant signifier l'appointement pour le Débouté d'opposition ; il n'en pourra être signifié que relativement aux jours qui se trouveront indiqués sur icelui, sauf celles pour faire recevoir l'appointement définitif.

ARTICLE XVIII.

Que lorsqu'il écherra d'obtenir des défauts, faute de défendre, reprendre ou affirmer contre plusieurs Parties qui auront Procureur en Cause sur la même demande, il n'en sera obtenu qu'un seul, & ne sera fait qu'une seule & même procédure contre toutes lesdites Parties & leurs Procureurs.

ARTICLE XIX.

Que, en conformité des Réglements, lorsqu'une Partie, qui a des garants, leur *aura* sommé & dénoncé les demandes formées *contre elle*, elle ne pourra, sous le prétexte de ne défendre qu'à leurs risques, périls & fortunes, leur signifier les procédures de défenses, moyens, écritures, & Requêtes qu'elle sera dans le cas de donner avec les autres Parties, ou qui lui seront signifiées, & pareillement qu'elle ne pourra former d'autres demandes en sommations, que de celles différentes qui pourroient être par la suite formées contre elle, sans que dans aucune Requête il puisse être fait aucune contre-sommation à une Partie de sa propre demande.

ARTICLE XX.

Qu'il ne pourra être pris d'appointement à mettre que sur des demandes provisoires comme des oppositions à des Arrêts de défenses, à fin d'exécution provisoire des Sentences, main-levée de saisies & oppositions, provisions alimentai-

res , & autres de pareille nature , & non fur des
oppofitions formées à des Arrêts obtenus à l'Audience.

ARTICLE XXI.

Qu'il ne pourra être formé d'oppofitions à des
Ordonnances de rembourfement d'épices , vacations & coûts d'Arrêts , & de frais d'appointé à
mettre , qu'on n'en explique les motifs par l'oppofition même , ou par un acte fignifié pour fta-
tuer , fur lefquels on continuera de fe pourvoir
à la Communauté ; & à défaut d'explication des
motifs d'oppofition , lefdites Ordonnances de
rembourfement feront exécutées , & les exécutoires décernés fur icelles.

ARTICLE XXII.

Ne pourront être employés dans les appointements fur l'appel , les Requêtes & demandes purement provifoires données dans les appointés
à mettre , qui , par les Arrêts intervenus fur
iceux , auront été jointes au fond.

ARTICLE XXIII.

Que conformément aux Réglements , les Factums & Mémoires imprimés dans les affaires
inftruites ne pourront être groffoyés & fignifiés
ni par écritures , ni par Requêtes , & feront
rayés des déclarations de dépens & mémoires de
frais.

ARTICLE XXIV.

Que lorfque plufieurs Co-héritiers ou autres
Parties , ayant tous le même droit & le même
intérêt , fe réuniront pour ne charger que le

même Procureur, il fera tenu de conftituer, d'occuper & de faire fa Procédure pour toutes lefdites Parties fous fon nom, fans pouvoir fe fervir
du nom de fes Confreres, à peine de radiation
de toute autre Procédure que celle qui fera faite
fous fon nom, fans que ledit Procureur puiffe
divifer ni partager leur défenfe, ni fon inftruction ; & fi poftérieurement il fe trouvoit réellement chargé par d'autres Co-héritiers ou Co-
intéreffés, il ne pourra employer pour eux ce
qu'il auroit dit pour ceux qui l'avoient chargé
les premiers.

ARTICLE XXV.

Qu'aucun Arrêt ou Sentence ne pourront être
fignifiés par le Procureur de celui qui les aura
obtenus, par acte de Bail-copie, & qu'ils ne
pourront l'être que fur les originaux d'iceux.

ARTICLE XXVI.

Que les oppofitions à fin de conferver aux
faifies-réelles ne pourront être fignifiées qu'au
Procureur pourfuivant, ainfi que les caufes d'oppofition & l'inventaire de production, en conféquence de l'appointement fur l'ordre, ce qui
aura pareillement lieu pour les productions dans
les inftances de préférence & de contribution.

ARTICLE XXVII.

Que les Copies pour publier & afficher des
Encheres de quarantaine & affiches, tant dans
les Décrets, que dans les Licitations & Directions, ne feront taxées, favoir, celles pour publier & afficher à Paris, qu'à raifon de deux fols
du Rôle de l'original, & celles hors de Paris qu'à

raifon d'un fol fix deniers, lequel original continuera de n'être taxé que dix fols le Rôle, & la Copie fignifiée à Procureur à deux fols fix deniers, fans le papier & la fignification.

ARTICLE XXVIII.

Que fous prétexte de plus grande folemnité dans les Procès-verbaux d'Affiches & Publications, on affecte de faire mention de copies prétendues publiées & affichées hors les endroits néceffaires, tels que le font les portes des maifons des Procureurs des Parties faifies, & de celles des Procureurs pourfuivants & follicitants, lefquelles copies ne feront point taxées.

ARTICLE XXIX.

Que dans les Décrets qui fe pourfuivent au Parlement & à la Cour des Aydes, le placard qui eft d'ufage avant l'adjudication, fauf quinzaine, ne pourra contenir le détail des Biens ni des Charges, fuffifant de renvoyer à la mention de l'Enchere de quarantaine, à moins qu'il ne foit furvenu de nouvelles charges depuis, lefquelles y feront exprimées; ce qui continuera pareillement d'être obfervé pour les remifes des Décrets, qui fe pourfuivent aux Requêtes de l'Hôtel & du Palais, qu'il eft d'ufage que les Procureurs dreffent eux-mêmes, lefquelles ne pourront être que fur des placards, fauf celles où il échoira de faire mention des Encheres qui pourront être mifes fur une feuille ou deux au plus, fi elles en étoient fufceptibles, mais fans pouvoir être groffoyées, les copies fignifiées defquelles continueront de n'être taxées que cinq fols chaque, non compris le papier & la fignification.

S v

ARTICLE XXX.

Que dans les inſtances de préférence & de contribution, il ne ſera point fourni de défenſes, & toute procédure pour y parvenir ſera rayée, & il n'y ſera fait aucune dénonciation aux Procureurs des Co-ſaiſiſſants & Oppoſants, que lorſque les incidents qui en ſeroient l'objet ſe trouveront de nature à intéreſſer eſſentiellement les deniers à diſtribuer, au pied deſquelles dénonciations, en cottant le nom du Procureur, on ſera tenu de mettre celui de ſa Partie.

ARTICLE XXXI.

Que dans les Directions, il ne pourra être fait aucune ſignification ni dénonciation aux Procureurs des Créanciers qui auront ſouſcrit le Contrat d'Union & de Direction, ou avec leſquels il aura été homologué, ſauf les remiſes pour parvenir à l'adjudication, & les délibérations portant changement de Directeurs & Officiers, ou autres délibérations aſſez importantes pour mériter d'être homologuées.

ARTICLE XXXII.

Que dans les pourſuites de ſaiſie-réelle, nulle dénonciation ne pourra être faite aux Procureurs des Oppoſants, que des incidents ou conteſtations tendantes à diminuer le gage commun des Créanciers, comme des oppoſitions à fin d'annuller, de charge, ou de diſtraire, & les appels ſuſpenſifs de la pourſuite, & les Jugements qui y auront ſtatué ; & ne ſeront conſidérées comme telles les demandes en proviſions de la Partie ſaiſie, des Fermiers judiciaires, à fin de viſite des réparations & d'entérinement des Procès-verbaux, & à fin de diminution du prix de leurs Fermes, & autres qu'ils pourroient former, à tous lesquels incidents le Poursuivant défendra seul, en présence du Procureur plus ancien & de la Partie saisie, auxquels il ne pourra les dénoncer, quand il paroîtra par les copies à lui signifiées des demandes, qu'elles auront été aussi formées avec eux, les originaux desquelles dénonciations, dans lesquelles les noms des Procureurs & de leurs Parties ne pourront être repris, continueront de n'être taxés qu'à raison de dix sols par rôle, & cinq sols chaque copie d'icelles, quelque nombre qu'en contienne l'original, outre le papier & la signification, au pied desquelles copies en cottant le Procureur, sera rappellé le nom de sa Partie.

Article XXIII.

Que dans les significations qui seront faites dans les poursuites de saisies-réelles & d'instances de préférence & de contribution, toutes celles qui seront faites au Procureur plus ancien en cette qualité, on sera tenu d'exprimer le nom de la Partie pour laquelle il occupe, faute de quoi, ayant cette qualité dans plusieurs instances, il ne peut savoir celle que cette signification regarde.

Article XXXIV.

Comme les appointements sur l'ordre du prix des immeubles vendus & adjugés par Décret forcé sont de droit, toute Requête pour l'obtenir n'entrera point en taxe.

S vj

ARTICLE XXXV.

Les caufes d'oppofitions & la production du Pourfuivant ne pourront être fignifiées qu'au Procureur de la Partie faifie & au Procureur plus ancien, & continueront de n'entrer que pour moitié dans les frais privilégiés, & l'autre moitié en frais & mifes.

ARTICLE XXXVI.

Qu'il en fera de même pour les productions du Pourfuivant dans les inftances de préférence & de contribution.

ARTICLE XXXVII.

Qu'il ne pourra être fignifié de copies aux domiciles de Partie, des Sentences & Arrêts d'ordre, de préférence & de contribution, qu'aux feules Parties faifies, & aux Oppofants ou Saififfants qui n'auront point de Procureur en caufe.

ARTICLE XXXVIII.

Que dans les pourfuites de faifie-réelle, inftance de préférence ou de contribution, le Procureur pourfuivant ne pourra occuper fous le nom d'un autre, pour aucun oppofant ni faififfant.

ARTICLE XXXIX.

Que le droit de copie de l'appointement qui eft offert pour faire recevoir les avis des Avocats, Procureurs ou Greffiers, devant lefquels des ordres & inftances de préférence ou de contribution feront renvoyés, ne feront taxés que la moitié du droit de copie de l'Arrêt ou Sentence portant réception d'iceux.

ARTICLE XL.

Que conformément aux Réglements, toutes les copies qui feront fignifiées, foit d'écritures d'Avocat, Requêtes, Inventaires, défenfes & tous autres Actes, feront entieres, correctes & lifibles fur papier qui n'ait pas fervi, avec marge d'un doigt, & fignées du Procureur, dont la fignature fera entiere & lifible, & mention fera faite au bas de la copie de la quotité des Rôles dont elle eft compofée.

ARTICLE XLI.

Que les avenirs, fommations, actes de bail-copie, & autres copies d'actes, feront entiérement conformes aux originaux, & non en ces termes, avenir à demain, fommation de contredire, acte de produit, acte de bail-copie, &c.

ARTICLE XLII.

Sur la feule repréfentation des copies fignifiées des écritures, requêtes, inventaires, défenfes, pieces & autres actes qui ne feront pas conformes à ce que deffus, les originaux, le droit de révifion du Procureur fur les écritures, la totalité des requêtes & des copies des unes & des autres, feront rayés dans les déclarations de dépens, ou mémoires de frais, dans lefquels ils fe trouveront employés.

ARTICLE XLIII.

Que les déclarations de dépens, frais de poursuites dans lesquelles les Poursuivants ont droit
de comprendre les dépens auxquels des Opposants, Saisissants ou autres particuliers se trouvent condamnés par les Arrêts ou Sentences d'ordre, ou de préférence & de contribution, ou autre Jugement, ne pourront, sous le prétexte de
les faire taxer avec eux, être signifiées aux Procureurs de ces Opposants, Saisissants & autres Particuliers; & que lors du Réglement desdits dépens & frais de poursuites, il sera fait distinction dans le calcul des portions étant à la charge
desdits particuliers condamnés; & qu'à la requête du Poursuivant ou du Créancier sur qui le
fond manquera, il sera fait une sommation aux-
dits particuliers condamnés, de consigner entre
les mains du Receveur des Consignations le montant de leur portion personnelle desdits dépens;
& qu'à défaut de le faire dans la huitaine de la
sommation qui sera faite à Procureur, il sera
obtenu Arrêt ou Sentence sur Requête, qui ordonnera exécutoire être délivré contre lesdits
Particuliers du montant desdites portions de dépens, sauf à eux, s'ils ne veulent pas déférer à
la taxe, à faire procéder à leurs frais à une nouvelle taxe des dépens qui les concerneront, à laquelle nouvelle taxe la Partie saisie ni le Procureur plus ancien ne seront point appellés.

ARTICLE XLIV.

Que les difficultés qui surviendront sur la
taxe des dépens, continueront d'être réglées à
la Chambre des Tiers.

ARTICLE XLV.

Que les Exécutoires ne pourront jamais excéder le montant du Réglement du Procureur tiers, même sous le prétexte qu'aucunes des apostilles alloueroient davantage, à moins que par l'avis de la Chambre des Tiers, la taxe du tiers n'ait été réformée. *Signé, DORIVAL, Greffier.* Conclusions de notre Procureur-Général. Oui le Rapport de M. Claude Tudert, Conseiller : TOUT CONSIDÉRÉ.

LA COUR a homologué & homologue ladite Délibération du quinze Juillet dernier, pour être exécutée selon sa forme & teneur ; ordonne que le présent Arrêt sera imprimé, lu, publié à la Communauté, & enregistré sur le Registre d'icelle, même envoyé à tous les Procureurs. Fait en Parlement le trente-un Août mil sept cent soixante-cinq. *Collationné, LANGELÉ. Signé,* DUFRANC.

Lû & publié en la Communauté des Avocats & Procureurs de la Cour, par moi Greffier soussigné, le 23 Novembre 1701. Signé, DORIVAL.

ARREST
DU PARLEMENT.

Du 7 Septembre 1765.

Portant réglement pour les droits des Greffiers du Châtelet de Paris.

LOUIS, &c. au premier Huiſſier , &c. ſavoit faiſons , qu'entre Durand & Boulard appellants de la Sentence du Châtelet du 21 Mars dernier d'une part , & Pierre Lamy intimé d'autre part. Après que Terraſſin , Avocat de Lamy , a demandé la réception de l'appointement ſigné de notre Procureur-Général pardevant lequel les Parties ont été renvoyées par Arrêt du 10 Juillet dernier, pour en paſſer par ſon avis ; ledit appointement ſignifié à Bourgeois , Procureur. NOTREDITE COUR ordonne que l'appointement ſera reçu , & ſuivant icelui en tant que touche l'appel interjetté par ledit Durand & Conſorts , de la Sentence du 21 Mars 1765 , a mis & met l'appellation au néant , ordonne que ce dont eſt appel ſortira ſon plein & entier effet , condamne Durand & Boullard en l'amende & aux dépens ; reçoit notre Procureur-Général appellant de ladite Sentence en ce que par icelle il a été alloué, du conſentement dudit Lamy , la ſomme de 4 l. 10 ſols pour le droit de remiſe , & en ce que par ladite Sentence les cent trente-trois rôles & demi ont été réduits à trente rôles , émendant quant à ce : ordonne que l'article de la remiſe ſera rayé , & à l'égard deſdits trente rôles qu'ils ſeront réduits à vingt. En conséquence, condamne lesdits Durand & autres, outre les condamnations portées par ladite Sentence, à rendre & restituer au dépôt de Baron Notaire, savoir solidairement la somme de 22 livres huit sols, pour le montant de la réduction du parchemin, droit d'expédition du Greffier, droit de signature, droit de deux sols pour livre de l'émolument desdits dix rôles de réduction, & ledit Durand personnellement les quatre livres dix sols du droit de remise ci-dessus à eux retranché; ce qu'ils seront tenus de faire dans la quinzaine de la signification du présent Arrêt; faisant droit sur les Conclusions de notre Procureur-Général, ordonne que les Ordonnances, Arrêts & Réglements de notredite Cour, & notamment les Arrêts des 10 Juillet 1665 & 3 Septembre 1667, notre Déclaration du mois de Février 1679, rendue pour le Châtelet; l'Edit de Mars 1690, concernant les Greffiers du Châtelet, & le Tarif y annexé, seront exécutés selon leur forme & teneur; enjoint aux Greffiers du Châtelet de s'y conformer chacun en droit soi; leur fait défenses d'employer dans les vûs des Sentences rendues sur procès par écrit, autres titres & pieces que ceux permis par les Réglements; leur enjoint de mettre dans les expéditions qu'ils délivreront en parchemin vingt-deux lignes à chaque page, & quinze syllabes à la ligne; & sera ledit Arrêt signifié auxd. Greffiers, à la requête de notre Procureur-Général, ainsi que la Sentence du 21 Mars 1765, comme aussi ledit Arrêt & ladite Sentence publiés à l'Audience du Parc Civil, & transcrits par l'Huissier de notre Cour sur le Registre du Greffe des dépôts des productions du Châtelet. Si mandons, &c. Fait en Parlement le sept Septembre mil sept soixante-cinq, & de notre Regne le cinquante-unieme. *Collationné*, BABAUT. Par la Chambre, *Signé*, DUFRANC.

LETTRES PATENTES

DU ROI,

*Portant réglement sur la forme de procéder aux
Requêtes de l'Hôtel & du Palais.*

Données à Versailles le 24 Mai 1770.

Regiftrées en Parlement le 31 Mai 1770.

LOUIS, par la grace de Dieu, Roi de France
& de Navarre : A tous ceux qui ces préfentes
Lettres verront, SALUT. Nous avons été infor-
més, que, quelque attention que nos Cours
aient apportée en tout temps pour procurer l'e-
xécution de nos Ordonnances, la néceffité des
circonftances avoit introduit aux Requêtes de
notre Hôtel & aux Requêtes de notre Palais, des
abus auxquels il étoit difficile que nos Gens tenants ces différents Tribunaux, remédiaffent
d'une maniere efficace, de forte qu'il eft néceffaire que notre autorité intervienne pour pref-
crire des Réglements uniformes dans ces deux
Tribunaux. A CFS CAUSES, & autres à ce nous
mouvants, de l'avis de notre Confeil, & de notre certaine fcience, pleine puiflance & autorité
Royale, Nous avons dit, ftatué & ordonné, &
par ces Préfentes fignées de notre main, difons,
ftatuons & ordonnons, voulons & nous plaît
ce qui fuit:

ARTICLE PREMIER.

Toute oppofition à une Sentence par défaut,

faute de comparoir, ou faute de défendre, em-
portera néceffairement de la part de l'Oppofant
la réfufion des frais de contumace, quand même cette réfufion ne feroit point offerte par
l'Oppofant, lefquels frais feront taxés, en la
maniere accoutumée, fur l'état qui en fera fignifié, & fans qu'il foit befoin d'obtenir d'autre Sentence de condamnation, fi ce n'eft que
l'Oppofant, en fignifiant fon oppofition, argüât
de nullité les procédures fur lefquelles lefdites
Sentences auroient été rendues, & en ce cas il
fera fait droit, tant fur les moyens de nullité,
que fur la réfufion des frais de contumace, ainfi
que le cas le requerra.

A R T I C L E I I.

Toute oppofition à une Sentence, faute de défendre, contiendra des défenfes ou des exceptions, & faute par l'Oppofant de fournir ces défenfes ou exceptions par l'acte même d'oppofition, le Demandeur pourra pourfuivre l'audience fur un fimple avenir, & faire débouter l'Oppofant de fon oppofition.

A R T I C L E I I I.

Toute Sentence intervenue fur oppofition, à
une premiere Sentence, faute de défendre, ne
pourra être attaquée que par la voie d'appel.

A R T I C L E I V.

En cas d'exceptions ou autres incidents, de
nature à être portés au Parquet defdites Requêtes, la Sentence qui déboutera de l'oppofition à
une premiere, ne pourra être attaquée que par la
voie de l'appel; & ce, quand même, entre la
premiere & la feconde Sentence, il feroit fourni

de nouvelles exceptions , ou requis la nullité de
la procédure.

ARTICLE V.

Sur toutes les demandes , tant principales
qu'incidentes , portées en la Chambre après les
défenses fournies , même dans celles qui , suivant les Réglements , sont portées aux Chambres , sans défenses préalables , la Sentence qui
déboutera de l'opposition à une premiere Sentence , quand même il auroit été formé depuis
la premiere Sentence des demandes incidentes ,
ne pourra être attaquée que par la voie de l'appel.

ARTICLE VI.

Ne pourront les Parties , sous aucun prétexte ,
& notamment sous celui qu'elles n'ont à se plaindre de quelques dispositions des Sentences , qu'elles adhérent à quelques-unes , & qu'elles ne forment opposition auxdites Sentences , qu'aux
chefs seulement , par lesquels elles se croient
lésées , prendre plus de Sentence qu'il n'est permis par ces Présentes.

ARTICLE VII.

L'appel d'une Sentence ne pourra en aucun
cas être converti en opposition auxdites Chambres des Requêtes du Palais & de l'Hôtel.

ARTICLE VIII.

Aucunes Sentences de débouté d'opposition de
la nature de celles énoncées ci dessus , ne pourront , à peine de nullité , être obtenues que sur

un avenir signifié, quatre jours francs, avant celui indiqué par ledit avenir, pour pourſuivre l'Audience, & hors de la taxe, ne ſera paſſé qu'un avenir pour chaque remiſe priſe à l'Audience, inſcrite ſur la feuille, & un avenir pour chaque Sentence.

ARTICLE IX.

Ne feront compris dans les frais, & ne paſſeront en taxe que les qualités de remiſes qui auront été prononcées à l'Audience.

ARTICLE X.

Les contraintes, à l'effet de faire rendre par le Procureur adverſe, les pieces qu'il auroit priſes en communication, ne ſeront données que par ordonnance du Conſeiller - Rapporteur; défendons de prendre à ce ſujet aucune Sentence, & aux Greffiers d'en délivrer.

ARTICLE XI.

Enjoignons aux Greffiers & à tout Procureur de ſe conformer aux préſentes diſpoſitions, ſous peine contre les Procureurs d'être, en leurs noms, & ſans répétition contre leurs Parties, condamnés aux frais faits en contravention de ces Préſentes, & autres peines s'il y a lieu. Si donnons en mandement à nos amés & féaux Conſeillers les Gens tenants notre Cour de Parlement à Paris, que ces Préſentes ils aient à faire lire, publier & enregiſtrer, & le contenu en icelles maintenir, garder & exécuter ſuivant ſa forme & teneur, ceſſant & faiſant ceſſer tous troubles & empêchements, & nonobſtant toutes choſes à ce contraires : Car tel est notre plaisir ; en témoin de quoi Nous avons fait mettre notre Scel à cesdites Présentes. DONNÉ à Versailles le vingt-quatrieme jour de Mai , l'an de grace mil sept cent soixante-dix, & de notre regne le cinquante-cinquieme. *Signé* , LOUIS. *Et plus bas :* Par le Roi , *Signé* PHÉLYPPEAUX. Et scellées du grand Sceau de cire jaune.

Registrées , oui , ce requérant le Procureur Général du Roi , pour être exécutées selon leur forme & teneur , suivant l'Arrêt de ce jour. A Paris en Parlement , les Grand'Chambre & Tournelle assemblées , le trente-un Mai mil sept cent soixante-dix.

Signé YSABEAU.

TABLE
ALPHABETIQUE
DES MATIERES.

Ajournemens.

Tome II.   T

Appellations. Appel.

T ij

Appointemens.

Arbitres.

Affignation.

Avocats.

Avocats-Généraux.

Autorifation du mari.

B

Bagues & joyaux.

Bailliages & Sénéchauffées.

T v.

Bestiaux

Cause.

Compulſoires.

Conclufions.

Condamnés.

Congés.

Confeil.

Tome II. V

V ij

D

Date.

V iij

Décrets.

Défauts & congés.

V iv

Défendeur.

Défenses.

V v

même Exploit, après lequel les demandes
dont il n'y a preuve par écrit, ne seront re-
çues, II.   14

Déni de Juſtice.

Comment les Juges peuvent être pourſuivis en
cas de déni de Juſtice, II.   142

Déni de renvoi.

Voyez *Renvoi*.
Ce que c'eſt, I.   192

Deniers Royaux.

Dépens.

Désertion d'appel.

Droit d'affiftance.

Droit de calcul.

Droit de confeil & de confultation.

Droit de révifion.

Ducs & Pairs.

Dupliques.

Edits & Déclarations.

Election de domicile.

Enquêtes,

X

Exécution provisoire.

X iij

Exploits.

X iv

X v

Forclusion.

Frais.

Fruits.

G

Galeres.

Garans.

Garantie.

Gardiens.

Voyez Commiſſaires.

H.

Haro.

Voyez *Clameur de haro.*

Héritages.

Voyez *Poffeffion.*

Héritier.

Hipotheque.

I.

Immeubles.

Incidens.

Interprétation des Ordonnances.

Voyez *Ordonnances.*

Interrogatoires sur faits & articles.

Intervention. Intervenant.

Joyaux.

Juges.

Tome II. Y

Juges de Seigneurs.

Juge-Consuls.

L.

Y iij

Litifpendance.

Livres.

M.

Majeurs.

Maintenue.

Marchandes publiques.

Mariages.

Menaces.

Meubles.

Mineurs.

Ordonnances.

Perte des Registres.

Pétitoire.

Pieces.

Pleine maintenue.

Plumitif.

Possessoire des Bénéfices.

Préfidens.

Préfidiaux.

Prêtres.

Preuve vocale ou littérale.

Preuves par Témoins.

Preuve par Témoins en matiere sommaire.

Preuve par Témoins dans les Justices Consulaires.

Prise à partie.

Privilege des deniers Royaux.

Privilégiés.

Tome II. Z

Productions.

R.

Rabat des défauts & congé.

Voyez *Défauts.*

Rapport d'Experts.

Voyez Experts.

Rapporteur.

Réajournemens.

Z iij

Rébellion.

Ce que doit faire l'Huissier en cas de rébellion à l'établissement d'un Séquestre, Commissaire ou Gardien, I. 409

Réception de caution.

Voyez *Caution.*

Réception d'enquête.

Abrogée par l'Ordonnance, II. 69, 70

Reconnoissances d'écritures.

Z iv

Z v

Reddition de Comptes.

Voyez Comptes.

Régale.

Registres.

Réintégrande.

Religieux.

Religion prétendue-réformée.

Remontrances.

Renvoi.

vent être vuidées, *ibid,*

S.

Saifi.

A

Saisine & nouvelleté.

Salaires.

Salvations.

Tome II. A a

Seigneurs.

Séjours.

Sentences.

Sentences de provision.

Aa iv

T.

Tarif.

Taxe.

Témoins.

Transport sur les Juges.

Tripliques.

Trouble.

Turbes.

Tuteurs.

V.

Vacations de Juges, Commissaires, Greffiers, Experts, &c.

Fin de la Table des Matieres.

APPROBATION.

J'AI lu par ordre de Monfeigneur le Chancelier *les nou-*
veaux Commentaires fur les Ordonnances de 1667. 1669.
1673. & fur l'Edit de 1695 ; le Recueil des Ordonnances ,
Edits , Déclarations & Arrêts cités dans lefdits Commen-
taires ; le Traité de la Jurifdiction des Préfidiaux ; & le
Traité des fonctions des Commiffaires. Je n'y ai rien trouvé
qui puiffe en empêcher la réimpreffion. A Paris ce vingt-
quatre Mars mil fept cent foixante-trois.

COQUELEY DE CHAUSSEPIERRE.

PRIVILEGE DU ROI.

LOUIS, par la grace de Dieu, Roi de France & de Navarre : A nos amés & féaux Confeillers, les Gens tenans
nos Cours de Parlement, Maîtres des Requêtes ordinaires
de notre Hôtel, Grand-Confeil, Prévôt de Paris, Baillifs,
Sénéchaux, leurs Lieutenants Civils & autres nos Jufticiers
qu'il appartiendra : SALUT. Notre cher & bien amé le
fieur J*** Nous a fait expofer qu'il defireroit faire imprimer & donner au Public des Livres de fa compofition ,
qui ont pour titre : *Nouveaux Commentaires fur les Or-*
donnances de Louis XIV, de 1667, 1669, 1670, 1673 &
1695 ; Recueil des Edits, Ordonnances, Déclarations &
Arrêts cités dans lefdits Commentaires; Traité de la
Jurifdiction des Préfidiaux , Traité des fonctions des
Commiffaires, s'il nous plaifoit lui accorder nos Lettres
de Privilege pour ce néceffaires. A CES CAUSES, voulant
favorablement traiter l'Expofant , nous lui avons permis & permettons par ces préfentes, de faire réimprimer
lefdits Livres autant de fois que bon lui femblera ; & de
les faire vendre & débiter par-tout notre Royaume pendant
le temps de douze années confécutives , à compter du jour
de la date des Préfentes : Faifons défenfes à tous Libraires,
Imprimeurs & autres perfonnes de quelque qualité & condition qu'elles foient , d'en introduire d'impreffion étrangere dans aucun lieu de notre obéiffance ; comme auffi
de réimprimer ou faire réimprimer , vendre , faire vendre ,
débiter ni contrefaire lefdits Livres , ni d'en faire aucun
extrait , fous quelque prétexte que ce foir , fans la permiffion expreffe & par écrit dudit Expofant, ou de ceux qui
auront droit de lui , à peine de confifcation des Exemplaires
contrefaits , de trois mille livres d'amende contre chacun
des Contrevenans, dont un tiers à Nous, un tiers à l'Hôtel-
Dieu de Paris , & l'autre tiers audit Expofant , ou à celui
qui aura droit de lui ; & de tous dépens, dommages & in-

térêts : à la charge que ces Présentes seront enregistrées tout au long sur le Registre de la Communauté des Libraires & Imprimeurs de Paris, dans trois mois de la date d'icelles ; que l'impression desdits Livres sera faite dans notre Royaume & non ailleurs, en bon papier & beaux caractères conformément à la feuille imprimée, attachée pour modele sous le contre-scel des Présentes ; que l'Impétrant se conformera en tout aux Réglemens de la Librairie, & notamment à celui du 10 Avril 1725 ; qu'avant de les exposer en vente, les imprimés qui auront servi de copie à la réimpression desdits Livres, seront remis dans le même état où l'approbation y aura été donnée ès mains de notre très cher & féal Chevalier-Chancelier de France le sieur DE LAMOIGNON ; & qu'il en sera ensuite remis deux Exemplaires dans notre Bibliotheque publique, un dans celle de notre Château du Louvre, & un dans celle de Notre très cher & féal Chevalier Garde des Sceaux de France, le sieur FEYDEAU DE BROU ; le tout à peine de nullité des Présentes : du contenu desquelles vous mandons & enjoignons de faire jouir ledit Exposant & ses ayant causes, pleinement & paisiblement, sans souffrir qu'il leur soit fait aucun trouble ou empêchement. Voulons que la copie des Présentes, qui sera imprimée tout au long au commencement ou à la fin desdits Livres, soit tenue pour dûement signifiée, & qu'aux copies collationnées par l'un de nos amés & féaux Conseillers-Secrétaires, foi soit ajoutée comme à l'Original. Commandons au premier notre Huissier ou Sergent sur ce requis, de faire pour l'exécution d'icelles tous Actes requis & nécessaires, sans demander autre permission, & nonobstant clameur de haro, Chartes Normandes, & Lettres à ce contraires : CAR tel est notre plaisir. DONNÉ à Paris le quatrieme jour du mois de Janvier, l'an de grace mil sept cent soixante-trois, & de notre regne le quarante-huitieme : Par le Roi en son Conseil.　　　　　Signé, LE BEGUE.

Registré le présent privilége, ensemble la cession dudit privilége, du 23 Mai 1763. faite par M. J * * * sur le Registre XV. de la Chambre Royale & Syndicale des Libraires & Imprimeurs de Paris, n°. 981. fol. 433. conformément au Réglement de 1723. qui fait défenses, article 4. à toutes personnes de quelque qualité & condition qu'elles soient, autres que les Libraires & Imprimeurs, de vendre, débiter, faire afficher aucuns Livres, pour les vendre en leurs noms, soit qu'ils s'en disent les Auteurs ou autrement, & à la charge de fournir à la susdite Chambre neuf exemplaires, prescrits par l'article 108 du même Réglement. A Paris ce trente Mai mil sept cent soixante trois.

*　　　　　　　　　　LE BRETON, Syndic.*

www.ingramcontent.com/pod-product-compliance
Lightning Source LLC
Chambersburg PA
CBHW031347210326
41599CB00019B/2676